# 大地と生きる住まい

## 開墾地にみる農村住宅の近代化

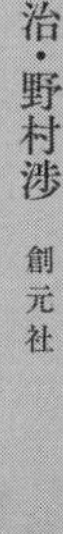

小沢朝江・長田城治・野村渉

創元社

# はじめに

「開墾地」という言葉から、どんな風景を思い浮かべるだろう。近代では、明治初期の北海道開拓のイメージが強い。この北海道開拓や安積開拓（福島県）に代表されるように、明治期の開墾・開拓は新たな農地や村を開発する殖産興業に加え、明治維新で職を失った士族への授産の意味が強かった。その住宅の建設は一部を除いて移住者に委ねられ、入植者は厳しく過酷な住環境に置かれていた。

しかし、大正期以降の開墾は、目的も進め方も異なる。大正七年（一九一八）の米騒動を契機に、政府は食糧自給を推進するため本格的な耕地拡大策に着手、大正八年に大規模開墾事業を国費で補助する開墾助成法を公布した。さらに、入植者が開墾事業に専念し、事業を速やかに進めるためには住環境の充実が不可欠との考えから、大正九年に開墾地移住奨励制度が創設された。これは、開墾地の住宅や共同施設の建設に対して農商務省が補助金を交付して住環境の改善支援を行うもので、交付実績は昭和十二年（一九三七）までに全国で四千地区弱、総戸数は一万二千戸余りにのぼった。粗末な家での厳しい生活という明治期の開墾地のイメージを払拭し、最新の農村住宅と公会堂・共同食堂・作業場などの共同施設を備えた「理想村」の実現が目標に掲げられた。昭和期の開墾地は、同じ職業、同じ目的の人々による農業共同体の「社宅」ともいうべき存在だったといえる。

私が開墾地の住宅に関心を持ったのは、戦前の農村住宅改善の先進的な取り組みとして知られる「東北地方農山漁村住宅改善調査」（昭和十年～）において、開墾地の住宅が先行例として報告されていたことによる。この調査は、同潤会が日本学術振興会の委嘱を受けて昭和恐慌下の東北地方の復興策の一環で実施したもので、建築専門委員会では今和次郎・中村寛らが委員を務め、今の弟子の竹内芳太郎が同潤会嘱託技師として関わった。農村住宅の実態調査と共に、気候区に合わせた「標準住宅型」の設計図を提示したことで知られ、一般への普及には至らなかったものの、農村の住宅改善に組織的に取り組んだ最初期の事業として評価されている。この先進事業の中で、各県の従前の取り組みとして山形県・岩手県の職員が県営開墾地の住宅を「模範例」として報告している。つまり、この二県において開墾地の住宅は、同潤会に先んじる稀有な存在だったことになる。

この実態にもかかわらず、これまでこの時期の開墾地住宅が注目されなかったのは、「開墾地の住宅は貧しい」という明治期のイメージによる思い込みと、満蒙開拓など戦中期の軍事色の強い政策との混同があったためと推測できる。事実、本書でも取り上げる農林省が設置を支援した農民道場等は、皇国思想に基づいたカリキュラムを採用し、満蒙開拓の訓練生養成とも強い繋がりを持った。しかし、本来の設立目的は農村の経済更生の中核を担う中堅指導者育成であって、農村生活の向上とその啓発を担っていた。新しい土地を開き、農業機械や共同経営を導入した先進的な農業を営むこと、そこで家族を持って近代的な生活を送り、新たなコミュニティを形成すること、その先駆的な試みが昭和期の開墾地では実行されていたのである。

しかし、開墾地移住奨励制度の公布から既に八〇年以上が過ぎ、当時建設された住宅の建て替えや世代交代も進んで、昭和期の「理想村」の姿は消えつつある。私たちは、二度の日本学術振興会科学研究費を得て、平成二十八年（二〇一六）～令和四年（二〇二二）の七年間にわたり開墾地移住奨励制度の申請書類の探索と、同制度による住宅・集落の現地調査を行ってきた。大正十三年から昭和十二年の申請書類がほぼ完全に残る長野県の常盤村中部耕地整理組合（現大町市）は、北アルプスを臨む美しい田園地帯で、張り巡らされた水路が人の手によって作られた「村」であることを示す。実測させていただいた昭和二年建築の移住家屋は、端々に丁寧に住み続けられてきた痕跡が残っていた。また、昭和期に「模範農村」として喧伝された山形県営萩野開墾地（現新庄市）は、現在も最上地方を代表する優良農村で、広大な農地に五つの部落が点在し、各戸が道路を挟んで対称に位置する計画的な配置をそのまま残す。調査させていただいた三軒の住宅は、間取りが同じでも仏壇や神棚の位置が異なり、異なる村から入植したことが習俗に残されていた。阿蘇西麓の荻柏原耕地整理組合（現大分県竹田市）、兵庫県の市川流域の西光寺野耕地整理組合（現姫路市）等では、組合を継承する土地改良区事務所に書類が保管されていた。ほかにも、調査にご協力いただいた方や団体は多い。

本書は、この調査成果を総合し、農商務省（大正十四年に農林省に改組）による開墾地移住奨励制度を切り口として、大正・昭和期における開墾地の住まいと集落の実像を明らかにするものである。

本書は三部で構成している。

まず第1部では、開墾地移住奨励制度の成立背景、制度の沿革、特徴を整理し、農村住宅改善と共同体構築を目指した規程や推進方法を、戦前のほかの生活改善運動と比較しながら検証する。農商務省（農林省）は、耕地拡張事業の推進のため年度ごとに府県の担当者を集めた会議を開催し、その報告や事業要覧、開墾地移住奨励の交付地区への追跡調査等の成果を逐次刊行している。その充実した内容とスピードに意気込みが現れている。当時の農林行政の中心的な人物として石黒忠篤（一八八四―一九六〇）がおり、旧制高校時代に二宮尊徳の報徳思想に共鳴、民俗学者の柳田國男と交流し、今和次郎らが参加した民家研究会「白茅会（はくぼうかい）」にも加わった。農林省では農林次官まで昇り、退官後、昭和十五年から第二次近衛内閣の農林大臣も務めている。開墾地移住奨励制度は、石黒忠篤の農務局農政課長時代の施策であり、農村経済更生運動において農村指導者養成の重要性を唱えたのも農林次官当時の石黒だった。石黒を中心とする大正・昭和期の農林行政の全体像や社会情勢と合わせながら、当時の開墾地に対する施策の特徴をみていきたい。

第2部では、一〇地区の開墾地を取り上げ、集落計画や移住家屋・共同建造物の姿、そこでの生活の実像をみていく。このうち前掲の山形県営萩野開墾地や岩手県営岩崎開墾地・宮城県営広渕沼開墾地など五カ所は、既に戦前から先進的な農村計画で知られたところであり、当時の書籍で事業や施設が取り上げられ、新聞・雑誌でもその姿が報じられた。また茨城県新興農場は今和次郎とその弟子の竹内芳太郎が移住家屋の設計に関わったことが特筆でき、県側の史料と今和次郎らが保管した史料の両方が残り、双方から計画・設計の考えを検証できる稀有な例である。開墾地移住奨励の関係書類や農林省の刊行物に加え、現地に残る住宅・共同建造物の調査、住人へのヒアリング等によって、農村住宅改善の実態と当時の生活像を具体的に伝えたい。

第３部では、戦前の農林省の主要事業であった農村指導者養成施設に建設された「模範農家」、いわばモデル住宅を取り上げ、農村ならではの住宅改善の普及啓発策や、開墾事業と連携した推進方法をみていく。さらに、これら戦前の農村住宅改善施策の戦後への影響を通観しておきたい。

大正・昭和期の開墾地を通して、これまで見過ごされていた戦前の農村住宅改善の実像を明らかにし、日本近代住宅史の欠落を埋めることができれば幸いである。

小沢朝江

目次

## 第2部　開墾地の住まいと生活

## 第3部　農村住宅改善の普及啓発を担う

〈凡例〉

・史料の引用は、読みやすさを考慮して旧字を新字に改め、適宜句読点を加えた。

・用語として頻出する農林省は、大正十四年四月以前は農商務省、以降は農林省に改組されたため、年度により名称が異なる。本書では史実を重視して、年度当時の名称を使用する。

第1部

# 近代開墾と
# 農村生活改善

# 第1章 開墾地の住宅施策――農村住宅改善の先進地として

## 1 明治日本の開墾事業と住まい

### ■近代開墾のはじまり

近代における開墾事業は、明治初期の北海道開拓のイメージが強い。広大な荒野を切り開く、力強い農民たちの姿を思い浮かべる人は多いだろう。

「開拓」とは山林・原野などを切り開いて田畑や道路、住宅地をつくることを指し、未開地への定住生活圏の拡張も含まれる。「開墾」も同様に未開地を切り開くことだが、目的を田畑などに限定する。つまり「開拓」の方が意味が広く、「開墾」は農業用地に限るといえる。湖や海などの水を排除して陸地化する「干拓」も、「開拓」「開墾」の手段のひとつである。

近代初期の開墾・開拓は、北海道開拓に代表されるように、新たな農地や町を開発する殖産興業に加え、士族授産の意味が強かった。明治四年（一八七一）の廃藩置県による幕藩体制の解消と、明治九年の士族に対する家禄・賞典禄の廃止（秩禄処分）により、定職と収入を失った武士たちに対し、明治政府は農業・工業・商業等への転職を奨励した。当時の内務卿大久保利通（としみち）は、明治十一年三月に「一般殖産及華士族授産ノ儀ニ付伺」

図 1-1-1　明治 9 年当時の安積開拓（『開成山開拓 50 年記念』開成社、1925 年より。郡山市中央図書館デジタルアーカイブ）

を太政大臣に提出、さらに大蔵卿大隈重信がその財源として一〇〇〇万円の公債発行を上申し、担当として内務省に授産局が設置された[1]。

特に奨励されたのが開墾事業であり、資金の約三五パーセントが投入された。仕事と移住先の両方を得ることができ、さらに「農地」という資産も得ることで長期に生活を安定させられるという目論見があった。国による開墾奨励は北海道以外に内地でも実施され、安積（あさか）開拓（福島県郡山市）は明治六年から県主導で開始、明治十一年以降は東北初の国営開拓として進められ、近隣の二本松藩・会津藩・米沢藩のほか久留米藩・鳥取藩など遠方からも入植した[2]〈図1-1-1〉。また大井川下流域の牧之原台地の開拓（静岡県牧之原市）は、徳川慶喜の駿府（すんぷ）隠居に同行した幕臣らが新たな就業の地として明治二年から着手したもので、中條景昭（ちゅうじょうかげあき）を隊長に約三〇〇人の武士が入植し、日本屈指の茶園に成長した[3]。士族に土地や資金を貸与して開墾を奨励した例では、やはり旧幕臣が移住した三方原（みかたはら）開墾（静岡県浜松市、明治九年〜）、旧庄内藩士三〇〇〇人が従事した松ヶ岡開墾場（山形県鶴岡市、明治五年〜）〈図1-1-2〉、士族の結社・共墾社が官有地の払い下げを受けて開墾を進めた那須野ヶ原（栃木県黒磯市、明治十五年〜）などが知られる[4]。

士族による開墾は、困難に耐えきれず帰国したり、転業したりする者も多く、授産事業としては想定した効果を挙げられなかった。しかし、農地の拡大については一定の成果があり、静岡県の牧之原・三方原の茶園のように特産品の形成にも貢献したのである。

## ■明治期の開墾地の住まい

これら明治期の開墾地では、入植者はどんな住まいに住んだのだろうか。

図1-1-2
松ヶ岡開墾場大蚕室（明治8年）

北海道開拓の場合、明治政府が明治七年（一八七四）に制度化した屯田兵の住宅が札幌市・滝川市・士別市・厚岸町等に現存し、文化財に指定されている。旧士族に北方警備と開拓を担わせるというこの制度は明治三十七年まで続けられ、全道三七カ所の屯田兵村に約四万人が家族とともに入植、「屯田兵屋」と呼ばれる住宅が割り当てられた。(5)明治七年に札幌で最初に入植した琴似の兵屋は、建坪が約一七坪、八畳・四畳半の和室に板間と土間からなる小規模な住宅である(6)〈図1-1-3〉。壁は下見板張り、屋根は柾葺で、この形式が以後の入植でも踏襲された。

一方、安積開拓については、愛媛・松山から明治十五年に入植した旧士族の住宅が郡山市開成館に移築復元され、市指定文化財として保存されている〈図1-1-4〉。屋根は茅葺、建坪は一〇坪ほど、床上は八畳の座敷と六畳弱の板間しかない。同様に、明治十四〜二十年入植の旧鳥取藩士による鳥取開墾社の住宅は、建坪二一坪、土間のほか座敷二室と板間からなり、これが五段階の規格のうち最上級の形式だった。(7)

ただし、これらはいずれも公的な支援で用意されたもので、当時の開墾地としては恵まれた住宅に当たる。北海道開拓では、各地の記録によると一般の入植者はまず「拝み小屋」「三角小屋」などと呼ぶ建物を建てたという。『風連村史』(8)によると、「拝み」とは手を合わせたような形態による呼称で、二本の

図1-1-3　琴似屯田兵屋（明治7年、『札幌の文化財』札幌市・札幌市教育委員会、1989年より）

図1-1-4　安積開拓入植者住宅 旧小山家（明治15年）

丸太を斜めに結び合わせた合掌造りを指す。六坪から一二、三坪ほどの広さで、屋根と壁を兼ねて上部を草やヤチダモ・樺などの樹皮で覆い、入口に筵（むしろ）を下げる〈図1-1-5〉。いわば木造の三角テントで、地域によっては大量に自生する笹で葺いたことから「笹小屋」とも呼ばれた。こうした「拝み小屋」で数年を過ごしたのち、掘立て柱や土台付きの「開拓小屋」に建て替えたという。「北海道開拓の村」に復元された「開拓小屋」〈図1-1-6〉をみると、丸太の掘立て柱、壁は葦（よし）張りで、内部は土間に莚を敷いた土座住まいだった。

また、安積開拓の住まいの様子は、宮本百合子が大正五年（一九一六）に発表した「貧しき人々の群」[9]という小説に描かれている。宮本百合子の祖父・中條政恒（なかじょうまさつね）は福島県の役人として安積開拓の現地責任者を務めており、宮本は祖父の家に近い桑野村の開拓集落の姿を実見していた。

村の南北に通じる往還に沿つて、一軒の農家がある。人間の住居といふよりも、むしろ何かの巣といつた方が、よほど適当してゐるほど穢（きたな）い家の中は、窓が少いので非常に暗い。三坪ほどの土間には、家中の雑具が散らかつて、梁の上の暑さうな鳥（と）屋（や）では、産褥（さんじょく）にゐる牝鶏のクククククと喉を鳴らしてゐるのが聞える。（中略）すべてのものが、むさ苦しく、臭く貧しい（後略）

開拓開始から四〇年以上が経った当時でも、「人間の住居といふよりも、むしろ何かの巣」というほどの住宅で生活していた。

明治期の開墾では、屯田兵や開墾結社など一部を除けば、住宅の建設は入植者に委ねられ、粗末な「小屋」にすぎない過酷な住環境に置かれていたといえる。

図1-1-5　拝み小屋
（『風連町史』風連町、1967年より）

図1-1-6　北海道開拓の村 開拓小屋（再現）

## 2 農林省による開墾施策の転換

### ■士族授産から食糧増産へ

士族授産事業は、明治二十二年（一八八九）に終了した。この明治前期の開墾と、大正・昭和期の開墾は目的が異なる。

日本の人口は明治期に大幅に増加、明治五年には三四八〇万人だったが、約五〇年後の大正七年（一九一八）には五四六五万人に達した。その一方、工業労働者の増加、農村から都市への人口流出によって米の生産量は伸びず、米の需給は明治三十三年以降、輸入量が輸出量を上回った。特に明治末から大正初期には深刻な不況と米価の高騰が続き、大正七年には全国で米騒動が勃発した。

この騒動を契機として、国は食糧増産を推進するため本格的な耕地拡大策に乗り出した。まず大正八年に「開墾助成法」を公布、面積五町歩以上の開墾・干拓（北海道は除外）に対し、工事開始から工事終了の四年後まで、事業費の年額六パーセントを補助する策をとった[10]。これは、開墾当初の十分な収益をあげることができない期間、投入した資本に対する利子を補塡しようという考えに基づく。この法律は昭和四年（一九二九）に改正、利子補給の考えが改められ、補助率が総事業費の四割に引き上げられた。昭和十六年三月末時点の累計では、補助による竣工面積は開田約七万二〇〇〇町歩、開畑約三一万一〇〇〇町歩に及ぶ[11]。明治時代を通じた日本の耕地面積の増加は約八八万町歩であり[12]、これと比べれば開墾助成法の施行によって、そのおよそ半分に匹敵する耕地が二〇年弱で開墾されたことになる。

さらに、開墾に不可欠な水利施設の整備のため、大正十二年には用排水幹線改良事業補助要項を制定、受益面積五百町歩を超える大規模灌漑排水事業に対し、事業費の五割という破格の補助金を支出した[13]。

昭和十六年以降は、「農地開発法」の制定と農地開発営団の新設により、大規模開墾は国営化された。農林省による耕地拡大に対する積極的な施策が次々に打ち出されたのである。

## ■開墾地移住奨励制度の創設

もうひとつ、明治期と異なるのは、開墾の推進には住宅の整備が不可欠であると考えられた点にある。生活の根底となる住環境が安定していてこそ、入植者は開墾事業に専念でき、結果として事業が速やかに進むと考えたのである。

その中心的な取り組みが「開墾地移住奨励制度」であり、大正九年（一九二〇）九月の「開墾地移住奨励ニ関スル通牒」に始まる[14]。対象は前年に公布された開墾助成法の補助を受けて事業を施行する地区で、移住者の住宅（以下、移住家屋）や納屋・作業場などの付属屋の建設費を補助して住環境の改善を図るものである。昭和十二年（一九三七）までに全国約四〇〇〇地区、一万二〇〇〇戸が交付を受けている。

具体的な運用規定は、同時に公布された「開墾地移住奨励手続」[15]（以下、「奨励手続」）に定められている。しくみとしては、県が移住者に対して移住家屋等の建設に「奨励金」を交付、その支援として国が県に対して家屋数に応じた「補助金」を交付する。国の補助金は、県が移住者に奨励金を交付する場合のほか、県営事業などで県自身が移住家屋を建設する場合も対象とされた。

この「奨励手続」は、大正九年の公布後、三度改正されている[16]〈表1-1-1〉。まず国の補助金の額は、移住家屋の場合、創設当初は県が移住者に支給する奨励金の二分の一を上限としたが、大正十五年の改正では奨励金の三分の二、昭和四年には四分の三に改正された。県が建設する場合の補助額も「奨励手続」の改正のたびに増額され、一戸当たり一〇〇円から三〇〇円に変更された。これらは国が県に出す補助金の規定ではあるが、この改正に伴って、県が移住者に出す奨励金も徐々に増額されている。

補助の対象は、制度創設時点では移住者の職業を農業者、かつ当該年度に建設した住宅に限定していた。しかし、大正十年には前年以前に完成した住宅の申請も許可され、さらに大正十五年の改正により、対象が大工・左官・鍛冶屋・医師など開墾地経営に必要な農業者以外の職業に拡大された。

この大正十五年の改正では、住宅だけではなく、集落内の共同施設も対象に加えられている。当時の開墾には、「優良ナル新農村ノ創成[17]」という理念が掲げられており、共同施設の充実は農作業の共同化に加え、移住者同士の相互扶助を育む意味を持っていた。後にみるように、各開墾地では集落の中心施設となる公会堂や事務所、生活施設として共同食堂や共同浴場、農繁期の保育を担う託児所や学校が補助を受けて建設されている。開墾地の集落は、当時設置が相次いでいた工・鉱業の企業に

表1-1-1　開墾地移住奨励手続の改正

| 公布・改正 | | | 補助対象 | | 家屋の補助金 | | 共同施設の補助金 | | 県奨励金の標準額 |
|---|---|---|---|---|---|---|---|---|---|
| 和暦 | 西暦 | 月日 | 移住者 | 建築 | 県が奨励金交付 | 県が建築 | 県が奨励金交付 | 県が建築 | |
| 大正9 | 1920 | 9.17 | 農業者 | 家屋（附属建物を含む） | 奨励金の1/2 | × | × | × | 200円 |
| 大正10 | 1921 | 11.25 | （変更無し） | 当年度以外の建築も可 | 奨励金の1/2 | 1戸100円 | × | × | |
| 大正15 | 1926 | 5.6 | 開墾地経営に必要な職業（大工、左官、石工、鍛冶屋医師等）に拡大 | 共同建造物（公会堂、共同作業場、病院、神社仏閣等）に拡大 | 奨励金の2/3 | 1戸200円 | 建築費の2割 | 建築費の2割 | 300円 |
| 昭和4 | 1929 | 6.24 | （変更無し） | （変更無し） | 奨励金の3/4 | 1戸300円 | 建築費の3割 | 建築費の3割 | 400円以内 |
| 昭和4 | 1929 | 7.1 | | 建坪20坪以上<br>建築費1000円以上<br>地方普通農家に準じ、最新考案を加えた設計材料は耐久的新材とする | | | | | |

よる社宅のように、新しい共同生活を営むためのものであり、農業共同体による「農村の社宅」ともいえるだろう。

続く昭和四年の改正では、農林省が「開墾地移住奨励ニ関スル注意事項[18]」を通達、

移住家屋ノ建築ハ、地方普通農家ニ準シ最新考案ヲ加ヘタル設計ニ依リ、可成材料ハ耐久的新材ニシテ、住屋ノ建坪ハ二十坪以上、建築費一千円以上トスルコト

とした。これにより農林省は、移住家屋について新材の使用、建築費一〇〇〇円以上、建坪二〇坪以上という具体的な基準を初めて示したことになる。第3部でみるように、この基準の効果は絶大で、以降に奨励を受けた住宅は建設費や建坪の均一化が進んだ。

# 3 開墾地移住奨励制度と住宅改善

## ■ 農村住宅改善の先進事業として

この昭和四年（一九二九）の「開墾地移住奨励ニ関スル注意事項」にみるように、開墾地移住奨励制度の目的は、単なる建設費の経済的支援に留まらず、開墾地の住環境の改善にあった。大正九年（一九二〇）に出された「開墾地移住奨励ニ関スル通牒」では、「移住者ノ家屋ハ耐久的ナル相当ノ家屋タラシメ、又各農家ノ配置ノ如キモ農業上及農村生活上便利適当ナラシムル」とあり、住宅の耐久性と農家としての生業・生活の利便性の確保を重視したことが明らかである。また農商務省は、初年度に各県の事業担当者に対し、事業の実行上の注意事項として、「宅地配置上ノ基本的計画」「宅地選定上ノ注意」「家屋建築上ノ注意」を通達した[19]。このうち「家屋建築上ノ注意」では次の五点を

挙げている。

（イ）相当間隔ヲ設ケ建築スルコト
（ロ）居間、作業場、畜舎等ハ成ルヘク別棟若ハ相当区画ヲ設クルコト
（ハ）成ルヘク耐久的建築ヲ為スコト
（ニ）成ルヘク通風、採光、保温ノ便ヲ図リ衛生上ノ注意ヲ払フコト
（ホ）家屋建築ハ各地方ニ適応セル型式ニ依リ成ルヘク附近ニ於テ得易キ材料ヲ使用スルコト

ここに掲げられた作業場・畜舎の分離や通風・採光など衛生に関わる項目は、実は農村住宅改善としては先進的なものである。

近代日本の住宅改善の取り組みは大正時代に始まった。日本初の洋風住宅の供給会社「あめりか屋」の創業者・橋口信助が大正五年に設立した住宅改良会や、文部省の外郭団体として大正八年に創設された生活改善同盟会の活動がよく知られ、椅子式の導入、家事労働の軽減、接客本位から家族本位の平面への転換などが提唱された。[20] ただし、その主たる対象は都市部の住宅で、生活改善同盟会が刊行した『住宅改善の方針』[21]（大正九年）や『住宅家具の改善』[22]（大正十三年）〈図1-1-7〉も、都市部の中流住宅を想定していた。農村住宅の改善に着手するのは大正十三年で、農村生活改善調査委員会を設けて衣・食・住・社交儀礼・衛生の各部門で改善指針を検討、昭和六年に『農村生活改善指針』を発表した。[23]

この改善指針では、住宅について以下の項目を挙げている。[24]

（一）住宅の間取は家族本位にすること
（二）台所と茶の間の改善（配置、設備）

図1-1-7
生活改善同盟会『住宅家具の改善』（大正13年）

(三) 採光、通風、保温、防温に注意すること
(四) 附属建物は母屋と別棟とすること
(五) 防災的構造に注意すること
(六) 祖先伝来の宅地でも事情によっては変更差し支えない
(七) 住宅地の改良（温度、常風、植樹）
(八) 宅地は実用と美観とに注意すること
(九) 農村全体の計画に注意すること

「家族本位」の間取りや台所の改善は都市住宅の改善でも唱えられてきた内容で、これらを除くと、採光・通風・保温への配慮、生活空間と畜舎など附属建物の分離、災害に強い構造は、いずれも先にみた大正九年通達の開墾地の「家屋建築上ノ注意」と重複する。つまり開墾地移住奨励では、生活改善同盟会が指針をまとめる一〇年以上前に実質的な改善指導を行っていたことになる。

また、生活改善同盟会で住宅改善調査委員を務めた今和次郎[25]は、昭和八年に農林省直轄の試験研究機関として山形県新庄市に設置された積雪地方農村経済調査所において農村の実態調査に従事、共同作業場や積雪地方に適した農家の設計案の作成を行っている。さらに昭和十二年には、調査所の敷地内に「雪国試験農家家屋」を建設〈図1-1-8〉、雪おろしの労力を軽減し作業空間を確保するため、急勾配の切妻屋根で二階に主要居室を置いたこの住宅に、農家の家族を実際に住まわせて長所や課題を聞き取った。昭和十一～十六年には、同潤会・東北更新会により「東北地方農山漁村住宅改善調査」が実施され、今和次郎を中心に農村住宅の改善調査や東北地方を気候区ごとに分けた標準設計案が発表された。この今和次郎の一連の活動は、農村住宅改善の先進的な取り組みと

図1-1-8
積雪地方農村経済調査所「雪国試験農家家屋」（昭和12年）（『積雪地方農村経済調査所概要 昭和15年9月』積雪地方農村経済調査所、1940年より）

して評価されているが、「雪国試験農家家屋」の建設は一棟のみ、標準設計案は実際にはほぼ建設されておらず、一般農家への普及や実効性を得るには至らなかった。

これらに比べて開墾地移住奨励は、農村住宅の改善施策としては極めて早く、しかも農商務省（農林省）と県が連携した行政主導の取り組みだった点が重要である。全国一万二〇〇〇戸という数的成果だけではなく、第2部で詳しくみるように、住宅の改善にも実質的な効果を挙げている。

大正・昭和期の開墾地の住宅は、明治期の粗末で過酷という最下層の様相と異なり、農村住宅改善の最先端を目指したといえるだろう。

## ■農林省による制度の普及啓発

制度を作っても、それが活きなければ意味がない。農林省は開墾地移住奨励制度の運用と合わせ、普及啓発を様々な方法で進めている。

まず大正十五年（一九二六）には、青森・福島・長野・愛知・兵庫・熊本・宮崎の七県に五〇〇円の調査費を交付して、「開墾地移住者住宅ニ関スル調査」を実施している。[26]これは県内の既存農家の実態調査だが、開墾地移住家屋の設計図案の懸賞募集をセットで実施させた点が特筆できる〈図1-1-9〉。設計図案の懸賞募集は、都市部の住宅改善でも採用された手法で、敷地や家族構成など具体的な条件を示して理想的な住宅像を考えさせるものである。例えば住宅改良会は、大正九年から昭和十八年（一九四三）までに雑誌『住宅』誌上で住宅設計競技を一七回実施、応募数は最大で六百点を超えた。懸賞募集によって一般の関心を誘い、かつ自ら設計図案を考えることが改善思想の普及につながる上、入選した設計図案を雑誌や展覧会で紹介することでより広く広報することができる。住宅改良会は、この懸賞募集を住宅改善の啓発手法として最重視したとされている[27]。

大正十五年の開墾地移住家屋図案の懸賞募集では、各県の「普通中農家」を想定すること、建築費が低廉であること、構造が耐久的で農業経営や生活上の利便性を重視することという規定はあったが、敷地や建築規模、家族構成の具体的な条件は与えられていない。応募数は熊本県五八点、兵庫県四九点が多く、この二県では地方新聞に広告を掲載し、郡・市役所や町村役場、学校などで募集要項を配付したという[28]。

ただし、七県のうち三県で一等入選なしという結果であり、選評では応募案は住宅改善としては新規性があるものの農家として地域の実状を反映していない、建設費が高額すぎるなどの意見があって[29]、入選案はそのまま開墾地に適用できるものではなかった。それでも、実施過程での広報や入選案の発表を通して住宅改善への関心を喚起する意味があり、農林省は七県の入選案を講評と合わせて、昭和四年に『開墾地移住者住宅ニ関スル調査』として刊行している[30]。

## ■移住家屋と共同建造物の「見本」を示す

続いて昭和五年（一九三〇）には、農林省耕地課が移住家屋と共同建造物の模範例として「開墾地移住家屋及全附属家設計図例」〈図1-1-10〉、「開墾地移住共同建造物設計図例」を作成した[31]。平面図のほか立面図や仕様書もあり、実際の計画の参考になるほか、県職員が農家に指導する際に具体例と

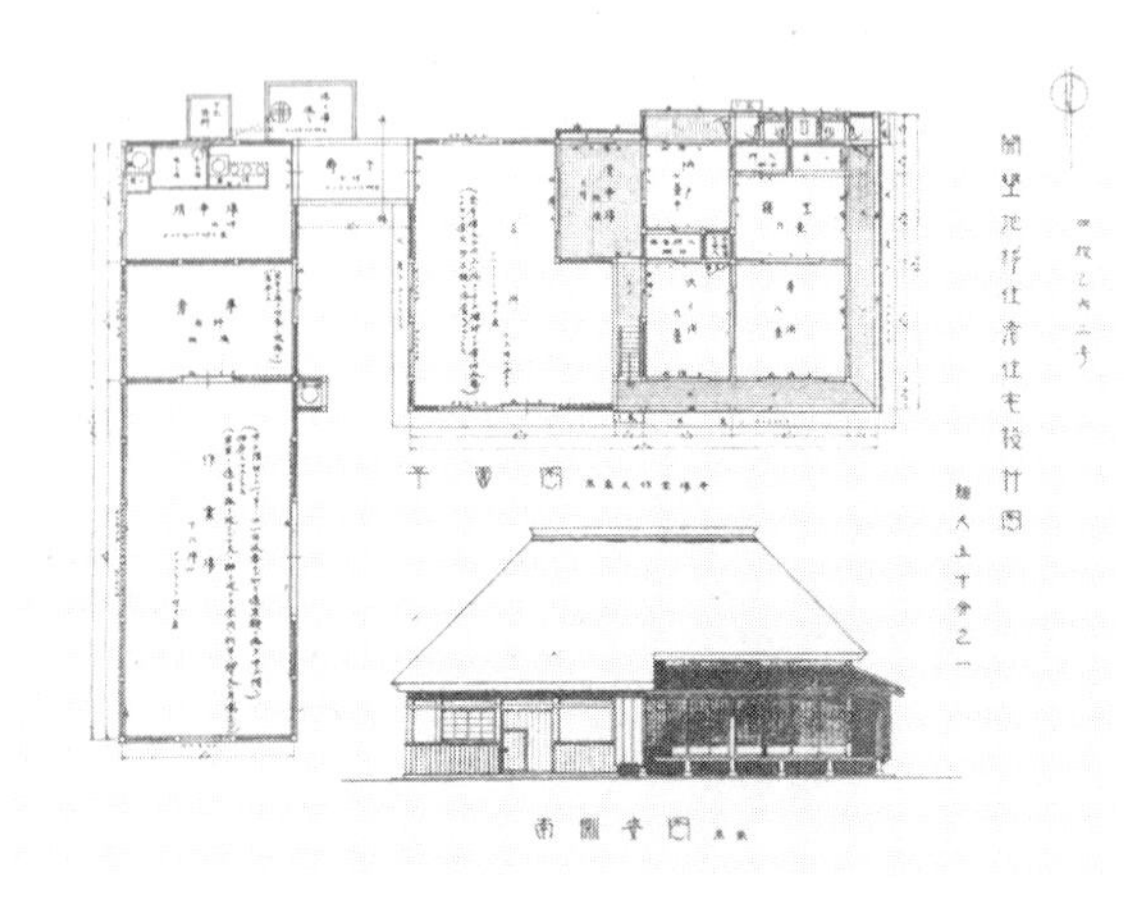


図1-1-9
開墾地移住者住宅設計懸賞募集 熊本県1等案（『開墾地移住者住宅ニ関スル調査』農林省農務局、1929年より）

して示すことができる。この移住家屋図例は、主屋が四間取で、厩舎・作業場を別棟で設ける。主屋は建坪二〇坪、建築費一〇〇〇円で、前年の昭和四年に農林省が「開墾地移住奨励ニ関スル注意事項」で通達した基準と合致しており、その具体的なかたちを示したといえる。また、図に添えられた構造や仕様、材料の一覧表は、開墾地移住奨励の申請時に提出する書式と合っており、平面や仕様がそのまま申請に使えるよう考えられていた。

一方、共同建造物の設計図例は「公会堂」と呼ぶ集会施設である。従来の農村では、有力者の家や神社・寺院を寄合の場とすることが一般的で、「公会堂」は初めて知る建築類型である。この公会堂には宿泊室を設ける例もあり、各戸が備えていた接客用の部屋を共同で置くことで、住宅を簡素化する意味も持った。「公会堂」は、多くの農民にとって利用経験がないからこそ具体像を示す必要がある。設計図例の「公会堂」は、広さ三〇畳の板敷の集会場や事務室三室、食堂・湯沸場・応接室等を備えており、農業共同体としての事務機能等も想定したとみられる。

この設計図例は、農商務省（農林省）が各県の耕地事業担当者を集めて年に一度開催した耕地主任官会議において、大正十二年（一九二三）に長野県の担当者から出された「模範又ハ参考トナルヘキ家屋ノ設計、構造、図解」を配布して欲しいという提案[32]を受けて実現したものだった。また、この設計図例と同時に提示さ

図 1-1-10　「開墾地移住家屋及全附属家設計図例」（『開墾地移住ニ関スル調査 第二輯』農林省農務局、1938 年より）

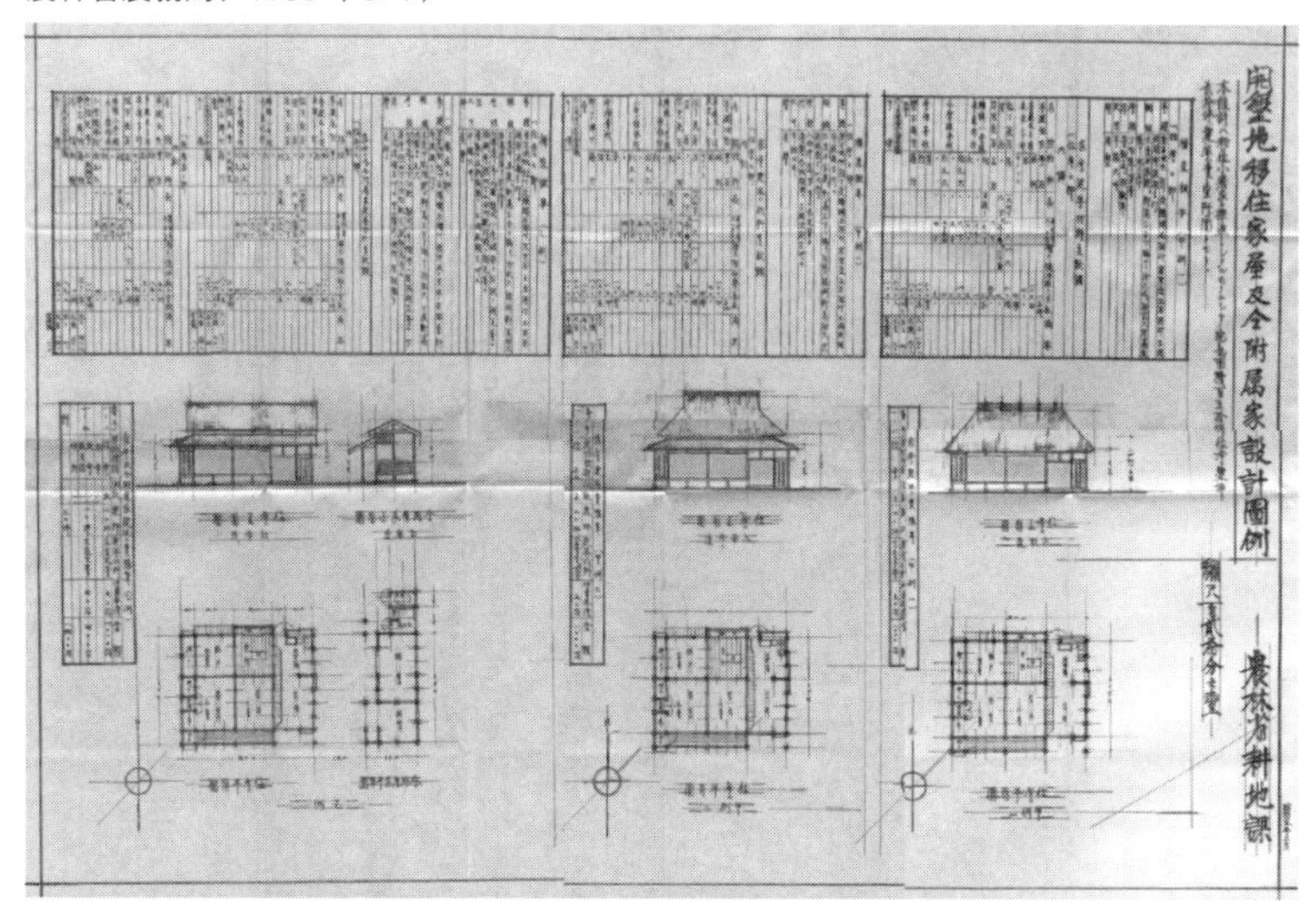

れた「移住家屋及共同建造物ノ建築注意事項」[33]によると、平面以外に構造や材料についても注意事項を示している。

三、建築材料ノ選択
（一）家屋ノ建築材料ハ可成強靭ナル新材ヲ使用スルコト
（二）建物ノ骨組トナル可キ木材ハ充分乾燥シタルモノヲ撰フコト
四、構造
（一）建物狭小建築費少額ナルモノハ概シテ耐久的ナラサルヲ以テ相当構造上ニ留意スルコト
（二）建物ノ床下ハ空気ノ流通ヲ良クスルコト
（三）柱及柱ト横架材トノ取付ノ際柱ヲ毀損セサルコト
（四）筋違方杖通シ貫ノ締付ハ不備ナキ様周到ナル注意ヲ払フコト
（五）二階造ノ家屋又屋根ノ高キモノハ風害ヲ受易キヲ以テ耐風的構造トナスコト
（六）下家ノアル家ハ割合堅牢ナルヲ以テ下家ヲ可成附設スルコト
（七）屋根ハ瓦葺カ比較的耐風的ニシテ草葺、杉皮葺、亜鉛鍍鉄板葺、板葺等ハ被害ヲ受易キヲ以テ耐風的工事ヲ施スコト

「強靭ナル新材ヲ使用」「耐久的」という語は昭和四年の「開墾地移住奨励ニ関スル注意事項」でも強調されているが、ここでは材料の選択、屋根材や階高の風害への影響、下屋の設置による安定性まで具体的に述べている。

さらに農林省は、事業の遂行と合わせて制度の検証も行っている。まず昭和四年には、制度を制定した大正九年から昭和三年までに補助金を交付した開墾地を対象に、「開墾地移住及経営ニ関スル調査」を実施した[34]。内容は大きく二分でき、ひとつは移住者の生

活実態に関する「移住者別ノ調査」で、いわば補助対象の追跡調査に当たる。項目は、移住家屋やそこに暮らす家族の構成、耕作する田畑の面積や作物、副業、貸入金の額など細部に及ぶ。同じ調査は昭和七年にも実施されていて、[35]入植後の経営状態を継続的に把握していた可能性が高い。

もうひとつは、開墾地周辺の「中小農家標準家屋」の実態を把握し、移住家屋と比較するための調査で、屋根材や建坪、建設にかかる材料費や職人の工賃が項目に挙げられている。[36]この調査結果は、周辺農家と開墾地移住家屋の平均値を比較できるよう、県ごとに一覧で整理され、昭和五年に『開墾地移住ニ関スル調査 第一輯』に収録された。農林省は昭和四年に開墾地移住家屋の建設費・建坪の基準を示すに当たり、この調査結果を参考にする意図があったとみられる。

開墾地移住奨励は、農林省の計画と県の遂行によって、計画的かつ組織的に進められたといえる。

（小沢朝江）

(1) 明治前期の士族授産事業については、吉川秀造『士族授産の研究』有斐閣、一九四二年、我妻東策『士族授産史』三笠書房、一九四二年に詳しい。
(2) 立岩寧『大久保利通と安積開拓 開拓者の群像』青史出版、二〇〇四年。
(3) 大石貞男『牧之原開拓史考 明治維新と茶業』静岡県茶業会議所、一九八一年。
(4) 注1『士族授産史』。
(5) 遠藤明久「屯田兵村と建築」『北海道の開拓と建築』第一法規出版、一九八七年。
(6) 越野武・泉勝文「野幌及び新琴似屯田兵中隊本部（明治十七、十九年）について」日本建築学会論文報告集・号外・臨時増刊学術講演要旨集、一九六五年、六六九頁。
(7) 筒井裕子・狩野勝重「安積開拓における開成社宅について」日本建築学会大会学術講演梗概集、一九八四年、二五七七—二五七八頁。

（8）風連町史編さん事務局編『風連町史』風連町、一九六七年、六四頁。

（9）宮本百合子「貧しき人々の群」（『宮本百合子選集 第1巻』安芸書房、一九四七年）所収。

（10）農商務省食糧局編『開墾助成案内 訂3版』農商務省食糧局、一九二二年。

（11）昭和十六年度までの開墾助成法の事業実績は『耕地拡張改良事業要覧 第十六次』農林省農政局、一九四一年、四九頁。

（12）清水良平「わが国における耕地面積の変動」『農業綜合研究』二二巻四号、一九六八年十月、一七一—二二〇頁。

（13）農商務省食糧局編『耕地整理要覧 第20次』農商務省食糧局、一九一二—二四年、一〇頁。

（14）原文は農商務省食糧局編『開墾奨励法規』農商務省食糧局、一九二二年、七九—八六頁。

（15）農林省農務局編『開墾地移住状況調査』農林省農務局、一九二七年、一頁。

（16）大正十年・大正十五年改正時の原文は注15『開墾地移住状況調査』一—二頁。昭和四年改正時の原文は農林省農務局編『開墾地移住ニ関スル調査 第一輯』農林省農務局、一九三〇年、五—一一頁。

（17）注14「開墾地移住奨励ニ関スル通牒」。

（18）原文は農林省農務局編『開墾地移住ニ関スル調査 第三輯』農林省農務局、一九三八年、一二—一三頁。

（19）農商務省食糧局『開墾及耕地整理主任官会議要録 大正9年』農商務省食糧局、一九二〇年、二八—二九頁。

（20）内田青蔵『日本の近代住宅』鹿島出版会、一九九二年。

（21）生活改善同盟会編『住宅改善の方針』生活改善同盟会、一九二〇年。

（22）生活改善同盟会編『住宅家具の改善』生活改善同盟会、一九二四年。

（23）生活改善同盟会編『農村生活改善指針』生活改善同盟会、一九三一年、九一—一一〇頁。

（24）注23『農村生活改善指針』九一—一一〇頁。

（25）今和次郎の活動については、黒石いずみ『「建築外」の思考—今和次郎論』ドメス出版、二〇〇〇年、同『東北の震災復興と今和次郎—ものづくり・くらしづくりの知恵』平凡社、二〇一五年など。

（26）農林省農務局編『開墾地移住者住宅ニ関スル調査』農林省農務局、一九二九年、一頁「概説」。

（27）内田青蔵「住宅設計競技入選案から見た「住宅改良会」の住宅像について」日本建築学会計画系論文報告集第三五八号、一九八五年、一一四—一二四頁。

（28）注26『開墾地移住者住宅ニ関スル調査』によると、熊本県では募集規定を「本県主要ナル二新聞ニ募集広告ヲ掲載シ、外ニ公募ノ趣意ヲ徹底セシムル為メ詳細ニ亘リ二三新聞ニ広告並ニ登載シ尚応募ノ実ヲ挙クル為メ一万枚ノ宣伝用「ビラ」ヲ印刷シ各郡ヲ通シ所管町村ニ漏レ無ク配布セシメ、特ニ農業並ニ建築ニ関係アル官衙学校試験場等ニハ佳良ナル建築案ヲ得ル為メ応募ヲ勧誘」（六九頁）したとあり、また兵庫県では当初は神戸新聞・神戸又新日報に広告を出し、郡市町村役場に印刷物を配ったものの、募集締切時点で応募が少数だったために、再度新聞と県農会報に広告を出したという（五八頁）。

（29）注26『開墾地移住者住宅ニ関スル調査』の長野県の審査報告では選評として「農村住宅ヲ真ニ理解シ在来ノ住宅ノ欠点ヲ補ヒ改良シ得タルモノ比較的少ナク、間取等ニ於テ相当改良ノ跡見受クルモ開墾地ニ建築スル住宅トシテ適当ト認ムルモノ極メテ少ナカリシヲ遺憾トス」（三二頁）とある。

（30）注26『開墾地移住者住宅ニ関スル調査』。

（31）農林省農務局編『開墾地移住ニ関スル調査 第二輯』農林省農務局、一九三八年、二四〇頁挿図。

(32) 農林省農務局編『耕地主任官会議要録 大正14年4月開催』(農林省農務局、一九二五年)の「地方提出協議事項及決議」に、長野県の意見として「農業移住家屋建設上模範又ハ参考トナルヘキ家屋ノ設計、構造、図解ヲ配付セラレタシ」(九五頁)とある。
(33) 注31『開墾地移住ニ関スル調査 第二輯』二三五—二三九頁。
(34) 「開墾地移住及経営ニ関スル調査」の調査要旨は注16『開墾地移住ニ関スル調査 第一輯』一九五—一九六頁。
(35) 注18『開墾地移住ニ関スル調査 第三輯』一九五—二一八頁。
(36) 調査要旨は注16『開墾地移住ニ関スル調査 第一輯』一九五頁。

# 第2章 開墾地移住奨励制度の運用と実績

## 1 開墾地移住奨励制度の規程

### ■県によって異なる取り組み

開墾地移住奨励は国による制度だが、移住者に奨励金を交付するのは県であり、実務は県が担う点に特徴がある。このため、それぞれの県も国の規程に準じて、移住奨励の手続きや基準に関する「開墾地移住奨励規程」を定めておく必要があった。四六府県（北海道は開墾助成法の対象外）の奨励規程の制定状況を、農商務省（農林省）の事業要覧[1]からみてみよう〈図1-2-1〉。

まず移住家屋に関する規程は、制度がスタートした二年後の大正十一年（一九二二）時点では一七県が定めるのみだった。しかし、昭和二年（一九二七）には三七県、昭和十年には四三県に増加しており、徐々に浸透したことがわかる。残る三県のうち滋賀県と香川県は最後まで移住奨励事業を実施せず、大阪府は一時期しか規程を設けなかった。

この理由として、ひとつには県の財政能力がある。移住奨励制度の国の補助額は県の奨励金に対する比率で定めるため、各県は移住者に対する奨励金として国の補助額と同額から三分の一程度の予算を用意しなければならない。各県の耕地主任官を集めた会議

図1-2-1　県ごとの開墾地移住奨励規程の制定状況（『土地利用及開墾事業要覧』農商務省農務局、1922-1926年、『耕地拡張改良事業要覧』農林省農務局、1927-1941年より作成）

| No. | 府県名 | 移住家屋 | | | | | | | | | | | | | | 共同建造物 | | | | | | |
|---|---|---|---|---|---|---|---|---|---|---|---|---|---|---|---|---|---|---|---|---|---|---|
| | | 1922 | 1923 | 1924 | 1925 | 1926 | 1927 | 1928 | 1929 | 1930 | 1931 | 1933 | 1934 | 1940 | 1941 | 1927 | 1928 | 1929 | 1930 | 1931 | 1940 | 1941 |
| 1 | 青森 | × | × | ○ | ○ | ○ | ○ | ○ | ○ | ● | ● | ● | ● | ● | ● | △ | △ | △ | ○ | ○ | ○ | ○ |
| 2 | 岩手 | × | × | × | × | ○ | ○ | ○ | ○ | ● | ● | ● | ● | ● | ● | △ | △ | △ | ○ | ○ | ○ | ○ |
| 3 | 宮城 | × | × | ○ | ○ | ○ | ● | ● | ● | ● | ● | ● | ● | ● | ● | ○ | ○ | ○ | ○ | ○ | ○ | ○ |
| 4 | 秋田 | × | ○ | ○ | ○ | ○ | ○ | ○ | ○ | ● | ● | ● | ● | ● | ● | ○ | ○ | ○ | ○ | ○ | ○ | ○ |
| 5 | 山形 | ○ | ○ | ○ | ○ | ○ | ○ | ○ | ○ | ● | ● | ● | ● | ● | ● | ○ | ○ | ○ | ○ | ○ | ○ | ○ |
| 6 | 福島 | × | ● | ● | ● | ● | △ | △ | △ | ● | ● | ● | ● | ● | ● | △ | △ | △ | ○ | ○ | ○ | ○ |
| 7 | 茨城 | × | × | × | × | × | △ | △ | △ | ● | ● | ● | ● | ● | ● | △ | △ | △ | ○ | ○ | ○ | ○ |
| 8 | 栃木 | ○ | ○ | ○ | ○ | ○ | ○ | ○ | ○ | ● | ● | ● | ● | ● | ● | △ | △ | △ | ○ | ○ | ○ | ○ |
| 9 | 群馬 | ○ | ○ | ○ | ○ | ○ | △ | △ | △ | ● | ● | ● | ● | ● | ● | △ | △ | △ | ○ | ○ | ○ | ○ |
| 10 | 埼玉 | × | × | △ | △ | △ | × | × | × | ● | ● | ● | ● | ● | ● | × | × | × | ○ | ○ | ○ | ○ |
| 11 | 千葉 | × | × | △ | △ | △ | △ | △ | △ | ● | ● | ● | ● | ● | ● | △ | △ | △ | ○ | ○ | ○ | ○ |
| 12 | 東京 | × | × | × | × | × | × | × | × | ● | ● | ● | ● | ● | ● | × | × | × | ○ | ○ | ○ | ○ |
| 13 | 神奈川 | × | × | × | ○ | ○ | ● | ● | ● | ● | ● | ● | ● | ● | ● | △ | △ | △ | □ | ○ | ○ | ○ |
| 14 | 新潟 | ○ | ○ | ○ | ○ | ○ | ○ | ○ | ○ | ● | ● | ● | ● | ● | ● | △ | △ | △ | ● | ● | ● | ● |
| 15 | 富山 | ● | ● | ● | ● | ● | ● | ● | ● | ● | ● | ● | ● | ● | ● | ● | ● | ● | ● | ● | ● | ● |
| 16 | 石川 | × | × | × | × | × | × | × | ● | ● | ● | ● | ● | ● | ● | × | × | ○ | ○ | ○ | ○ | ○ |
| 17 | 福井 | × | × | × | × | × | × | × | × | × | × | × | ● | ● | ● | × | × | × | × | × | ○ | ○ |
| 18 | 山梨 | × | × | × | × | ● | ● | ● | ● | ● | ● | ● | ● | ● | ● | △ | △ | △ | △ | △ | △ | △ |
| 19 | 長野 | ○ | ○ | ○ | ○ | ○ | ○ | ○ | ○ | ● | ● | ● | ● | ● | ● | △ | △ | △ | ○ | ○ | ○ | ○ |
| 20 | 岐阜 | ○ | ○ | ○ | ○ | ○ | ○ | ○ | ○ | ● | ● | ● | ● | ● | ● | × | × | × | × | × | × | × |
| 21 | 静岡 | × | × | × | × | × | ● | ● | ● | ● | ● | ● | ● | ● | ● | ● | ● | ● | ● | ● | ● | ● |
| 22 | 愛知 | ● | ● | ● | ● | ● | ● | ● | ● | ● | ● | ● | ● | ● | ● | ○ | ● | ● | ○ | ○ | ○ | ○ |
| 23 | 三重 | △ | △ | △ | △ | △ | △ | △ | △ | ● | ● | ● | ● | ● | ● | △ | △ | △ | ○ | ○ | ○ | ○ |
| 24 | 滋賀 | × | × | × | × | × | × | × | × | × | × | × | × | × | × | × | × | × | × | × | □ | × |
| 25 | 京都 | × | × | × | × | × | × | × | △ | ● | ● | ● | ● | ● | ● | × | × | △ | ○ | ○ | ○ | ○ |
| 26 | 大阪 | × | × | × | × | × | △ | ○ | ○ | □ | □ | □ | □ | □ | × | △ | △ | △ | □ | □ | □ | × |
| 27 | 兵庫 | ○ | ○ | ○ | ○ | ○ | ● | ● | ● | ● | ● | ● | ● | ● | ● | △ | △ | △ | ○ | ○ | ○ | ○ |
| 28 | 奈良 | ○ | ○ | ○ | ○ | ○ | ○ | ○ | ● | ● | ● | ● | ● | ● | ● | ○ | ○ | ○ | ○ | ○ | ○ | ○ |
| 29 | 和歌山 | × | × | × | × | × | × | × | × | × | × | × | ● | ● | ● | × | × | × | × | × | ○ | ○ |
| 30 | 鳥取 | ● | ● | ● | ● | ● | ● | ● | ● | ● | ● | ● | ● | ● | ● | △ | △ | △ | ○ | ○ | ○ | ○ |
| 31 | 島根 | × | × | × | ● | ● | ● | ● | ● | ● | ● | ● | ● | ● | ● | ● | ● | ● | ● | ● | ● | ● |
| 32 | 岡山 | ● | ● | ● | ● | ● | ● | ● | ● | ● | ● | ● | ● | ● | ● | △ | △ | △ | ○ | ○ | ○ | ○ |
| 33 | 広島 | ○ | ○ | ○ | ○ | ○ | △ | △ | △ | ● | ● | ● | ● | ● | ● | △ | △ | △ | ○ | ○ | ○ | ○ |
| 34 | 山口 | × | × | × | × | × | × | ● | ● | ● | ● | ● | ● | ● | ● | × | ○ | ○ | □ | □ | ● | ● |
| 35 | 徳島 | × | × | × | × | × | × | × | × | × | × | ● | ● | ● | ● | × | × | × | × | × | ○ | ○ |
| 36 | 香川 | × | × | × | × | × | × | × | × | × | × | × | × | × | × | × | × | × | × | × | □ | × |
| 37 | 愛媛 | × | × | × | ○ | ○ | ○ | ○ | ○ | ● | ● | ● | ● | ● | ● | ○ | ○ | ○ | ● | ● | ● | ● |
| 38 | 高知 | × | × | × | × | ● | ● | ● | ● | ● | ● | ● | ● | ● | ● | △ | △ | △ | □ | □ | △ | △ |
| 39 | 福岡 | × | × | × | ○ | ○ | ○ | ○ | ○ | ● | ● | ● | ● | ● | ● | × | × | × | × | × | × | × |
| 40 | 佐賀 | × | ○ | ○ | ○ | ○ | ○ | ○ | ○ | ● | ● | ● | ● | ● | ● | △ | △ | △ | ○ | ○ | ○ | ○ |
| 41 | 長崎 | × | × | × | × | ● | ● | ● | ● | ● | ● | ● | ● | ● | ● | ○ | ○ | ○ | ○ | ○ | ○ | ○ |
| 42 | 熊本 | × | × | × | × | × | ○ | ○ | ○ | ● | ● | ● | ● | ● | ● | △ | △ | △ | ○ | ○ | ○ | ○ |
| 43 | 大分 | × | × | × | × | ● | ● | ● | ● | ● | ● | ● | ● | ● | ● | △ | △ | △ | △ | △ | △ | ○ |
| 44 | 宮崎 | ○ | ○ | ○ | ○ | ○ | ○ | ○ | ○ | ● | ● | ● | ● | ● | ● | △ | △ | △ | ○ | ○ | ○ | ○ |
| 45 | 鹿児島 | ○ | ○ | ○ | ○ | ○ | △ | △ | △ | ● | ● | ● | ● | ● | ● | △ | △ | △ | ○ | ○ | ○ | ○ |
| 46 | 沖縄 | ○ | ○ | ○ | ○ | ○ | △ | △ | △ | ● | ● | ● | ● | ● | ● | △ | △ | △ | □ | ○ | ○ | ○ |

●面積・建築費を規程、○面積・建築費のいずれか、△条件なし、×未制定　□調査中

奨励規程は、刊行前年の情報が掲載されるが、『土地利用及開墾事業要覧』1921年版は県別の規程がなく、1920年度の状況は不明。

の記録をみると、香川県の担当者は「経済ノ関係上到底理想的方針ヲ樹ツル能ハス」[2]と述べ、移住奨励の導入は経済的に困難としている。もうひとつは、移住奨励制度が開墾助成法の施行地域に対象を限定したことで、大阪府の場合、開墾助成法が適用される五町歩以上の開墾計画が少ないことを理由とした[3]。

奨励条件をみると、昭和二年の時点では建坪の基準を設けるのは四割以下で、また建築費の基準は七割が定めるものの五〇〇円以上から一〇〇〇円以上まで幅がある。つまり、制度当初は建築規模や建築費など移住家屋の「質」の担保は各県の判断に任されていたことになる。しかし、昭和四年に農林省が建坪二〇坪以上、建築費一〇〇〇円以上という交付基準を示した後は、全県がこの基準に統一された。これは農林省の強い指導によるもので、耕地主任官会議では農林省の担当者が国の規程に「準拠」して県の規程を改正するよう繰り返し徹底している[4]。

一方、共同建造物は、国の規程では大正十五年の改定で対象に加えられた。翌年の昭和二年時点で三四県が規程を制定、以後も移住家屋と合わせて制定が進んだが、岐阜県・福岡県は移住家屋のみで、共同建造物に関する奨励規程を定めなかった。奨励条件は、移住家屋同様、昭和四年には山梨県・大分県を除いて建築費が一〇〇〇円以上に統一されたが、建坪の基準は六県のみと少ない。これは共同建造物の場合、用途によって規模の差が大きく、基準を設けにくかったためだろう。

## ■農商務省が整えた開墾地移住奨励の手続き

では、実際に開墾地移住奨励がどのように行われたのか、その手続きをみてみよう。例えば現在、住宅を建てる際は、建築基準法などの法令に適合しているかを審査する

「建築確認申請」という手続きを踏む必要がある。実際の工事に入る前に、配置図・平面図・立面図・断面図などの基本図面や計画の概要、仕上げ表、構造図などを用意し、役所等で審査を受ける。法令に適合していると判断されれば工事に着手できるが、申請通りに建てられているか、工事の途中で中間検査、完成したら完了検査を受けなければならない。

開墾地移住奨励の手続きはこの流れと類似している。申請に必要な書類を、農商務省は「開墾地移住奨励手続[5]」で次のように定めている。

（一）建築調書（申請する家屋・共同建造物の種別、間数、建坪、建築材料、建築費予算、起工・竣工予定時期、宅地面積、建築者）
（二）工事明細書（設計仕様大要、工事予算の内訳）
（三）工事明細書添付図（平面図・正面・側面背面図 縮尺五〇分の一、主要部の断面図）
（四）宅地の面積、宅地内の配置・間取・部屋名称等を示す平面図 縮尺一二〇分の一
（五）全地区の略図（奨励金交付を受けた家屋・共同建造物の敷地、道路・水路、移住者の耕作地等の配置を示す。縮尺三千分の一から六千分の一）
（六）開墾面積及び移住家屋・共同建造物の年次別計画説明
（七）移住者に対する家屋・土地の貸付または永小作権・地上権設定に関する契約・規程等
（八）自作農扶殖其他移住者保護奨励に関する施設の説明
（九）開墾地付近の農家の普通耕作面積調書

このうち、（二）（三）（四）は移住者がそれぞれ用意するもので、建築確認申請の必要書類と類似する。（二）では建築の仕様や予算、（三）は縮尺五〇分の一の平面図や立断面図、さらに（四）では敷地との関係を示す縮尺一二〇分の一の配置図兼平面図が指示されていて、建築の具体的な計画をみて奨励する仕組みだった。

一方、（一）は申請者全員の工事明細の一覧に当たり、（五）～（九）も合わせて地区ごとに作成した。これは、開墾地移住奨励は個人が直接県に申請するのではなく、開墾を行う耕地整理組合等から申請するためで、開墾地全体の計画図や移住規則、年次計画なども必要とされた。（七）の移住者に対する家屋・土地の貸付や永小作権・地上権契約の規程は、当時の農林行政の重要な課題であった自作農創設に関わるもので、（八）も大正十三年に国が定めた土地購入資金の低利・長期の貸付制度である「自作農地創定施設要項」[6]と関連する。開墾した土地が地主の所有となり、移住者を小作として雇用するのではなく、移住者が自ら土地を所有して自作農として自立することを目指していたといえる。

## ■不正防止と実効性を重視した県の規程

これらの申請書類は、耕地整理組合等の単位で取りまとめて県に提出された。この書類が残っていれば、開墾地にどのような住宅が建てられたのか、その全体像を年次を追って知ることができる貴重な史料になる。そう考えて全国の公文書館を調査したが、残念なことに、各県では既に公文書としての保管年限を過ぎていて、佐賀県では昭和二年度分[7]、群馬県では昭和十～十三年度分[8]など、ごく一部が残っているに過ぎなかった。

代わりに、申請書類の控えを耕地整理組合が保管していたケースがあり、例えば長野県の常盤村中部耕地整理組合（現大町市）では、大正十三年（一九二四）〜昭和十二年（一九三七）度の五七戸分の申請書類の控えがほぼ完璧な形で現存する。[9] 大分県では荻柏原耕地整理組合（現竹田市）の昭和三、八、十一、十三、十四年度の申請書類の控えが、同組合を継承した荻柏原土地改良区事務所に保管され、兵庫県では小束野耕地整理組合（現神戸市西区）[10]、西光野耕地整理組合（現姫路市・福崎町）[11]の二地区の申請書が残るなど、全国八地区で確認している。開墾地移住奨励が全国約四〇〇地区に補助金を出したことを考えれば、本当に限られた地区しか残されていないことがわかる。

一方、各県が定めた移住奨励規程は、宮城県[12]・秋田県[13]・茨城県[14]・愛知県[15]・岡山県[16]・大分県[17]・沖縄県[18]の七県の条文が入手できた。まずこの規程を、大分県を例にみてみよう。

大分県では、必要書類として申請書のほか、次の五点を定める。

一、家屋建築費予算書及其ノ説明書
二、第二号様式ノ家屋建築計画書
三、開墾地ニ於ケル宅地道路及耕地等ノ配置（神社、仏閣、学校、病院、其ノ他共同建物等ヲ設クル場合ハ其ノ位置ヲ含ムヲ示スヘキ全地区ノ略図）（三千分ノ一又ハ六千分ノ一）
四、宅地又ハ敷地ノ面積及其ノ地内ニ於ケル建物其ノ他ノ配置方向間取並ニ各部ノ名称等ヲ示ス平面図（百二十分ノ一）
五、前各号ノ外共同建造物ニアリテハ其ノ使用目的管理ノ方法其ノ他ヲ示スヘキ書面又ハ之ニツキ規約アル場合ハ其ノ規約

国の規程と比較すると、一の「家屋建築費予算書及其ノ説明書」が国の規程の（一）建築調書、二の「家屋建築計画書」が（二）工事明細書、四の「平面図」が（四）の縮

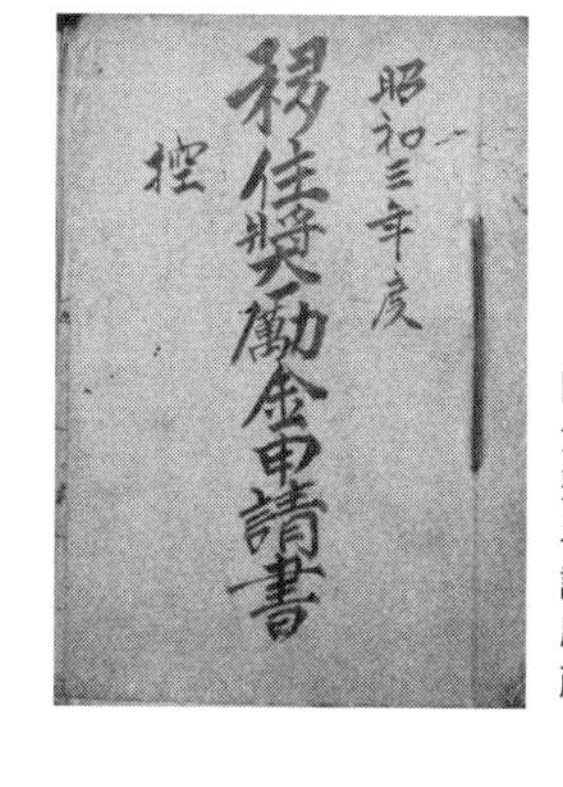


図 1-2-2
大分県荻柏原耕地整理組合「昭和三年度移住奨励金申請書類控」（荻柏原土地改良区事務所所蔵）

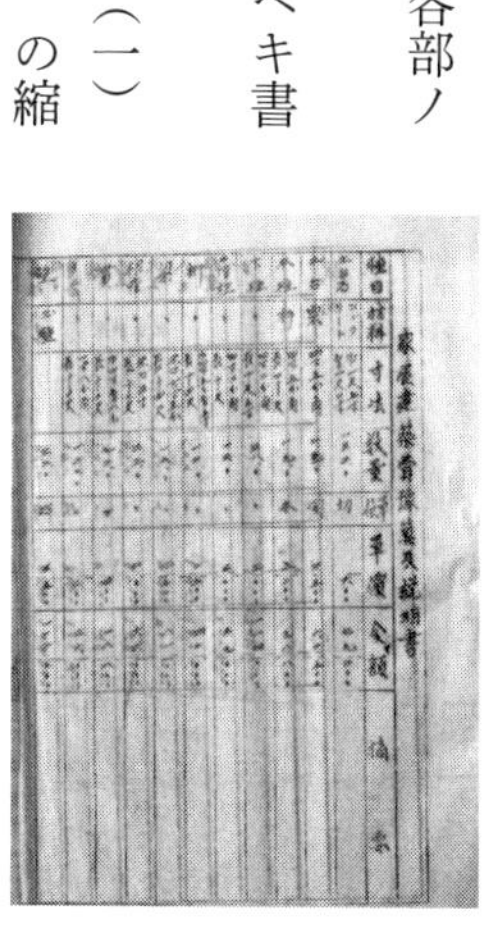

図 1-2-3
大分県荻柏原耕地整理組合「家屋建築費予算及説明書」（荻柏原土地改良区事務所所蔵）

尺一二〇分の一の配置兼平面図に当たる〈図1-2-2〜4〉。大分県ではこのほかに、開墾事業を実施する地主や耕地整理組合に対し、開墾面積と移住家屋・共同建造物建設の年次計画書、移住者に対する家屋・土地の貸付・譲渡の規程、自作農扶殖など移住者保護奨励の規程を添付するよう定めていて、これが国の規程の（六）（七）（八）に該当する。とすると、国の規程の（三）に当たる縮尺五〇分の一の詳細図面は、大分県の規程には含まれていないことがわかる。

事実、大分県では現存する荻柏原耕地整理組合の申請書類の控えをみると、いずれも「奨励金下付申請書」と「家屋建築費予算及説明書」「家屋建築計画書」、縮尺一二〇分の一の「家屋建築平面図」のセットで、詳細図面は存在しない。

他県の移住奨励規程をみると、秋田県では「家屋共同建造物ニ関スル設計書」として材料費・大工費・屋根費などの工事明細と合わせて縮尺五〇分の一の平面図や正面図・側面図、主要部の断面図を提出書類として定め、愛知県でも「工事明細書」に五〇分の一の図面類の添付を記載している。ただし、各地に現存する申請書類では、大分県以外でも縮尺一二〇分の一の平面図や仕様書・予算書はある一方、縮尺五〇分の一の図面は見られず、簡素化されていた可能性が高い。

もうひとつ注目したいのは、大分県の移住奨励規程では第五条で建築が完了したときには「費用決算書」と「請負業者ノ領収記」を添えて「建築費決算明細書」を提出するよう定めている点である。さらに茨城県・岡山県では「決算明細書」の提出に加え、奨励金は「実地検査ノ上之ヲ交付ス」とし、宮城県・岡山県でも「補助金ハ出来形検査済ノ上之ヲ交付ス」とあって、いずれも竣工後の「出来形検査」「実地検査」の実施と検査後の奨励金交付を定めている。これは国の規程にはない独自の内容で、各県では移住

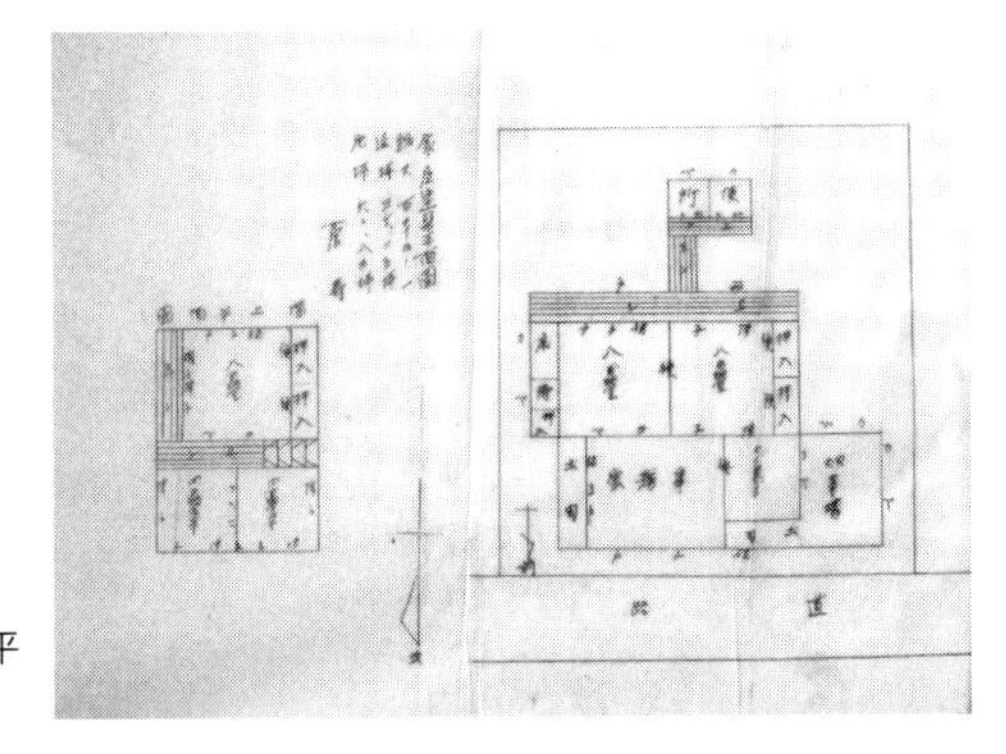

図1-2-4
大分県荻柏原耕地整理組合「家屋建築平面図」（荻柏原土地改良区事務所所蔵）

家屋の図面や仕様書・予算書の提出に加え、実際の建物の竣工検査を経て奨励金を交付したことがわかる。ほかに、耕地整理組合長名で実際に建設したことを証する証明書を添付させた例もあり[19]、県が不正の防止に苦心している様子が伝わる。

また、奨励金交付後の家屋の扱いについても各県が定めており、交付後一〇年間は知事の認可がなければ貸付や譲渡ができないこと、もし譲渡・賃借する場合はその価格から奨励金交付額を控除することとし、譲渡された人物も規程に従うこととした。

制度の仕組みを整える農林省に対し、実際に移住者と対応する県にとって、開墾地移住奨励制度が正しく運用され、移住者にとって実のあるものにすることが重要だったといえるだろう。

## 2 開墾地移住奨励制度の実績

### ■ 農林省の取り組み姿勢の変化

では、開墾地移住奨励制度はどれほどの人々に寄与したのだろうか。まず農林省（農商務省）の補助金の申請・交付実績を見てみよう。昭和十五年度までの実数は、昭和十六年の『耕地拡張改良事業要覧 第十六次』[20]から知ることができる。

まず移住家屋は、制度創設当初の大正九年（一九二〇）から昭和十二年（一九三七）までの交付戸数が総計一万二〇〇〇戸、全国約四〇〇〇地区に及ぶ〈図1-2-5〉。年度でみると、大正九年から十二年は、申請数が全国で年に四五〇戸前後で、このうち七割前後が交付を受けている。以後は申請数が徐々に増え、昭和二年には一八一六戸、昭

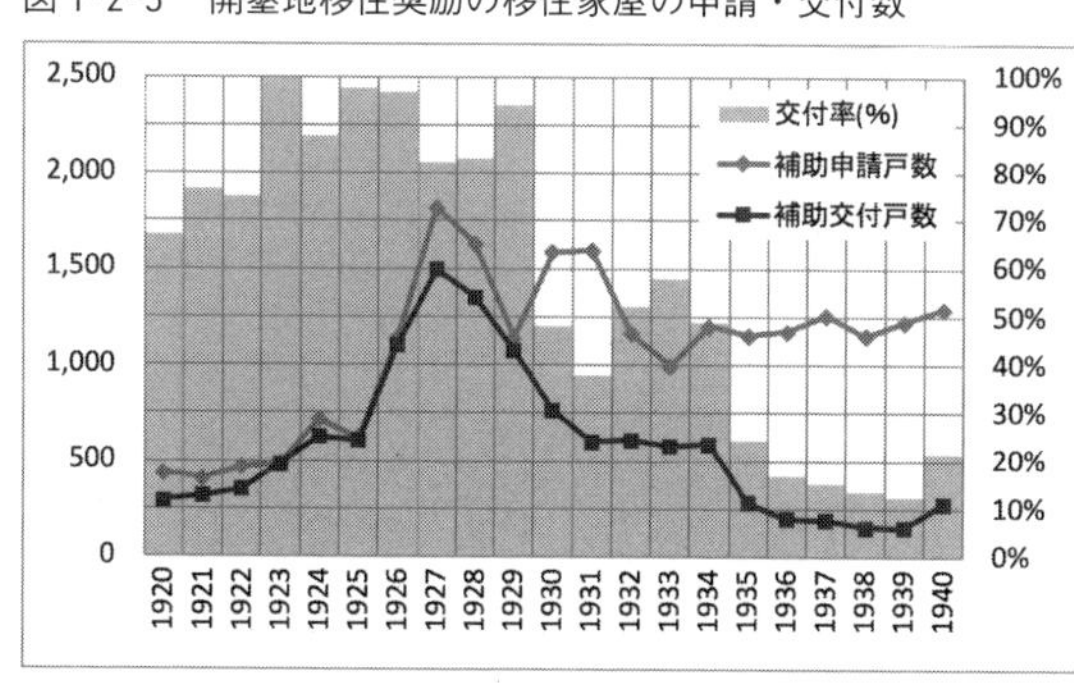

図1-2-5　開墾地移住奨励の移住家屋の申請・交付数

和三年には一六三〇戸に達した。予算が創設当初の四万円台から、大正十五年に二〇万円、昭和三年に三〇万円強に増額されたこともあり、交付率は九割前後の高率で一定している。つまり、この時期には国の補助金の交付を受けた住宅が全国で毎年一五〇〇戸以上完成していたことになる。昭和四年に農林省が奨励規程を改定し、建築規模・建築費の基準を定めたのは、この申請・交付実績を踏まえて移住家屋の「質」の改善に着手したものとみられる。この基準の付与で申請数は一旦減少したものの、昭和五年以降も一二〇〇戸以上を維持した。

しかしこの申請数に対して、農林省の対応は一変する。予算は昭和三年以降も三〇万円台だったものの、実際の交付額は昭和五年には約二〇万円、昭和十年に約五万円に段階的に削減され、申請数に対する交付率は昭和五年に約五割、昭和十年に二割以下まで急落した。

この交付状況の悪化は、農林省が新たな重点事業に着手したことによる。昭和五、六年当時、日本の農村は冷害による凶作と、世界恐慌の影響による農産物の価格下落によって深刻な恐慌に陥った。この対策として農林省は昭和七年から農山漁村経済更生計画に着手、産業組合を中核とする基盤整備等に補助した[21]。さらに昭和十一年からは、特に疲弊が著しかった東北地方を対象に、農地開発と移住をセットにした東北地方集団農耕地開発事業に着手した[22]。農林省の事業の比重が東北地方の農村不況対策へと移ったことで、開墾地移住奨励制度の実質的な予算が削減されたのだろう[23]。

一方、共同建造物は、各年度の申請数が一〇～四七棟と幅があり、交付額もばらつきが大きい〈図1-2-6〉。交付数は、初年度の大正十五年からの四年間に八七

図 1-2-6　開墾地移住奨励の共同建造物の申請・交付数

棟が集中し、約八割が交付を受けたが、移住家屋と同様、昭和五年以降は交付数が激減し、交付率も五割を下回った。ただし、一棟当りの交付額は、昭和三年以前は三〇〇〜五〇〇円程度だが、国の奨励規程が改定された昭和四年以降は一〇〇〇円前後であって、規程に適合する優良例が選別されたといえる。

## ■東北・九州で高かった交付実績

この開墾地移住奨励の交付実績は、年度だけではなく、県による差も大きい。

移住家屋の交付戸数を県別にみると、千葉県が一一一〇戸と最も多く、宮崎県一〇九七戸、福島県九八八戸の三県が突出する〈図1-2-7〉。ただし千葉県は、関東大震災後の大正十三年（一九二四）〜昭和三年（一九二八）に開墾助成法の復興支援予算が設けられた地域にあたり、移住奨励の交付もこの五年間に九割が集中している。災害復興による特例といえるだろう。全体としては、東北地方および九州地方は多い一方、中国・四国は未実施の香川県以外も一〇〇戸未満が多く、同様に近畿も兵庫県を除いて低い。この交付実績は、概ね県の奨励規程の制定時期と連動しており、制度開始時から奨励規程を用意した宮崎県・鹿児島県・福島県・長野県・愛知県は四〇〇戸を超える一方、昭和四年以降に遅れた東京府・石川県・和歌山県・福井県・徳島県は三〇〇戸以下だった。

もうひとつ交付実績と関連する事項として、大正十五年の「開墾地移住者住宅ニ関スル調査」が注目できる。これは、先にみたように農林省が開墾地移住奨励制度の普及啓発策として、移住家屋設計図案の懸賞募集と既存農家の現況調査を企画したもので、実施する県は農林省からの指定ではなく、五〇〇円の補助金交付を条件として大正十四年十二月に公募された[24]。応募した青森・福島・長野・愛知・兵庫・熊本・宮崎の七県は、熊本県のみやや遅れるものの、ほかはいずれも制度制定から間もなく奨励規程を定め、かつ大正十四年時点の補助金の交付戸数も上位であって、移住奨励に積極的に取り組んでいたことがわかる。

このうち宮崎県は、未開拓耕地の多さと慢性的な食糧不足から、開墾施策を精力的に進めたことが知られ、特に明治四十四年（一九一一）着任の有吉忠一知事により開田事業が本格化された[25]。有吉忠一は、宮崎県の離任後、神奈川県知事を経て関東大震災（大正十二年）後に横浜市長に就任、震災復興の早期完了と臨海工業地帯の建設、市域拡張に手腕を発揮し「不世出

図 1-2-7　開墾地移住奨励の移住家屋・共同建造物の県別の交付数

| 府県名 | 移住家屋 | 共同建造物 |
|---|---|---|
| 青森 | 354 | 5 |
| 岩手 | 373 | 3 |
| 宮城 | 370 | 4 |
| 秋田 | 180 | 2 |
| 山形 | 293 | 6 |
| 福島 | 988 | 8 |
| 茨城 | 267 | 1 |
| 栃木 | 465 | |
| 群馬 | 256 | 1 |
| 埼玉 | 116 | |
| 千葉 | 1,110 | 1 |
| 東京 | 26 | |
| 神奈川 | 243 | |
| 新潟 | 154 | |
| 富山 | 149 | |
| 石川 | 26 | |
| 福井 | 11 | |
| 山梨 | 255 | 2 |
| 長野 | 720 | 5 |
| 岐阜 | 249 | |
| 静岡 | 122 | |
| 愛知 | 408 | 7 |
| 三重 | 131 | 1 |
| 京都 | 109 | |
| 大阪 | 8 | 2 |
| 兵庫 | 346 | 8 |
| 奈良 | 144 | 4 |
| 和歌山 | 13 | |
| 鳥取 | 314 | 1 |
| 島根 | 79 | |
| 岡山 | 400 | 1 |
| 広島 | 170 | |
| 山口 | 83 | 6 |
| 徳島 | 31 | |
| 愛媛 | 63 | |
| 高知 | 161 | |
| 福岡 | 217 | |
| 佐賀 | 249 | 1 |
| 長崎 | 272 | 7 |
| 熊本 | 217 | 18 |
| 大分 | 278 | 1 |
| 宮崎 | 1,097 | 51 |
| 鹿児島 | 468 | 5 |
| 沖縄 | 126 | |
| 合計 | 12,111 | 151 |

の市長」と呼ばれた人物である。[26] 宮崎県でも、三大開田事業と称せられた二原・高木原・薩摩原の給水事業に着手、大正三年には「宮崎県開田起業案内」を作成し、他県に配布して県外からの開田起業者・移住者の招致を図った。これらが大正八年の国の開墾助成法公布より前に着手されている点が重要で、開墾助成法と開墾地移住奨励制度の公布は宮崎県にとってまさに「渡りに船」だった。

　また愛知県は、移住奨励の半数以上が碧海郡高岡村（現豊田市）の耕地整理組合で、[27] 安城を中心とする碧海郡は農業経営の先進地として「日本デンマーク」と称された。指導した愛知県立農林学校初代校長の山崎延吉は、自著で農村計画の主要項目として生活改善の重視を掲げている。[28] 農村経営・改善の強力な指導者の存在は熊本県でも共通し、大正九年に肥後農友会実習所を開設した松田喜一が大正十四年から県嘱託として農事改良・農村振興に尽力、[29] 移住家屋設計図案の懸賞募集でも審査員を務めた。

　開墾地移住奨励制度に対する県の積極性は、そのまま開墾施策の取り組みに比例し、それを支える為政者・指導者の存在に拠ったといえる。

（小沢朝江）

（1）大正十一年〜十五年度は『土地利用及開墾事業要覧』（農商務省農務局）、昭和二年〜十六年度は『耕地拡張改良事業要覧』（農林省農務局）。奨励規定は刊行前年度の状況を掲載。
（2）『耕地主任官会議要録 昭和4年5月開催』農林省農務局、一九二九年、一三四—一三五頁。
（3）注2『耕地主任官会議要録 昭和4年5月開催』一〇四—一〇六頁。
（4）「開墾地移住奨励手続ハ之ヲ相当改正ヲ加フル予定ナルヲ以テ、各府県ニ於テモ之ニ準拠シテ相当改正サレタキコト」、注2『耕地主任官会議要録 昭和4年5月開催』一三頁。
（5）農商務省食糧局編『開墾奨励法規』農商務省食糧局、一九二二年、七九—八六頁。

(6) 自作農地創定施設要項については、樋田豊太郎『日本農業法制 上巻』市谷書院、一九二八年、二五二―二六〇頁に解説と条文がある。なお、大正九年の「開墾地移住奨励ニ関スル通牒」に「此ノ移住ノ機会ニ於テ事情ノ許ス限リ自作農扶植、永小作権ノ設定等ニ付相当ノ方法ヲ講セシメ、其ノ他移住者ノ安定ヲ得ル様夫々御留意」とあり、開墾地移住奨励では自作農の創出も意図されていた。

(7) 「開墾地移住家屋建築補助書類 昭和二年」佐賀県立文書館所蔵。

(8) 「群馬県六郷村外三箇村耕地整理組合史料」群馬県立図書館所蔵。

(9) 大町市清水家文書「開墾地移住奨励金交付申請書他」長野県立歴史館所蔵。

(10) 神出村役場文書、神戸市西区所管。

(11) 「移住家屋建築補助」ほか、西光寺野土地改良区所蔵。

(12) 『宮城県耕地拡張改良事業関係令規』宮城県耕地協会、一九三六年、所収。

(13) 『秋田県耕地拡張改良事業関係令規』秋田県内務部耕地課、一九三三年、所収。

(14) 茨城県文書館所蔵。

(15) 『耕地事業関係例規』愛知県経済部、一九四一年、所収。

(16) 『久米郡誕生寺耕地整理組合資料』岡山県立記録資料館所蔵。

(17) 荻柏原土地改良区事務所所蔵。

(18) 『耕地整理手続』沖縄県、一九三四年、所収。

(19) 長野県常盤村中部耕地整理組合の昭和九年以降の申請書類には、移住家屋が計画書・図面に相違なく建設され、移住者がこの家屋に住み地区に永住する予定であることを記した「証明書」が添付されている。

(20) 『耕地拡張改良事業要覧 第十六次』農林省農政局、一九四一年、一五〇―一五三頁。

(21) 『農林水産省百年史』編纂委員会編『農林水産省百年史 中巻』「農林水産省百年史」刊行会、一九八〇年。

(22) 注21『農林水産省百年史 中巻』。

(23) 農林省農政局編『耕地拡張改良事業要覧 第十五次』(農林省農務局、一九四〇年、八二頁)に「昭和二年度ヨリ同五年度迄ハ相当予算ノ増額アリシモ昭和六年度以降財政緊縮ノ逐年減額セラレッツアル」とある。

(24) 農林省農務局編『開墾地移住者住宅ニ関スル調査』(農林省農務局、一九二九年、六九頁)の熊本県の章で経緯が説明されている。

(25) 宮崎県編『宮崎県史 通史編 近現代1』宮崎県、二〇〇〇年、九七一―九七九頁、一〇二五―一〇三二頁。

(26) 『図説 横浜の歴史』横浜市市民局市民情報室広報センター、一九八九年、二九六―二九九頁。

(27) 愛知県の地区別の実績は、注20『耕地拡張改良事業要覧 第十六次』六七―六九頁。

(28) 有田博之他「山崎延吉による農村地域を対象とした計画行政論」農村計画学会誌三三―四、二〇一五年。

(29) 『昭和郷土誌』八代市昭和郷土誌編纂協議会、一九七五年。

# 第3章 農林省が目指した「理想の農村」像

## 1 共同建造物の建設奨励

### ■制度改正で推進された共同建造物の建設

本章では、大正十五年（一九二六）の開墾地移住奨励制度改正により推進された共同建造物の建設を通じて、農林省が目指した理想的な農村像の一端をみていきたい。

これは従来、開墾地移住奨励制度は、移住者が農地を開墾する際に必要な住宅の建設支援や住環境の改善を目的としていた。しかし、大正十五年の制度改正では、共同建造物の建設に関する補助が新たに設置された。移住奨励制度が単なる住宅支援に留まらず、移住者の生活基盤の安定や農業経営の強化を目指したもので、開墾地に移住者が「定着」するための新たな方策として導入されたといえる。

共同建造物が補助対象となった大正十五年五月の改正の条文をみてみよう。(1)

一、開墾地移住者ノ資格

従来開墾地ノ移住者ハ農業者ニ限ラレタリシカ今後ハ開墾地経営ニ必要ナル職業ヲ営ミ其ノ地ニ永住セムトスル者トナレリ即農業者、大工、左官、石工、鍛冶屋、

医師等ナリ
二、共同建造物ノ建築費ニ補助
従来ハ移住家屋及附属建造物ニ対シ補助ノ途ヲ開キ居リシカ今後ハ開墾地経営ニ必要ナル共同建造物即公会堂、共同作業場、病院、神社、仏閣、飲用水設備等ニ対シテモ補助スルコトトナレリ

このように、建築費の補助の対象が、移住家屋限定から公会堂・作業場・病院・神社・仏閣・飲用水設備など共同建造物に広がった。それに伴い、農業者に限られていた移住者の対象も開墾地の経営上必要な職業である大工・左官・石工・鍛冶屋・医師など、その地に永住する者に限り拡大された。これは、当初の事業が開墾に実際に当たる農業従事者とその住宅に対象を限り、開墾の促進に重点を置いたのに対し、開墾の運営に関わる施設や開墾地に住まう人全員に対象を拡大し、開墾事業の安定化と開墾地の形成に目的を広げたといえる。

なぜ方針を転換をしたのか。それは移住奨励制度の当初の目的にあるだろう。

開墾地ノ移住ヲ奨励シ開墾事業ノ経営ヲ容易ナラシムルト共ニ、優良ナル新農村ノ創生ヲ助ケ、開墾事業ノ効果ヲ永遠ニ収ムルノ目的[2]

つまり、開墾地の移住を奨励し開墾事業の経営を容易にすることに加え、「優良ナル新農村を」創生することを目的としている。したがって農林省は、自作農の育成と最低限度の生活を保障する移住家屋だけでは、優良な新農村を創ることはできないと考えたのだろう。支える人々や施設、そして移住者同士の結束を強化するための共同経営や共同生活が、理想的な農村には必要だと考えたのではないだろうか。移住者が新しい土地に

順応し、安定した農業経営を行うためには、個人の努力だけでなく、集団での協力が不可欠と判断したのだろう。

なお、共同建造物に似た用語として「共同施設」がある。建物の用途などに明確な違いがないが、明治三十年代から農村・漁村の共同組合などで用いられた用語である。一方「共同建造物」は、大正十五年の開墾地移住奨励制度の改正以降に使われていることから、当時の農林省は恐らく明確な意図を持って「共同建造物」という言葉を用いて、その建設の推進に取り組んだのではないだろうか。

## ■県で差がみられた共同建造物の取り組み

以上を踏まえ、開墾地移住奨励制度における共同建造物の補助の実態についてみていきたい。

共同建造物は、移住家屋と同様、建築の際に県から建設者に対して「奨励金」が交付され、その支援として建築数に応じて国から県に「補助金」が交付された。奨励金は県ごとに交付条件があり、移住者一〇戸以上の共同使用に供するものである点は共通するが、建築費の条件は県ごとに異なった[3]。大正十五年（一九二六）から昭和三年（一九二八）までは建築費が二〇〇〜一〇〇〇円以上で幅があるが、昭和四年以降は建築費一〇〇〇円以上に統一された[4]。ただし、静岡・新潟・富山・島根・山口・愛媛の六県では、建築規模にも条件を設け、昭和三年までは一五〜二〇坪以上、昭和四年以降は二〇坪以上の共同建造物に奨励金を交付した。

さらに、奨励金の交付額も県によって異なり、昭和三年までは建築費に対して二〜四割以内、昭和四年以降は四割以内を主流とし、山形・鳥取では四割五分、三重・佐賀・

熊本では五割以内に拡充された。一方、国から県への補助金は、当初は建築費の二割以内であったが、昭和四年以降は三割以内に加増され[5]、府県が交付する奨励金の約半分を国が補助する仕組みとなった。

ここで、具体的な補助の仕組みを福島県を例に確認してみよう。福島県で建築費一〇〇〇円の共同建造物を申請した場合、昭和三年には奨励金が建築費の二割、補助金が一割五分のため、府県から交付される奨励金は二〇〇円、このうち補助金は一五〇円である。結果として、建築者は八〇〇円の負担で建築でき、県も実質五〇円の負担であった。一方、昭和四年には奨励金が四割、補助金が三割に増額したため、奨励金は四〇〇円、補助金は三〇〇円で、事業者負担が六〇〇円に軽減された。このように制度の改正により、事業者はより少ない負担で、良質かつ有用な共同建造物を建築することが可能となり、事業者にとって有益な条件が整えられたといえる。

実際に共同建造物の県別の交付棟数[6]をみると〈表1-3-1〉、補助金の交付を受けた県は二五県のみで、特に東北・九州地方に多い一方、関東・四国地方で少なく、地域差が大きい。県別では、宮崎県が全体の三割を超える五一棟で突出し、次いで熊本県が一八棟、福島県・兵庫県が八棟、愛知県・長崎県が七棟、山形県・山口県が六棟と続き、比較的未開拓耕地を多く有する農業県に建設された。注目されるのは、移住家屋数が最も多い千葉県が一棟に留まることである。これは、同県の移住家屋の建設が関東大震災後の復興目的で移住奨励が使われ、短期に集中したことが影響したとみられる。つまり裏を返せば、理想の農村の創設には共同建造物は欠かせないものであっ

表 1-3-1　県別にみる共同建造物の補助棟数の年代傾向

| | | 東北 | | | | | | 関東 | | | 中部 | | | 近畿 | | | | 中国 | | | 九州 | | | | | | 小計 |
|---|---|---|---|---|---|---|---|---|---|---|---|---|---|---|---|---|---|---|---|---|---|---|---|---|---|---|---|
| | | 青森 | 岩手 | 宮城 | 秋田 | 山形 | 福島 | 茨城 | 群馬 | 千葉 | 山梨 | 長野 | 愛知 | 三重 | 大阪 | 兵庫 | 奈良 | 鳥取 | 岡山 | 山口 | 佐賀 | 長崎 | 熊本 | 大分 | 宮崎 | 鹿児島 | |
| 補助金交付棟数 | T15 | 3 | | | | | | | | | | | | | 2 | 1 | | | | | | 2 | 9 | | 6 | 1 | 24 |
| | S2 | | | | 1 | 3 | | | | 1 | | 2 | 2 | | | 2 | | | | | | | 3 | | 6 | | 20 |
| | S3 | | | | | 2 | | | | | 1 | 1 | 2 | 1 | | 4 | | | | 6 | | 1 | 2 | | 3 | | 23 |
| | S4 | 1 | | 4 | | 1 | | 1 | | | | | | | | | 2 | 1 | | | | 2 | 1 | | 7 | | 20 |
| | S5 | | | | 1 | | | | | | | | 2 | | | | 1 | | | | | 1 | | | 5 | 1 | 11 |
| | S6 | | | | | | | | | | | 1 | | | | | 1 | | | | 1 | | 1 | | 7 | | 11 |
| | S7 | | | | | | | | | | | 1 | | | | | | | 1 | | | | | | 2 | 1 | 5 |
| | S8 | | 1 | | | | 3 | | | | 1 | | 1 | | | | | | | | | | 2 | | 4 | | 12 |
| | S9 | 1 | 1 | | | | 2 | | | | | | | | | | | | | | | | | | 4 | 2 | 10 |
| | S10 | | 1 | | | | 2 | | 1 | | | | | | | | | | | | | 1 | | | 1 | | 6 |
| | S11 | | | | | | | | | | | | | | | | | | | | | | | | 3 | | 3 |
| | S12 | | | | | | | | | | | | | | | 1 | | | | | | | | | 2 | | 3 |
| | S13 | | | | | | | | | | | | | | | | | | | | | | | 1 | | | 1 |
| | S14 | | | | | | 1 | | | | | | | | | | | | | | | | | | 1 | | 2 |
| | 小計 | 5 | 3 | 4 | 2 | 6 | 8 | 1 | 1 | 1 | 2 | 5 | 7 | 1 | 2 | 8 | 4 | 1 | 1 | 6 | 1 | 7 | 18 | 1 | 51 | 5 | 151 |

たといえるだろう。

年代傾向をみると、熊本県では大正十五年に九棟建設され、補助を受けた一八棟中一五棟が昭和四年までに建てられた。東北地方では、昭和六年の北海道・東北大凶作以降に一二棟が建設され、社会の変化に対応したことが窺える。一方、宮崎県は、年代に関わらず継続的に多くの共同建造物が建設されたことが特筆される。同県は、開墾地区数が三七〇地区で全国最多であり、移住家屋も一〇九七棟で二番目に多く、開墾地移住奨励制度を最も推進した県といえる。

開墾地別の傾向を具体的にみていこう。建設地がわかる共同建造物一四五棟をみると、七七地区で建設されている。最多は第2部第6章で詳述する熊本県営南新地干拓地（現熊本県八代市）の一六棟で、隣接する熊本県営北新地干拓地の三棟を合わせ、熊本県の全事例がここに集中する。同県は、県の主導で共同建造物を県営開墾地に建設したといえ、計画的な導入が窺える。

次に県営開墾と耕地整理組合等に分けてみると、前者は六カ所三四棟で、一つの開墾地に約六棟が建設されたことになる。一方耕地整理組合は七一カ所一一一棟で、一開墾地に約一・六棟となる。この明確な差は、共同建造物の位置づけが事業主体で異なったためといえ、県営開墾では農村経営や集落構成などを含めた全体計画に基づいて組織的に共同建造物が建設されたのに対し、耕地整理組合では地域の実状に応じて必要な共同建造物を順次建設するという姿勢の違いが影響を与えたといえるだろう。

# 2 共同建造物の実態と役割

## ■大規模で優良な共同建造物

次に、『開墾地移住ニ関スル調査 第三輯』（農林省農務局、一九三八年）を用いて共同建造物の形式をみてみよう。同資料は、開墾地移住奨励による共同建造物をまとめたもので、写真や図面、建坪数や階数、構造、屋根材が記載されている。構造は、二棟を除き全て木造である。木造以外の一棟は、木骨鉄鋼コンクリート造で、西白河郡関平村・吉子川村・清津村連合耕地整理組合の共同作業場兼収納場である。建築規模は不明だが昭和九年（一九三四）に三五〇〇円の建設費で建てられ、地区内二〇〇人の移住者の生産米を貯蔵するものであった。[7]もう一棟はコンクリート造の簡易上水道であることから、特殊例を除けば原則木造で建設されたといえ、地域の石材による石造や当時新しい構造である鉄筋コンクリート造はみられなかった。これは、予算や工期の面で選択されなかったと考えられる。

これに対し屋根材は、多種の材料が用いられている。瓦葺が最も多く（七三棟）、積雪量の少ない関東以西で利用された。トタン葺（二〇棟）やスレート葺（一七棟）もみられ、両者は明治末期以降に導入された新建材である。特にスレート葺は、長崎県・熊本県・宮崎県の事例では「石綿スレート葺」と記載され、不燃材で耐久性の高い新建材として利用された。宮城県の三棟は「スレート葺」と明記され、同地域では天然スレートの産地であったことから、地域の材料が利用されたことになる。したがって屋根材については、当時農村で一般的な茅葺や板葺を利用せず、不燃性や耐久性などを考慮して材料を意図的に選択したといえる。

次に建坪をみると、全体では平均四二・二一坪であるが、昭和四年以降に限れば五一・三坪になり、制度改正以降規模の拡大が顕著である。これは、交付額からみても明らかで、昭和三年以前は三〇〇〜五〇〇円程度、それ以降は一〇〇〇円前後であったことから、大規模で優良な共同建造物が補助を受けて建設されたといえる。

## ■ 共同作業場と公会堂が主流

では、実際にどのような共同建造物が建てられたのだろう。種類や用途が判明する一四四棟でみると、「共同作業場」などの単独施設（一一一棟）と「共同作業場兼収納場」などの複合施設（三三棟）に分けられる〈表1-3-2〉。建物名から用途別に分類すると、三三種一七九件となる（複合施設は用途ごとに別に集計）。共同作業場〈図1-3-1〉が五七件で最も多く、公会堂〈図1-3-2〉が四三件で次ぎ、この二種で全体の過半数を占める。また、複合施設のうち「公会堂兼共同作業場」〈図1-3-3〉が半数を占めることから、共同作業場と公会堂が開墾地移住奨励制度における共同建造物の主流だったといえる。

これに次ぐのが収納場（二一件）で、農機具や農作物を保管する施設であった。共同作業場との複合施設が半数を占め、農作業の効率化を図る施設として建設された。このほか農作業に関する施設として、共同稚蚕飼育場や煙草乾燥場、製茶場などがあり、地域の農業経営に対応して多様な施

表1-3-2　共同建造物の種類（数字は件数、複合施設は用途ごとに集計）

| 用途 | | 単独 | 複合 | 小計 |
|---|---|---|---|---|
| 共同作業場 | | 27 | 30 | 57 |
| 公会堂 | 公会堂 | 20 | 11 | 43 |
| | 会館 | 2 | | |
| | 集会場 | 1 | 9 | |
| 収納場 | 収納舎 | 6 | | 21 |
| | 収納場 | 4 | 10 | |
| | 物置 | | 1 | |
| 宗教施設 | 神社 | 6 | | 12 |
| | 寺院 | 3 | | |
| | 神殿 | 1 | | |
| | 教会堂 | 1 | | |
| | 説教所 | 1 | | |
| 共同宿泊所 | | 5 | 2 | 7 |
| 揚水 | 樋門番舎 | 2 | | 6 |
| | 格納庫（角落用） | 2 | | |
| | 防水所 | 1 | | |
| | 揚水機室 | 1 | | |

| 用途 | | 単独 | 複合 | 小計 |
|---|---|---|---|---|
| 水道 | 簡易上水道 | 4 | | 8 |
| | 簡易水道 | 3 | | |
| | 共同飲用水設備 | 1 | | |
| その他 | 小学校 | 3 | | 3 |
| | 事務所 | | 3 | 3 |
| | 堆肥舎 | 3 | | 3 |
| | 煙草乾燥場 | 3 | | 3 |
| | 製茶場 | 2 | | 2 |
| | 共同促成場 | 2 | | 2 |
| | 共同稚蚕飼育場 | 1 | 1 | 2 |
| | 共同託児所 | 2 | | 2 |
| | 共同精米所 | 1 | | 1 |
| | 乾燥庫 | 1 | | 1 |
| | 種畜舎 | 1 | | 1 |
| | 厩舎 | | 1 | 1 |
| | 渡船小屋 | 1 | | 1 |
| 小計 | | 111 | 67 | 179 |

設が助成を受けている。共同宿泊所は七件あるが、いずれも県営開墾地(8)であることから、後述のように大規模な集団入植などのために建設されたといえる。

注目されるのは、神社〈図1－3－4〉や寺院、教会などの宗教施設が一二件ある点である。このうち一〇件が耕地整理組合であることから、入植者自身が必要と考えて建設したことになる。宗教施設は、移住者が集う場所であり、人と人が繋がりを深める場として活用され、コミュニティの形成や強化に寄与したといえる。簡易水道〈図1－3－5〉や共同飲用水設備、樋門番舎など水利に関わる施設も一四件と多いが、小学校は三件、託児所は二件に留まり、大正十五年（一九二六）の奨励手続に例示された病院の交付は確認できない。年代でみると、早期には水利施設や宗教施設など多様だが、年代が下ると複合施設・公会堂が増加し、特に昭和四年の奨励手続改定後は複合施設が四割

図1-3-1　共同作業場　南安曇郡小倉村外六ヶ村開墾地組合（『開墾地移住ニ関スル調査 第二輯』農林省農務局、1934年より）

図1-3-2　公会堂　勢多郡富士見村高松耕地整理組合（『開墾地移住ニ関スル調査 第三輯』農林省農務局、1938年より）

図1-3-3　公会堂兼共同作業場　小県郡祢津志村奈良原耕地整理組合（同上）

図1-3-4　神社　児湯郡都農町三日月原耕地整理組合（同上）

図1-3-5　簡易水道　東諸県郡高岡町小田元耕地整理（同上）

を占め、一つの建物で多様な用途を兼ねる施設が重用された〈図1-3-6〉。

## ■地域住民のための多機能型施設

共同建造物の建設目的や利用実態を、農林省の調査資料[9]や現地調査による聞き取り、図面、写真からみていきたい。

まず相馬郡新沼浦干拓耕地整理組合（現福島県相馬市）では昭和二年（一九二七）に、共同作業場兼収納場〈図1-3-7〉、昭和十年に公会堂兼共同作業場が建設されている。共に木造だが、鍍鋼混凝土（メッキコンクリート）塗である点が特徴で、立地が海岸部に近いことから、錆防止策が施されている。共同建造物管理規定をみると[10]、第一条には「本組合地区内耕作者カ共同使用シ相互ノ福利ヲ増進シ共存共栄ノ実ヲ挙ケ併セテ共同精神ノ涵養ヲ図ルヲ以テ目的トス」とあり、耕作者の福利を増進し、共存共栄の成果を挙げることを目的としている。そのため、地区内の耕作者に対しては無償で提供されたが、地区外の者には使用料を徴収したという。

地区内の耕作者への無償提供は他の開墾地でもみられる。宮城県営広渕沼開墾地（現宮城県石巻市）では農業会館〈図1-3-8〉を昭和四年に建設、冠婚葬祭、講演会、活動写真会、品評会、耕作者懇談会、部落各種団体会場など各集会に無償貸与して、入植者の福利厚生や共同精神の醸成を図った。また同地区では託児所隣保館を昭和五年に建設、農繁託児所として六月から十一月の一八〇日間運営した。間食料は移住者は無料、それ以外は実費二銭を徴収している。この託児所は、昭和五年度には一万四四五五人が利用したとあり、一日約八〇人に当たることから[11]、入植者のためだけではなく、周辺地域の住民も利用できる公共性の高い施設であったといえる。

図1-3-6　共同建造物の用途の変化（数字：棟数）

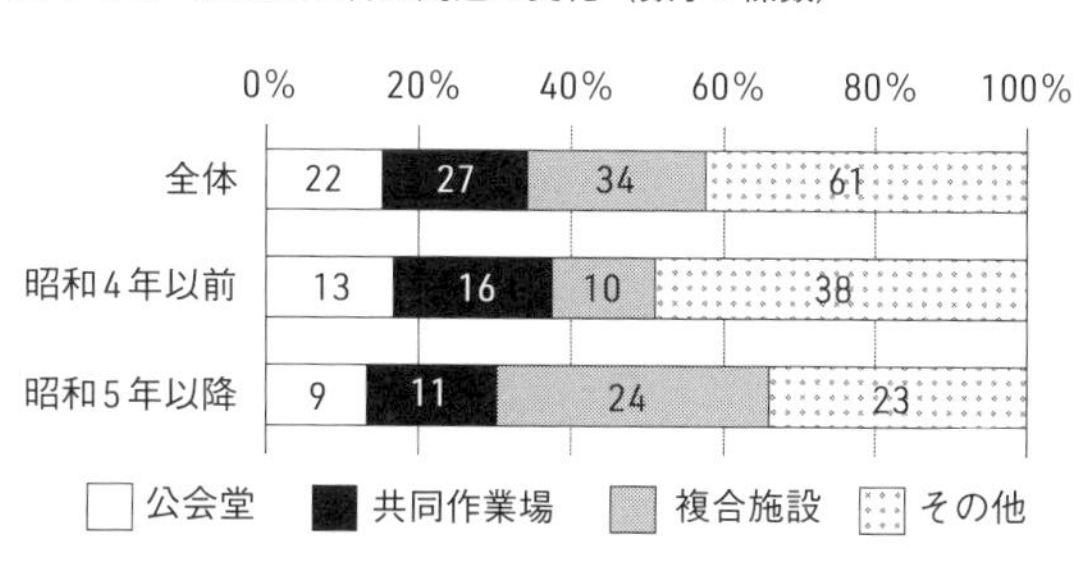

先に指摘したように、共同建造物は、複合施設が二割程度あるが、単独用途の建物名でも複数の用途を持つ場合がある。例えば、南那珂郡本城村河崎開墾地（現宮崎県串間市）の共同作業場（昭和五年）は、柑橘の共同作業、荷造、出荷場として利用されたが、移住者の慰安場、学芸会場などとしても使用された。(12) 氷上郡葛野村三方耕地整理組合（現兵庫県丹波市）の三方共同作業場は、一月二日より四月末日まで養蚕用具や縄・竹細工などの製造場として利用されたが、五月から六月の農繁期は託児所、七月から九月までは作業に支障がない時に移住者以外の農民に貸与するなど、(13) 時期ごとに用途や利用者を変えている。移住者個人では作業場となる納屋を建設することは資金的に難しかったが、共同作業場の建設によりその不便を緩和し、移住者の集会場にも用いることで、相互扶助・共同精神の育成や移住者同士の親睦に役立だったという評価を得ている。このように共同建造物は、地域のニーズに合わせて様々な用途で利用され、利用頻度をあげて効果を高めていたことがわかる。

　共同建造物の多機能化を平面図から確認すると、青森県営昭和更生部落耕地整理一人施行（現青森県五所川原市）の公会堂兼共同作業場（昭和九年、図1-3-9）は、一階には共同作業場を中心に、精米所や共同物置などの農作業関連施設と、共同販売室や事務室が設けられており、農村運営に関わる多様な機能を備えた。また、二階に集会間を配する点が特徴で、これは宮崎郡住吉村伊鈴山耕地整理組合（現宮崎県宮崎市）の公会堂兼共同作業場（昭和三年、図1-3-10）でもみられ、一階を農作業、二階を集会に用途を階数で使い分け、施設全体の機能性を高めている。ほかに機能的な面では、浴室を設置する共同建造物が多いことが特筆される〈図1-3-11〜12〉。移住家屋では衛生面の向上を図ったことが既に指摘されているが、共同建造物においては、浴室を共同

図1-3-7　木造鍍鋼混凝土の共同建造物　相馬郡新沼浦干拓耕地整理組合（『開墾地移住ニ関スル調査 第三輯』農林省農務局、1938年より）

図1-3-8　無償で利用された農業会館宮城県営広渕沼開墾地（同右）

図 1-3-9　多様な機能を有する公会堂兼共同作業場　青森県営昭和更生部落耕地整理一人施行（『開墾地移住ニ関スル調査 第三輯』農林省農務局、1938 年より）

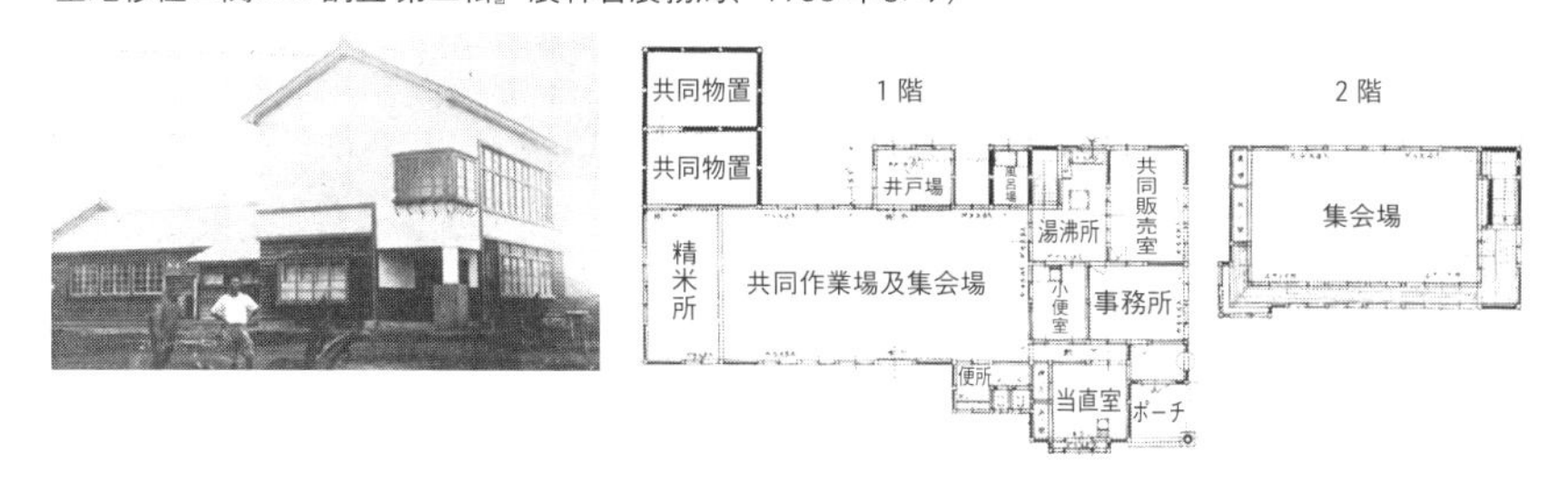


図 1-3-10　階数で用途が異なる公会堂兼共同作業場　宮崎郡住吉村伊鈴山耕地整理組合（同上）

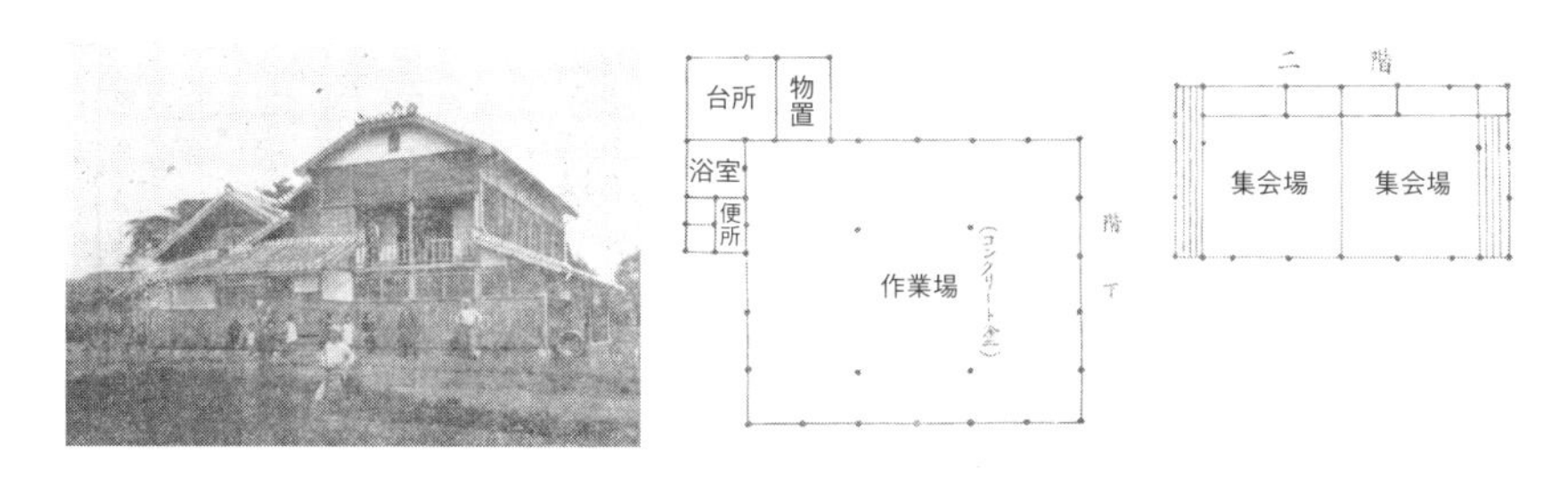


図 1-3-11　客間や風呂の機能を有す集会場兼作業場　児湯郡新田村三財原耕地整理組合（同上）

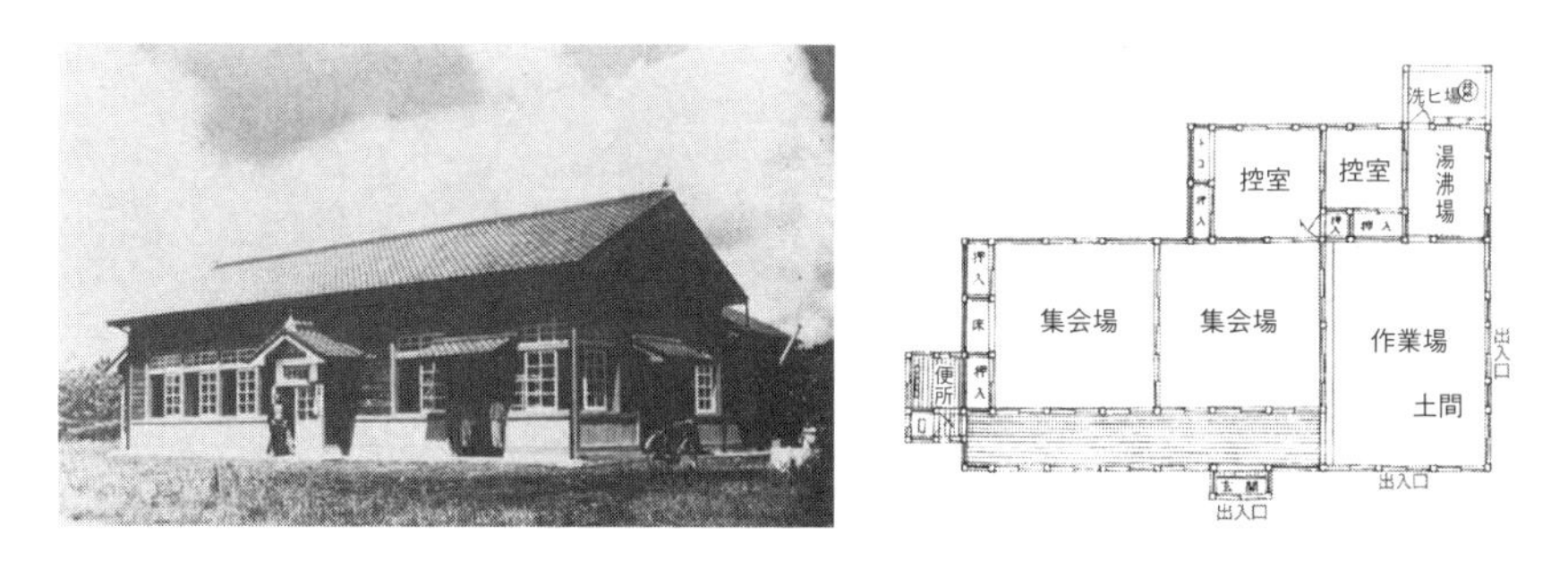


図 1-3-12　共同の炊事場や風呂を有す公会堂兼共同作業場　児湯郡都於郡村長園耕地整理組合（同上）

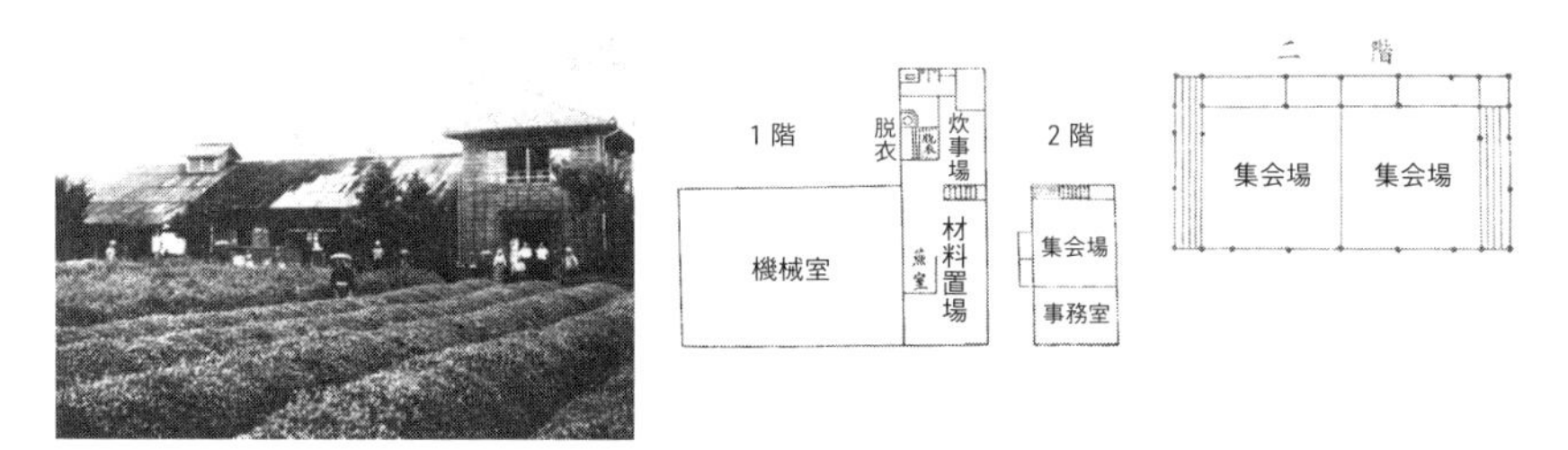

化して手間や経費の削減を目指したことが窺える。

以上の特徴は、農林省耕地課が昭和五年に開墾地の共同建造物の建築例として提示した公会堂の「設計図例」〈図1-3-13〉が、六五・三三坪の大規模で、浴室・湯沸室（台所）・事務室を置いたことからも裏付けられ、農林省が農村運営を担う多機能型の共同建造物を推奨したことが窺える。

## ■農村計画の核

次に、集落内の共同建造物の立地に注目しよう。文献や現地調査から共同建造物と移住家屋の立地が判明する三カ所の開墾地について住宅地計画をみると、山口県営小郡（おごおり）湾干拓地（現山口県山口市、図1-3-14）は、東西に伸びる主要道の北側に一列状に移住家屋が配置され、南北に流れる水路を隔てて、昭和西地区と昭和東地区に集落がわかれる。共同作業場は、各集落のほぼ中心に立地し、公会堂〈図1-3-15〉は二地区で共同利用することから干拓地の中央に建設された。岩手県営岩崎開墾地（現岩手県北上市）は、開墾地の西端に共同作業場兼共同宿泊所を建設し、そこを起点として東側に集落が造られた。これは、共同建造物が移住家屋建設までの合宿所として利用されたためで、東側に集落が延伸した後は、新たに共同作業場兼共同宿泊所を建設し、その周辺に移住家屋が建設された。熊本県営南新地干拓地（現熊本県八代市）は、移住家屋は開墾地区内で部落を形成しながら道路沿い四方に計画的に配置されるが、樋門関連施設を除く共同建造物は中心部に集約して建設された。ここには、事務所兼集会場に加え、小学校や神社、寺院などの地域コミュニティの核となる施設を建設し、開墾地区内に地域生活を支える中心市街地が形成された。

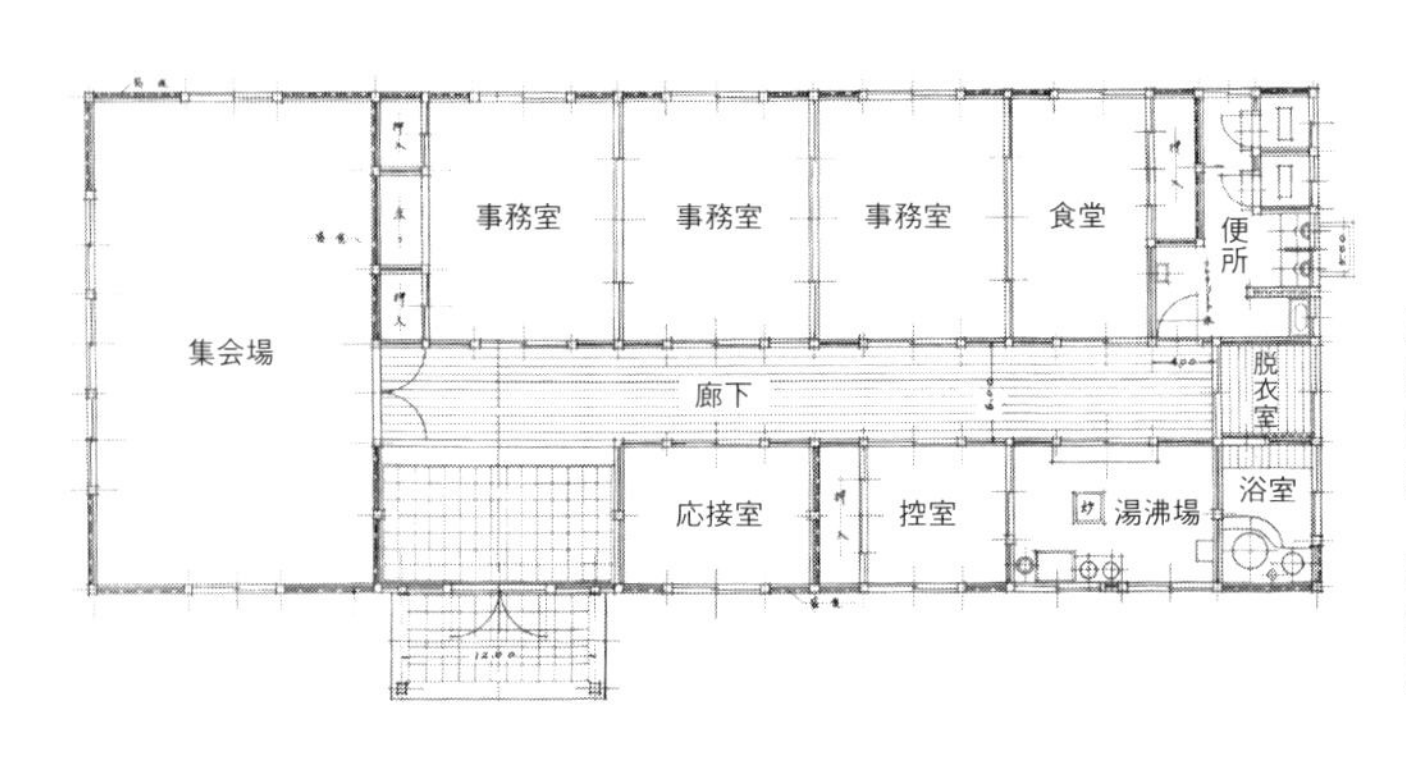


図1-3-13　農林省開墾地移住共同建造物設計図例の公会堂（『開墾地移住ニ関スル調査 第1輯』農林省農務局、1930年より）

これらはいずれも県営開墾地であるが、計画的な集落構成で、利便性や効果の高い立地に共同建造物が建設されたといえる。

図 1-3-14　山口県営小郡湾干拓地における移住者集落と共同建造物の配置（昭和 22 年に撮影された国土地理院所蔵の空中写真を基に編集・加工した。USA-M318-2-19）

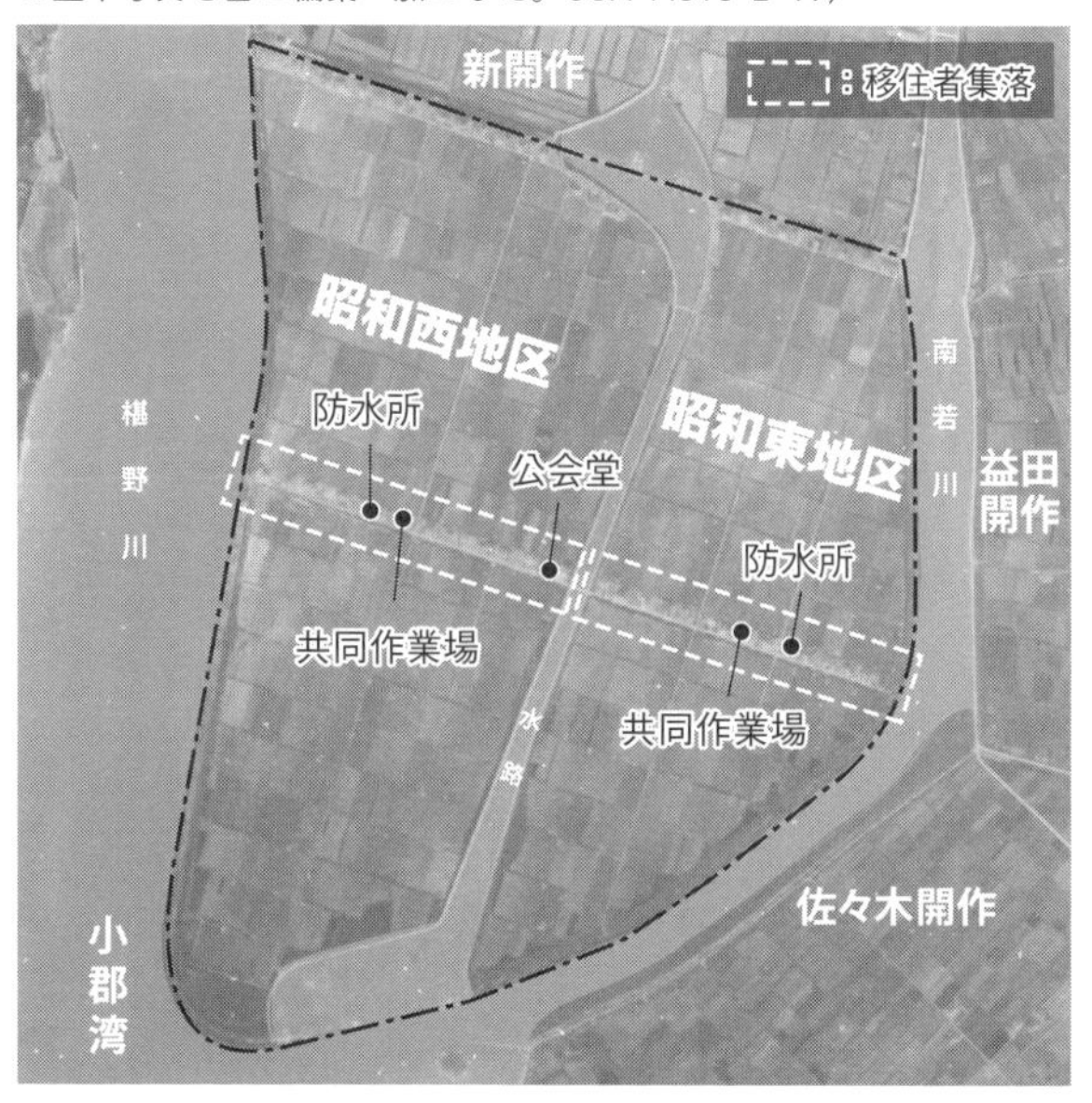


図 1-3-15　公会堂　山口県営小郡湾干拓地（『開墾地移住ニ関スル調査 第一輯』農林省農務局、1930 年より）

## 3 移民招致に活かした宮崎県

### ■移住者確保のために共同建造物を推奨

宮崎県は、未開拓耕地の多さと慢性的な食糧不足から、他府県に先行して独自の移住者招致と開墾政策を実施した県である。宮崎県は、明治十六年（一八八三）に再設置された翌年の人口が三八万一〇〇〇人で、沖縄県・鳥取県に次いで少なかった。県の面積からすると人口密度が最も低く、安定的な財源を確保する上でも人口の増加は喫緊の課題であった。

明治二十四年の県務引継書の「移住者案内紀ノ事」によると、明治二〇年には三九〇戸・一四九九人、明治二十一年には三八四戸・一三五四人、明治二十二年には五八九戸・一九〇三人が県外より移住したという。また、県外からの問い合わせが多かったことから移住者向けの案内を作成して、ここに宅地開発の計画も記載している。[14] さらに県は、明治二十六年に原野調査を開始して現状を把握し、その結果をもとに明治三十二年に「日向移住案内」、明治三十六年に「開田調査書」、大正三年（一九一四）に「宮崎県開田起業案内」を作成し[15]、全国に配布して直接的に移住者募集を働きかけ、開墾移住者と開田事業に資本を提供する起業者を県外に求めた。その結果、個人や耕地整理組合による開田事業が進捗していった。

これと並行して明治三十二年の耕地整理法制定、明治四十二年の全部改正により土地所有者による共同施工から耕地整理組合による法人施工が可能になったことで、資金面での便宜が増大した。その結果、宮崎県では明治三十年から大正三年の一八年間で二二三八戸の農業移住者を迎えることができた[16]。

宮崎県は、さらなる移民招致が必要と考え、大正三年から県費に「移民奨励費」を計上し、移民獲得のための予算を確保した。これは、移住地の調査や印刷物の頒布、移住仲介に充てるもので、四国や九州、中国地方に県職員を派遣し、移住成功者を故郷に派遣して体験談を共有するなどして、県外からの移住者招致に注力した。県の仲介による移民者には、一戸当たり一〇円の補助金が支給されており[17]、この金銭的支援からも宮崎県が県外からの移住政策に力を入れていたことが窺える。この施策は、大正八年の開墾助成法の制定による国庫補助を得て事業が進展した。この農業者移住受入対策は、県政の中での重要度が高まり、大正十四年には専任職員を配置して、「宮崎県開墾地移住者招致計画」が立案された[18]。この計画概要では、移住戸数の目標を一〇〇〇戸、五カ年にわたり毎年二〇〇戸までとし、移住者は県外移住者を主として県内移住者は特例に限り認めること、開墾地は三〇町歩以上のまとまった土地とし、一〇戸の移住者を招いて新農村を建設し、共同的施設を運営することで自治的な活動を促すこと、県はこれに対し充分な指導援助を行うことなどが計画された。

このように宮崎県は、耕地面積の拡大を県外からの移住者によって進めようとしたが、開墾の現場では様々な問題が起きていた。異なる場所から移住者が入植したことで、移住者同士や在来住民との関係に軋轢などが生まれ、農作業の効率にも影響した。そこで、県は作業能率を向上させ、住民同士の親睦や協働性を高めるための手段の一つとして「共同建造物」に着目し、農商務省の指定を受けて全国に先駆けて共同建造物の建設推進が県農会主導で展開された[19]。

また宮崎県は、開墾地移住奨励制度で共同建造物の建設奨励が開始される大正十五年の前年に、独自に「共同建造物奨励費」を予算化し[20]、共同建造物の建設が早期に県主導で推進された。したがって宮崎県は、共同建造物を建てる目的や重要性を明確に持ち、建設を推進するための行政と現場の環境と体制が整っていたため、開墾地移住奨励制度において継続的に数多くの交付を受けたと推測できる。昭和五年（一九三〇）の農林省耕地主任官会議では、宮崎県の現況について「移住者ハ県外ヨリノモノ約七割ヲ占メ[21]」と報告されている。県外移住による開墾が進められたといえ、移住家屋に対する支援のほか、在来住民との軋轢解消のために共同建造物の建設が進められたと考えられる。

宮崎県内で開墾地移住奨励制度の補助金を受けて建設された共同建造物は五一棟である。このうち建設地が判明する建物は四八棟で、いずれも耕地整理組合によるものである。また、建設された開墾地は二八地区で、その半数の地区で複数の共同建造物が建てられている。

## ■地域のニーズに対応してコミュニティの形成に寄与

具体的に開墾地における共同建造物の実態をみていきたい。

宮崎郡田野村法光坊耕地整理（現宮崎県宮崎市）は、カトリック教徒が集団で移住した開墾地である。長崎県在住の里脇と尾下は、宮崎県が県外移民を歓迎していることを知り、昭和元年（一九二六）に宮崎県耕地課を訪問した。そこで移民案内の説明と冊子を受け取って帰郷後、冊子を研究し、田野村への移住願いを提出した。しかし、これまで田野村への入植実績がないことから、県から児湯（こゆ）郡川南村を勧める手紙を受け取った。彼らは再び現地調査を行い、耕地課長の自宅を訪問して田野村への入植を懇願し、ようやく許可を得た。その後、調査結果を踏まえた「法光坊共同施工地設計書」を県が作成

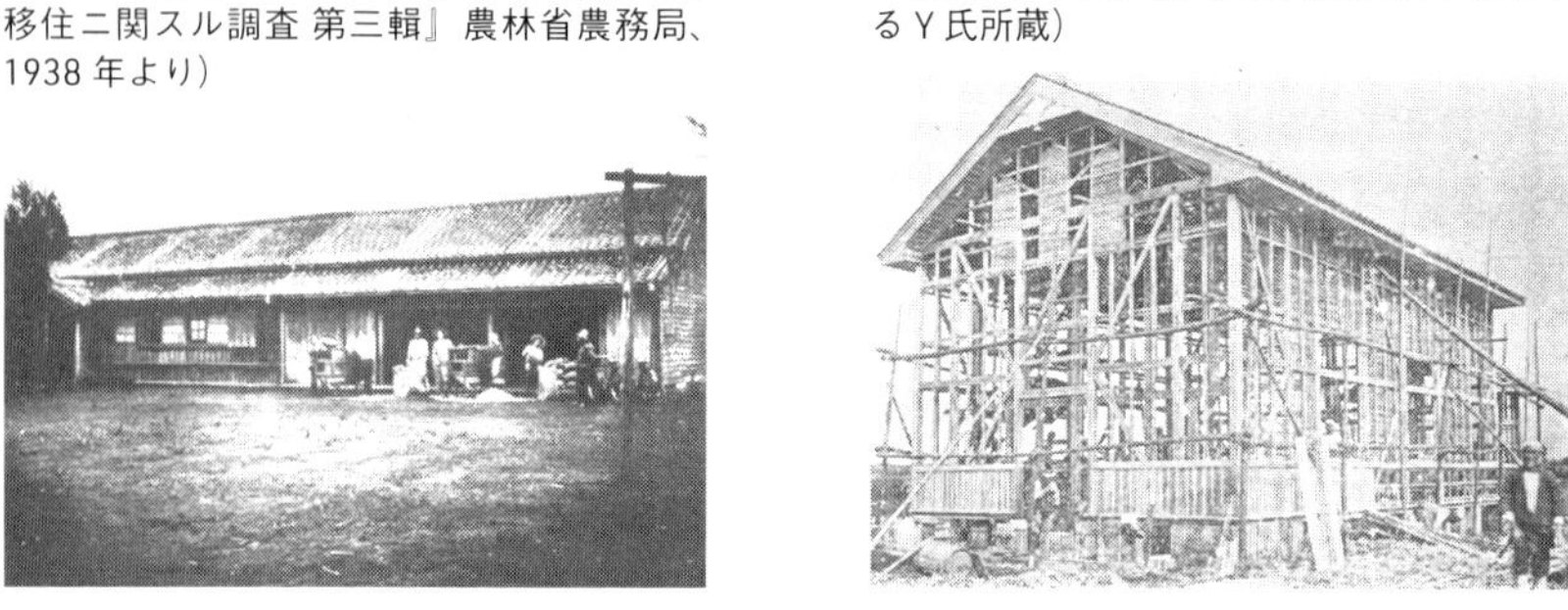

図1-3-16　移住者の要望によって建設された教会堂の建設風景（田野村法光坊に居住するY氏所蔵）

図1-3-17　児童の学習場や部落民の集会場としても利用された共同作業場（『開墾地移住ニ関スル調査 第三輯』農林省農務局、1938年より）

し、その指示に従って開墾と移住準備が進められた。昭和二年二月に里脇・尾下両家族が先立って入植し、昭和三年一月までに六家族が移住して開墾に着手した。

全員がカトリック教徒であったため、精神的な支えである教会がないことを感じ、宮崎市内の天主公教会を訪ねて教会建設を願い出た。教会の許可を得て、同年十二月二十五日付で村・県を通じて農林省に助成願を提出し、昭和四年六月に教会堂が完成した[22]〈図1-3-16〉。教会は礼拝や祈禱に利用され、「信仰生活の裏に開墾地の開発がある」という考えから、修養・敬神・慰安の中心聖堂となり、地区開発に甚大な貢献をした。昭和七年四月には共同作業場〈図1-3-17〉を建設し、農作業の能率向上を図った。この作業場は、農産物の共同荷造・出荷や作物の収納・調製場としてだけでなく、児童の学習場や部落民の集会場としても利用され、共同精神を発揚し、農業経営の改善・合理化を進めた[23]。この開墾地では、カトリック教徒が移住する前に少数ながら在来住民がいた。また、少人数で入植したため、移住家屋は五カ所に点在したが、共同建造物の二棟は利便性が高い開墾地の中心部であり、主要街道沿いに配置された〈図1-3-18〉。

このように、同地区は長崎県黒島や外海地区のキリスト教信者が集団移住したという特殊な事情を持つ開墾地であった。共同建造物の建設奨励を利用して、移住者の要望である教会堂を建設し、開墾の促進と移住者の定住を後押しした。宮崎県が移住者のニーズに寄り添った対応を行った点は特筆すべきであり、県の移民政策の考え方と共同建造物の在り方がよくわかるエピソードである。なお、宮崎県内では共

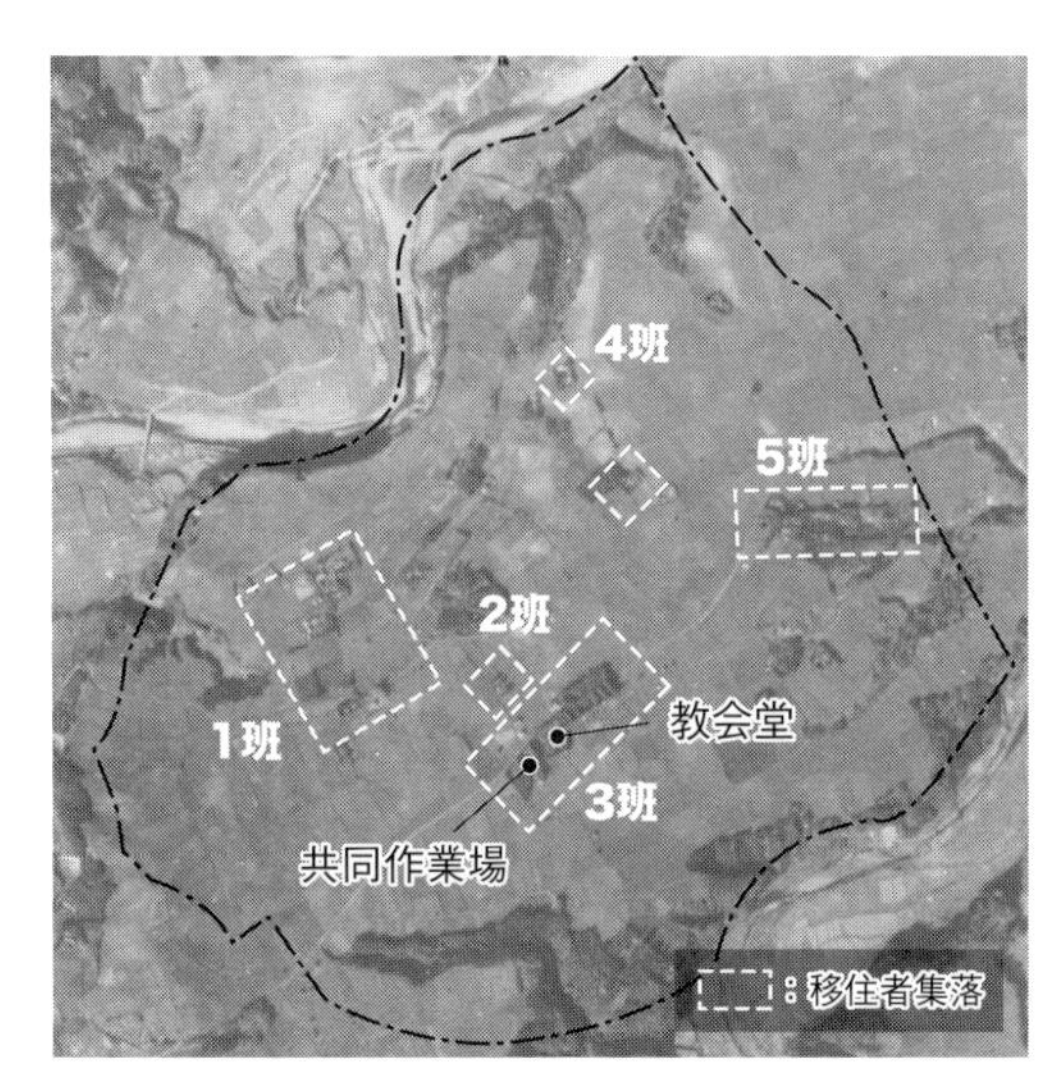


図1-3-18
宮崎郡田野村法光坊耕地整理における移住者集落と共同建造物の配置（昭和22年に撮影された国土地理院所蔵の空中写真を基に編集・加工した。USA-M682-176）

同建造物の宗教施設として神社が四棟助成を受けて建設されている。しかし、これらはいずれも公会堂兼共同作業場など、農作業の合理化と入植者の相互扶助に関わる施設を先に建設している。そのため、田野村法光坊の教会堂は特に強いニーズに基づいて建設されたものと思われる。

以上のように共同建造物の建設は、地域コミュニティの安定に寄与したが、その施策を現在まで継承する事例を紹介したい。川南村鵜戸ノ本耕地整理組合（現宮崎県川南町）の共同作業場兼集会場（昭和九年、図1-3-19）は、諸種の集会および協議場、青年の修養や研究場として利用され、親睦慰安や農業経営知識の向上を図るために使用された。また、作業場は苧麻の雨天乾燥および共同荷造出荷場、肥料の共同購入、収納、配給その他主要の農産物の共同荷造、出荷場として利用された[24]。開墾地移住奨励制度の助成を受けて建築された共同建造物は、公共性や作業効率の向上等の理由から建物の更新が進み、個人所有の移住家屋と比べて、建物が現存する例が極めて少ない。しかしこの建物は、修繕しながら今も利用されている。現在の平図面をみると、別棟にあたる場所にはダイドコロやスイジバ、ソウコがあり、スイジバには井戸が掘られ、ソウコは当初風呂であったという。ダイドコロの背面にある一室に、これまで三家族が住んだとされ、住居的な機能もあった[25]。一番広い部屋を「カイドウ」と呼び、農作業に最適な土間床を継続するが、部屋名が示すようにほとんどが寄合用途であり、地域の会合や婦人会等で月に一度以上利用しているという。建設時の目的を現代まで継続している点は大変興味深く、共同建造物が地域のコミュニティの形成に大きく寄与した証といえるだろう。

図1-3-19　修復されながら現在も利用される共同作業場兼集会場（川南村鵜戸ノ本耕地整理組合）

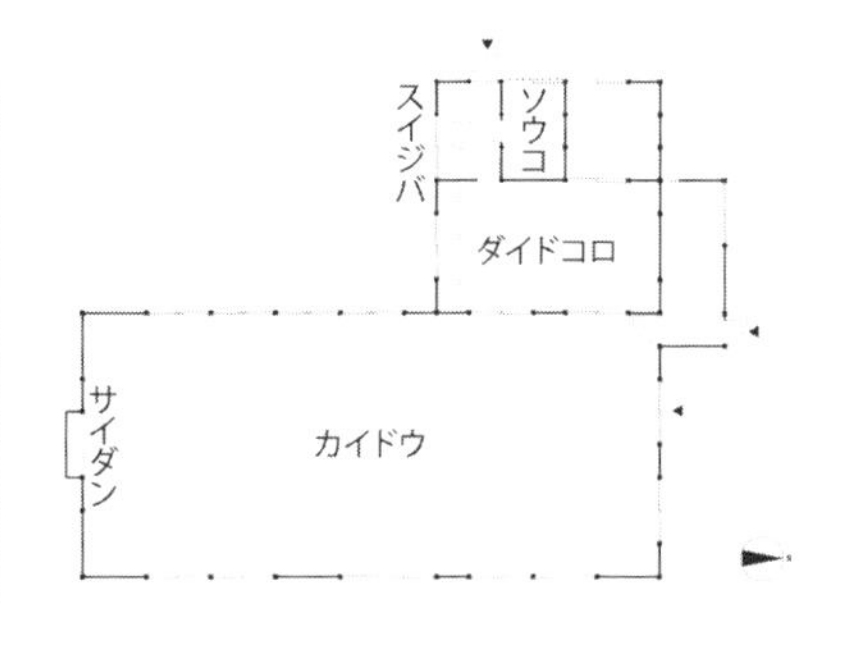

## 4 農林省が目指した「理想の農村」像

　開墾地移住奨励制度は、自作農の育成と食糧増産を目的に施行されたが、制度改正後は開墾事業の安定と開墾地の形成に目的が移行し、その柱となる施設として共同建造物の建設が奨励された。建設費の約半分を国と府県が補助したため、耐火性や耐久性を備え、農村生活の向上を支える多機能・多用途の優良な共同建造物が建設された。

　共同建造物は、未開拓耕地が多い地域に移住家屋と共に計画的に配置された。その主軸は、作業能率の向上と農業経営の養成を目的とした共同作業場、および親睦と共同精神を高める公会堂であった。また、生活インフラの整備や地域のニーズに合わせた多様な施設が建設され、農村環境の改善を図る重要な役割を担った。

　したがって、開墾地移住奨励制度により形成された開墾地は、計画的に造営・運営された農村づくりの先駆け的な存在と位置づけることができる。開墾という目先の成果のみならず、開墾地に住まう全ての人が安全かつ安定的に住み続けられるまちづくりが展開された。

　農業の共同経営と生活の共同化を促した取り組みは、現代の農村で増加する農業法人化に類似するものである。制度をもとに創られた近代における理想の農村は、地主と小作という近世的な風習から脱却し、新しい農村の形成と農村の近代化を促進する重要な役割を果たしたといえよう。

　何もない荒野を開墾する移住者とそこに住まう家族にとって、快適ではないかもしれないが、最低限の生活水準が確保された家や作業効率・福利厚生を向上させる施設、そして共に開墾する仲間との触れ合いは、困難を乗り越える際の希望となっていたのではないだろうか。これは、移住者・開墾者の視点で取り組んだ新しい農村像といえるだろう。

（長田城治）

（1）農林省農務局編『開墾地移住状況調査』農林省農務局、一九二七年。
（2）農林省農務局編『開墾地移住ニ関スル調査 第一輯』農林省農務局、一九三〇年の「開墾地移住奨励ニ関スル通牒」を参照。
（3）昭和二年から昭和十六年までの『耕地拡張改良事業要覧』（農林省農務局）より「府県開墾地移住奨励金交付標準及交付額」の項目を参照した。
（4）秋田県のみ一五〇〇円以上を条件とする。
（5）注1『開墾地移住状況調査』。
（6）『開墾地移住ニ関スル調査 第三輯』（農林省農務局、一九三八年）および昭和二年から昭和十六年までの『耕地拡張改良事業要覧』（農林省農務局）を基に把握した。
（7）注6『開墾地移住ニ関スル調査 第三輯』「西白河郡関平村・吉子川村・清津村連合耕地整理組合」の項目を参照。
（8）宿泊所は、岩手県営岩崎開墾地に共同作業場兼共同宿泊所一棟、宮城県営広渕沼開墾地に共同宿泊所一棟、山形県営萩野開墾地に移民宿舎および事務所一棟、熊本県営南新地干拓地に共同宿泊所四棟である。
（9）注6『開墾地移住ニ関スル調査 第三輯』。
（10）注6『開墾地移住ニ関スル調査 第三輯』「相馬郡新沼浦干拓耕地整理組合」の項目を参照。
（11）注6『開墾地移住ニ関スル調査 第三輯』「桃生郡広淵村県営広淵沼開墾地」の項目を参照。
（12）注6『開墾地移住ニ関スル調査 第三輯』「南那珂郡本城村河崎開墾地」の項目を参照。
（13）注6『開墾地移住ニ関スル調査 第三輯』「氷上郡葛野村三方耕地整理組合」の項目を参照。
（14）宮崎県開拓史編さん委員会編『宮崎県開拓史』宮崎県、一九八一年。
（15）宮崎県土地改良史編さん委員会編『宮崎県土地改良史』宮崎県、一九八一年。
（16）宮崎県内務部編『耕地整理事業要覧』宮崎県、一九一八年と宮崎県内務部編『耕地整理事業要覧 大正七年十二月末現在』宮崎県内務部、一九一九年の合算数値。
（17）注16『耕地整理事業要覧 大正七年十二月末現在』。
（18）宮崎県編『宮崎県史 通史編 近・現代一』宮崎県、二〇〇〇年。
（19）『宮崎県県会議録 大正十三年』（宮崎県議会、一九二四年）に「農業共同施設ト云フコトハ既ニ農商務省カラ本県ノ農会ニ指定サレマシテ既ニ実行シツヽアル所ノ事業」とある。
（20）注19。ただし、後に移民奨励費は民間の事業として県農会の経営が適当と判断され、取り下げられた。

(21)『耕地主任官会議要録 昭和5年5・6月開催』農林省農務局、一九三〇年。
(22) 田野村法光坊に居住するY氏提供資料「法光坊開墾助成創設―十周年執行祭に際して」による。
(23) 注6『開墾地移住ニ関スル調査 第三輯』「宮崎郡田野村法光坊(鶯瀬原)耕地整理」の項目を参照。
(24) 注6『開墾地移住ニ関スル調査 第三輯』「川南村鵜戸ノ本耕地整理組合」の項目を参照。
(25) 鵜戸ノ本耕地に居住するK氏への聞き取りによる。

# 第2部

# 開墾地の住まいと生活

# 第1章 模範農村の先行例――山形県営萩野開墾地

## 1 軍馬育成から模範開墾地へ

### ■豪雪地帯の模範開墾地

山形県新庄市は、日本有数の豪雪地域であり、昭和初期に農林省積雪地方農村経済調査所[1]の存在で注目された地である。この調査所は、昭和六年（一九三一）から続いた大凶作や、昭和八年の昭和三陸津波で疲弊した農山漁村の再興のため、政府が打ち出した農山漁村経済更生運動の一環で昭和八年に設置され、農村の経済や副業、積雪への対応などの調査研究・指導を実施した。今和次郎設計による木造庁舎が今も残り、国有形文化財に登録されている〈図2-1-1〉。山形県営萩野開墾地（現新庄市昭和[2]）の開墾は、この積雪地方農村経済調査所の開所より一足先に着手された。

萩野は、明治三十一年（一八九八）に陸軍用の軍馬を育成する軍馬補充部が置かれた場所で、大正十二年（一九二三）の廃止後は荒地になっていた。開墾のきっかけになったのは、大正十四年に山形県連合青年団が開催した拓殖講習会で、山形県立自治講習所の一〇期生を中心に、軍馬補充部の旧庁舎を宿舎として六〇町歩の開墾に当たった。県立自治講習所[3]は大正四年に設立された農村指導者の養成機関で、同種の機関では全国的

図2-1-1　積雪地方農村経済調査所 庁舎（今和次郎設計、昭和8年）

にも極めて早期の創設である。初代所長の加藤完治は、後に満蒙開拓も指導した農村指導者教育ではカリスマ的な存在だった。萩野の開墾は、この加藤完治の関与と、同年十月の皇太子裕仁親王（後の昭和天皇）の行啓によって記念的な意味を持つことになり、県営による大規模な開墾事業が翌大正十五年から実施された。

実際の計画は、県が同年五月に農林省に技術員の派遣を申請、萩野開墾委員会を組織して進められた。開墾の指導者となる事務員兼開拓委員には、加藤完治の推薦により県立自治講習所第一期生で東置賜（おきたま）郡出身の高橋猪一（いいち）が昭和二年に就任、現地に単身赴任して入植者と起居寝食を共にし、農家の経営指導や村づくりに尽力した〈図2-1-2〉。移住者が高橋のために建設した住宅は、現在記念館として保存されている〈図2-1-3〉。

昭和二年から入植者の募集を開始、県内の市町村や郡市農会長・青年団長宛てに募集要項[4]を配布した。この募集要項によると、昭和二年から六年の五カ年で七七戸が入植する計画であり、入植者は山形県内の農家の二〇～三五歳の子弟で、素行が正しく身体強健であることが資格とされた。希望者は多かったが、一年目二〇〇円、二年目六〇〇円の事業費の準備が条件だったため、富農の次男・三男が中心だった。口頭試問により選抜された七七名は、出身地が県内の広範囲にわたるが、村山地方が四八名と多く、置賜一九名・庄内一〇名で、萩野が位置する最上地方は一名のみだった[5]。

入植者は、開墾地経営を学ぶため、まず県立自治講習所で一週間の訓練を受け、入植初年は屯所を宿舎として共同生活を送り、農業経営の経験を積んだ。二年目に合同結婚式を挙行、夫婦で移住家屋に入居して個人経営に移行している[6]。この初年度の一連の入植過程は、農林省の意向で撮影され、完成した映画は開墾奨励の広報のため各地に貸し

図2-1-2　高橋猪一銅像（萩野開墾地）

図2-1-3　高橋猪一記念館（萩野開墾地）

出されたという[7]。

萩野の開墾は、山形県にとっても、農林省にとっても、以後のモデルとなる事業と位置付けられていたのである。

## ■萩野開墾地の集落計画

萩野開墾地は、北に鳥海山、南に月山（がっさん）を臨む平原に位置する。四〇〇町歩の広大な農地は、水利が悪いため水田を避けて畑地のみで計画、一〇〇間×一〇〇間のグリッド状に道路を配し、冬期の北西風を避けるため、耕地を囲むように既存の樹木が防風林として残された[8]〈図2-1-4〉。

集落は、入植年度ごとに昭和二年度の第一部落から昭和六年度の第五部落まで五部落から成り、各々一三～一七戸で構成された〈図2-1-5〉。第一部落は開墾予定地のほぼ中央、第二・第三部落は東西端に離れて置かれたが、第四・第五部落は第一部落に近接し、共同施設もここに集中した。各戸は、宅地一反歩と畑五町歩、自家用田一反歩、山林原野三町二反歩を所有し、土地の代金は十年賦で支払う計画だった[9]。聞き取りによると、宅地と田畑はくじ引きで平等に配分されたため必ずしも近接しておらず、多い家では三カ所に分かれていたという。

また共同施設は、入植当初の昭和二年（一九二七）に屯所

図 2-1-4　萩野開墾地 全景（『昭和開拓史』昭和有畜農業実行組合、1962 年 所収）

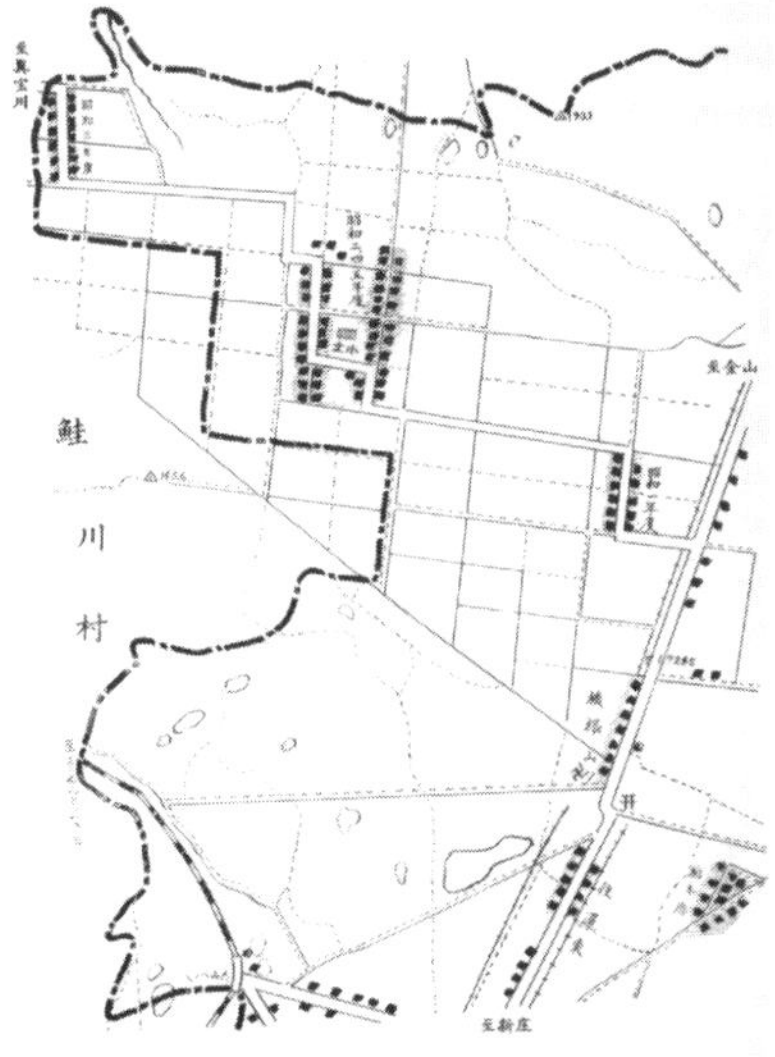

図 2-1-5　萩野開墾地 全体配置図（同右）

兼事務所と収納舎・乾燥庫が開墾地移住奨励の交付を受けて建設された。(10) 屯所〈図2-1-6〉は、先述の通り、入植当初に共同生活を送るための宿舎で、居室や炊事場・浴室のほか講堂があり、開墾事務所も兼ねた。また、共同の農業施設としては、収納舎以外に、有畜農業を目指したことから畜舎や鶏舎、孵卵舎、育雛室、堆肥舎、電動作業場等があり〈図2-1-7、8〉、大蔵省が県に払い下げた軍馬補充部時代の建物も転用された。(11) 昭和七年には昭和有畜農業実行組合を組織して家畜・農具・日用品の購入や生産物の販売等を共同化した。(12)

さらに昭和二年時点の将来の計画として、子弟教育のための分教場、集会・娯楽場と託児所を兼ねた公会堂、墓地を挙げている。(13) このうち農繁期にこどもを預ける託児所が最も早く実現し、昭和十一年に三部落に開設されている。(14) 分教場は翌昭和十二年に泉田尋常小学校分校として屯所内に開校、二年後の昭和十四年に校舎を建設した。(15) さらに戦後の昭和二十六年に、開墾地の南端に共同墓地が完成している。(16)

萩野開墾地では、昭和二年から順次単身で入植、翌年に結婚して、昭和一〇年代はこどもが学齢期を迎える時期だった。開墾事業が年月をかけて進展していくように、集落の共同施設もまた、入植者の出産やこどもの成長、高齢化など、

図2-1-7　萩野開墾地　共同建造物の配置（『昭和開拓史 続』昭和有畜農業実行組合、1986年所収図より作成）

図2-1-6　萩野開墾地 屯所（公会堂と紹介）（『開墾地移住ニ関スル調査 第三輯』農林省農務局、1938年所収）

図2-1-8　萩野開墾地　共同建造物全景（『開墾地移住ニ関スル調査 第一輯』農林省農務局、1930年所収）

家族の変化と歩みを合わせて整備されていったのである。

## 2 東北の農村住宅改善の先進例として

### ■東北地方農山漁村住宅改善調査で紹介された移住家屋

一方、移住家屋は、山形県の設計により入植年度ごとに一括で建設された。[17] このため各部落では道路沿いに同じ形式の住戸が左右対称に並ぶ整然とした景観が形成された〈図2-1-9、10〉。

この移住家屋が特筆されるのは、昭和十年（一九三五）から始まった東北地方農山漁村住宅改善調査において、山形県の農村住宅改善の先進例として紹介されたことである。東北地方農山漁村住宅改善調査は、日本学術振興会が東北更新会と同潤会に委嘱して実施、気候条件や生業の影響も踏まえて各県の生活様式を調査し、気候区別の標準設計を今和次郎が提案したことで知られる。[18] 戦前における農村住宅改善の画期となる活動のひとつである。この第一回の委員会は昭和十一年一月に開催され、山形県の実情を山形県学務部長の関口勳が報告した。[19] この中で「農山漁村の建築改善の奨励指導等に関する制度施設」の例として萩野開墾地を以下のように説明している。

次で行啓記念山形県営萩野開墾地と謂ふのがございまして、之は一戸当り畑地約五町歩程を持ちまして、東北の農家経営の一つの新しい型を造る積りで県で非常に力を入れまして、荒蕪地を開墾致しまして所謂萩野の開墾地を造つたのでありますが、其の住宅の為に特に助成を致しまして萩野の住民の為に標準農村住宅を特に造

図 2-1-10　萩野開墾地 第三部落 現状

図 2-1-9　萩野開墾地 第五部落（『行啓記念山形県営萩野開墾事業』山形県、1932 年 所収）

らせました。

山形県が萩野開墾地を農業経営の先進例と位置付けていただけではなく、その移住家屋もまた「標準農村住宅」と考えていたことが知られ、会議資料として五部落の移住家屋の平面図も配られた[20]。

山形県は、この東北地方農山漁村住宅改善調査委員会の議事録[21]によると、大正十五年（一九二六）には農村住宅設計図案の懸賞募集を実施、昭和三年には農村住宅改善の基礎資料として県内四村の住宅の規模・部屋数・構造・設備の調査を行うなど、早期から農村住宅改善に着手していた。萩野開墾地は、これらと同様の県による住宅改善事業として紹介されており、県が改善の意識を持って移住家屋の設計に取り組んだことが明らかである。

この委員会に出席していた嘱託技師の竹内芳太郎は、五年後の昭和十六年にも萩野開墾地の移住家屋を取り上げている[22]。竹内は当時、戦時体制下の開拓事業を担当した農地開発営団の建築課長を務めており、先行する東北地方集団農耕地開発事業の開墾地と併せて萩野を取り上げ、五部落の移住家屋の間取り図も残している[23]。萩野の移住家屋が後の開墾における手本として捉えられていたことを窺わせる。

その充実ぶりは、建設費からも窺える。移住家屋の建設費は、県が開墾地移住奨励の交付を受けて一戸当り四〇〇円を補助し、残金は住宅組合を組織して十五カ年年賦で入植者に貸し付けた[24]。建設費は年度ごとに異なったが、最も高い二年度は一六〇〇円、最も低い五年度でも一二〇〇円で[25]、昭和四年に農林省が示した開墾地移住奨励の交付基準一〇〇〇円以上を十分に上回っており、県が水準以上の住宅を目指したといえるだろう。

図 2-1-11　萩野開墾地 第一部落 移住家屋（『行啓記念山形県営萩野開墾事業』山形県、1932 年 所収）

## ■入植初年度の移住家屋の実像

萩野開墾地の移住家屋の姿を、東北地方農山漁村住宅改善調査委員会の会議資料や古写真をもとにみてみよう。

まず、昭和二年（一九二七）入植の第一部落の移住家屋は、三〇坪の平屋で、入口脇に厩舎を突き出す〈図2-1-11〉。屋根は切妻造・亜鉛鉄板葺で、茅葺・寄棟造が圧倒的に多かった当時の周辺農家とは一線を画す。農商務省が大正九年（一九二〇）に掲げた開墾地の「家屋建築上ノ注意」[26]では、「成ルヘク附近ニ於テ得易キ材料ヲ使用」するとあり、身近な材料による茅葺が否定されていたわけではない。ただし、茅は耐用年限が短く経済性が低いとの理由から、農村住宅改善では瓦やセメント瓦、亜鉛鉄板の使用が勧められていた。

平面は、当初は建坪一五坪の玄関付の形式で計画されたが、入植者の希望で土間を持つ農家向きの形式に変更され、規模も三〇坪に広げられた[27]〈図2-1-12〉。土間と板敷の台所のほか、一二畳の広間とその奥の三畳、床の間付きの六畳、八畳の四室で構成されている。図面だけをみると、部屋は畳敷のようだが、当初は床が全て板敷で、薄縁を敷いたという[28]。この平面は伝統的な民家の間取りのひとつで、土間に面する部屋が一室のいわゆる「広間型」の背面側に狭い一室を設けるものである。東北地方の民家研究の先駆者である小倉強は「これもヒロマ型の部類にはいる」[29]と述べ、「東北地方に広く分布している基本型」とした。背面側の小さな室はタナマエ（棚前）・ゼンブ（膳部）などと呼ばれ、本来は台所と合わせて用いるもので、床の間を持つ主室を背面側に置く点は山形県の在来の民家にみることができる[30]〈図2-1-13〉。

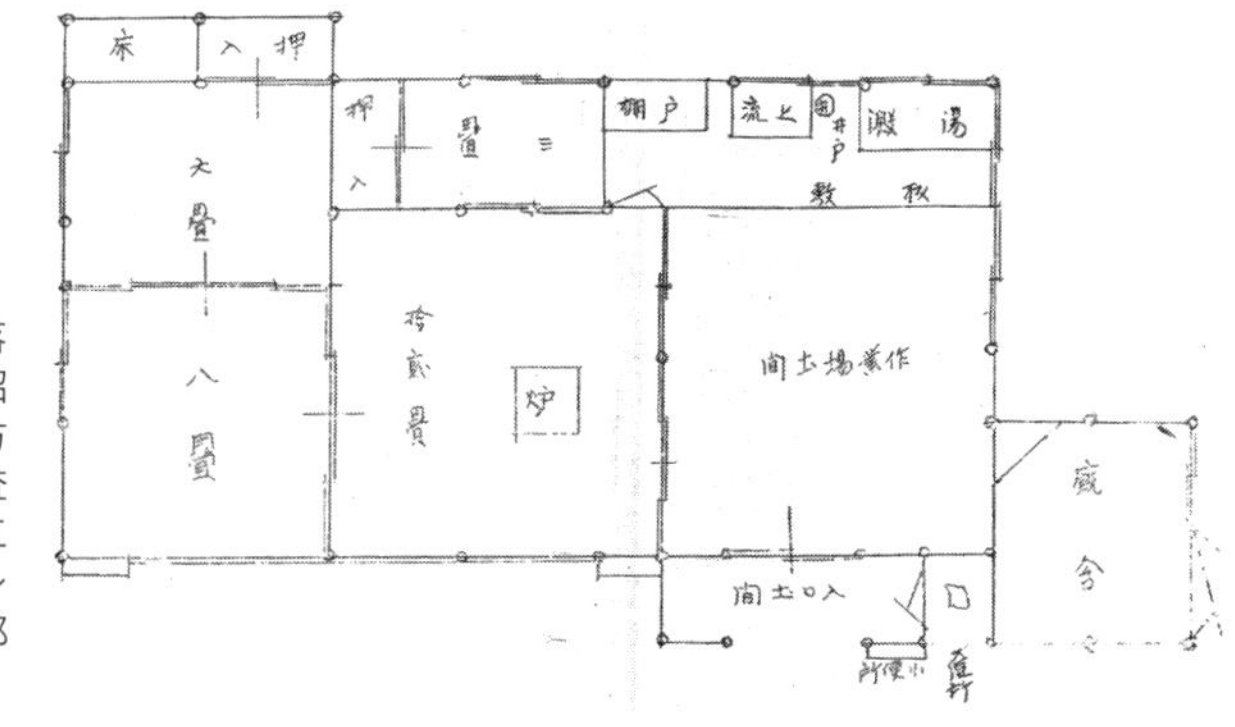


図2-1-12
萩野開墾地 第一部落移住家屋平面図（『昭和十一年一月東北地方農山漁村住宅改善調査委員会議事資料』工学院大学学術情報センター工手の泉今和次郎コレクション所蔵）

一方、炊事場が板敷で、ここにコンクリート製の立ち流しと井戸を設ける点、湯殿も屋内に設ける点は新しい。炊事場の戸棚は可動式で、住宅と合わせて各戸に用意された。[31]また厩舎は、東北地方の伝統的な民家では土間の中に設けることが一般的で、これは馬を大切にする風潮と、寒冷地で臭気が気になりにくいためとされる。[32]しかし、馬糞や踏み藁で蠅が繁殖し衛生上問題があるとして、農村住宅改善では住空間と厩舎の分離が繰り返し推奨された。[33]萩野開墾地では、前述の通り、土間の入口脇に突き出して設けられていて、一見土間と区画されているようだが、境に壁はなく、[34]旧来の方法が踏襲されていた。

現存する移住家屋をみると、内部の柱は一二～一四センチ角、差鴨居も二〇センチ以上と太く、柱や小屋組の所々に仕口の痕跡が残る。これは、萩野開墾地の募集要項に「移住者の家屋材料として一戸につき、大蔵省より払下げを受けたる建物二十坪分を県より払下ぐること[35]」とあるように、旧軍馬補充部の建物の古材を建築用材として使用したものだった。

## ■移住家屋の変化と農林省の指導

この萩野開墾地の移住家屋は、入植年度ごとに形式が異なる。特に入植二年度の第二部落では、初年度と平面形式や外観が大きく変更された〈図2-1-14、15〉。まず、屋根は切妻造だが、亜鉛鉄板葺からセメント瓦に変更、規模が三二坪とやや広がり、土間の面積が減って、いわゆる整形四間取の形式になった。初年度には背面側にあった床の間や押入を側面側に置き、正面側に初年度には無い縁側も設けたことで、正面から背面側への通風が確保された。初年度には土間入口に設けていた便所が、床上の縁側端部に

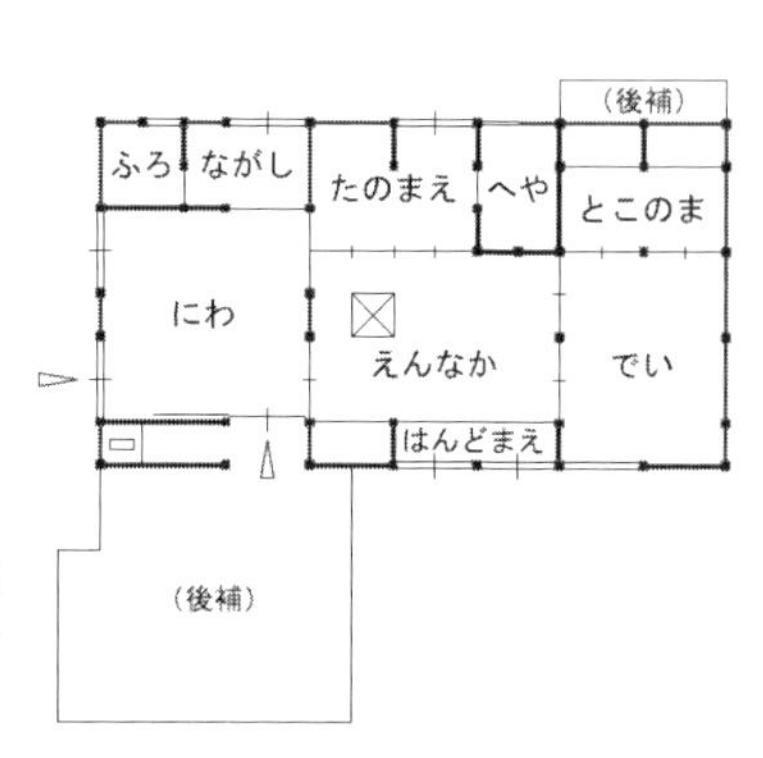


図2-1-13
高橋家住宅平面図（最上郡金山町、江戸末期）（『山形県の民家』山形県教育委員会、1970年より作成）

移ったことも大きい。整形四間取の平面もまた旧来の民家の典型のひとつだが、側面側に床の間や押入をまとめる点に特徴がある。

実はこの二年度の移住家屋の平面は、山形県内の別の場所でも住宅改善の模範例として建設されている。萩野開墾の訓練先でもあった県立自治講習所は、萩野開墾が終了した昭和八年（一九三三）に県立国民高等学校に改組された[36]（戦後は県立上山農業学校等を経て、県立上山明新館高等学校に改組）。全寮制の農村指導者養成機関であり、第3部第1章で詳しくみるように、修練生は「標準農家」と呼ぶ農村住宅一五戸を宿舎とした[37]。この「標準農家」も、萩野開墾地の移住家屋同様、東北地方農山漁村住宅改善調査委員会で「農山漁村の建築改善」の例として取り上げられており、修練生はここに暮らすことで住宅改善を実体験できた。この「標準農家」は甲号・乙号の二種類があり[38]、このうち甲号は厩舎・納屋が主屋と別棟で、土間廊下で繋ぐ点は異なるものの、主屋の平面が萩野開墾地の二年度の平面と類似している〈図2-1-16〉。

さらに注目したいのは、この甲号が「農林省ノ農

図2-1-14　萩野開墾地第二部落　移住家屋（『行啓記念山形県営萩野開墾事業』山形県、1932年所収）

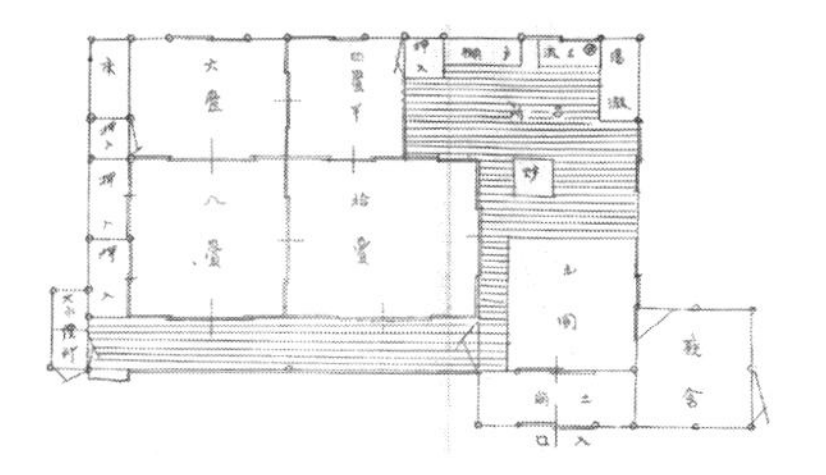

図2-1-15 萩野開墾地第二部落　移住家屋平面図（『昭和十一年一月東北地方農山漁村住宅改善調査委員会議事資料』工学院大学学術情報センター工手の泉今和次郎コレクション所蔵）

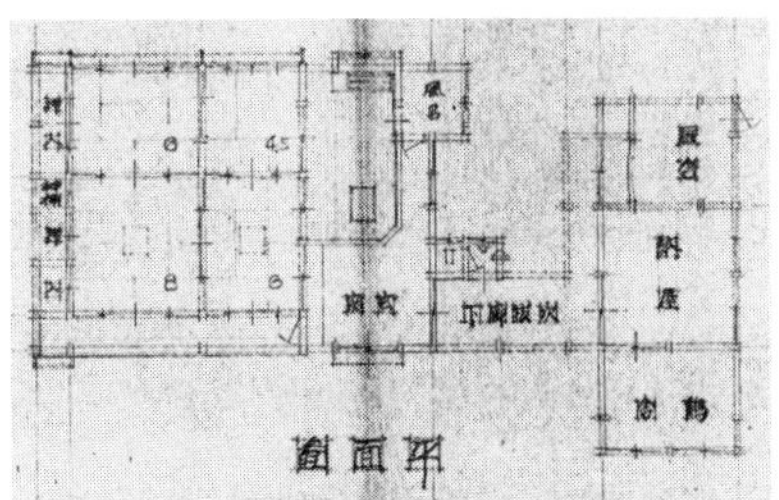

図2-1-16　山形県立国民高等学校「標準農家」甲号 平面図（『昭和十一年一月東北地方農山漁村住宅改善調査委員会議事資料』工学院大学学術情報センター工手の泉今和次郎コレクション所蔵）

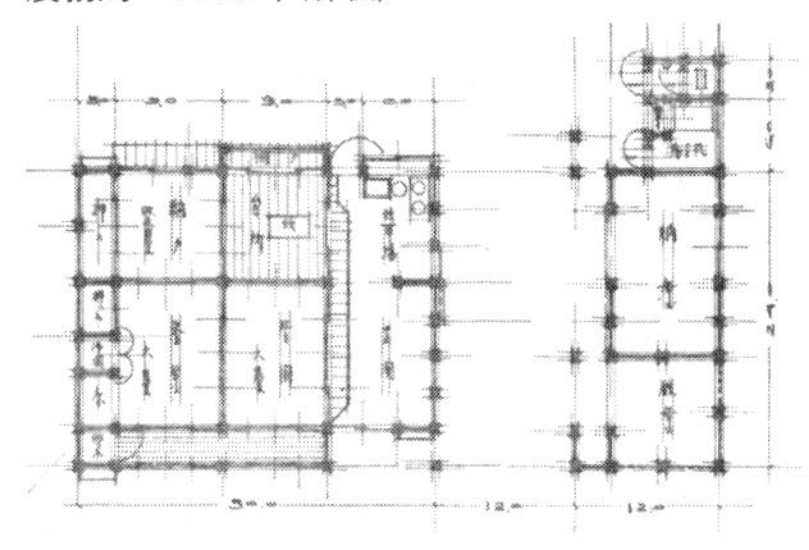

図2-1-17　「開墾地移住家屋及仝附属家設計図例」（『開墾地移住ニ関スル調査 第二輯』農林省農務局・1938年所収）

家住宅案」を参考にしたと説明されている点で、これは農林省が昭和五年に発表した「開墾地移住家屋及仝附属家設計図例」を指すとみられる。この設計図例〈図2-1-17〉は、第1部第1章でみた通り、開墾地移住家奨励の申請の参考例として作られたもので、平面を比較すると、整形四間取で側面側に床の間や押入をまとめる点、厩舎・納屋を別棟で設ける点が山形県立国民高等学校の甲号と共通する。つまり、山形県立国民高等学校では、農林省が示した移住家屋のモデル案を採用して甲号を建設したと考えられる。

萩野開墾地の二年度の移住家屋は、農林省の「設計図例」の発表より二年先行するものの、平面はこれに非常に近い。萩野開墾地の移住家屋が初年度から二年度に大きく変わったのは、初年度には在来の民家の平面を参考に山形県が独自に設計したものの、二年度以降は農林省の指導で平面を修正した可能性を指摘できる。

その後、萩野開墾地ではこの二年度の平面を踏襲しながら、三〜五年度に少しずつ改善が進められた。規模は二年度の三二坪から五年度には三七坪まで拡張、外観では屋根が二年度のセメント瓦から三年度以降は亜鉛鉄板葺に戻され、同時に屋根形式も四年度には寄棟造に変更された〈図2-1-18〉。屋根材の変更は、最も高額だった二年度の建築費を見直したためだろう。

平面では、三年度に土間を縮小して、代わりに板敷の炊事場を拡張、流しや湯殿の位置も少しずつ変更された。便所の位置も課題だったようで、二年度に一旦は床上に設けられたものの、三年度以降は厩舎の脇に離された。当時の東北地方の農家では、便所の利便性より、肥溜と近くして農作業の利便性を上げ、かつ臭気を避けるため別棟にする例が多かったという。課題だった厩舎と土間の区画が初めて設けられたのは五年度で、衛生や利便性に配慮した改善が徐々に進められた〈図2-1-19〉。

図2-1-18　萩野開墾地第四部落　移住家屋（『行啓記念山形県営萩野開墾事業』山形県、1932年所収）

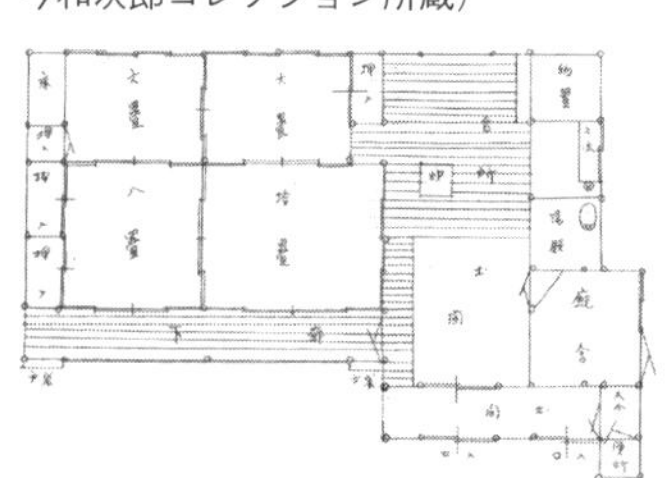

図2-1-19　萩野開墾地第五部落　移住家屋平面図（『昭和十一年一月東北地方農山漁村住宅改善調査委員会議事資料』工学院大学学術情報センター工手の泉 今和次郎コレクション所蔵）

## 3 萩野開墾地の住まいと生活

萩野開墾地には、現在も入植当時の住戸が数軒現存している。第一部落のKW家〈図2-1-20～21〉、第三部落のYU家〈図2-1-23〉とTK家〈図2-1-24、25〉もその例で、土間を居室にするなどの改造はあるものの、当時の仕様を残している。

第三部落のYU家・TK家の外観で印象的なのは、軒高が高く、外廻りの縁側上部に高窓を設ける点で、高さは八〇センチある。新庄市は豪雪地帯として知られ、年間の三分の一は雨戸を閉じて生活した。その採光のために採用されたのだろう。この縁側は、二年度から設けられたもので、軒高を反映して室内の天井の高さも二・八メートルと高く、縁境の内法上にも明かり欄間を入れるため明るく伸びやかである〈図2-1-22〉。

YU家・TK家は道路を挟んで対称に位置するため、プランが反転して建設されている。部屋の使い方をみると、日常の接客には下手前の一〇畳、親戚の集いにはこの一〇畳か上手の八畳、冠婚葬祭には床の間がある六畳を用い、下手奥の四畳半で就寝したという。興味深いのは、同じ平面でも神棚と仏壇の位置が異なることである。TK家は上手奥の主室に神棚、下手前の一〇畳に仏壇を置くが、YU家は仏壇も神棚も主室に置く。第一部落のKW家もTK家と同じである。

部屋の呼称もまた各戸で異なる。例えば山形県内の伝統的な民家では、主室には「ジョウダン」「カミザシキ」「トコノマ」「デイ」などの呼称があり、方言と同じように地域差があって、部屋の仕様によっても使い分けられる。TK家とYU家は同じ三年度の平

図 2-1-20　第一部落 KW 家 現状

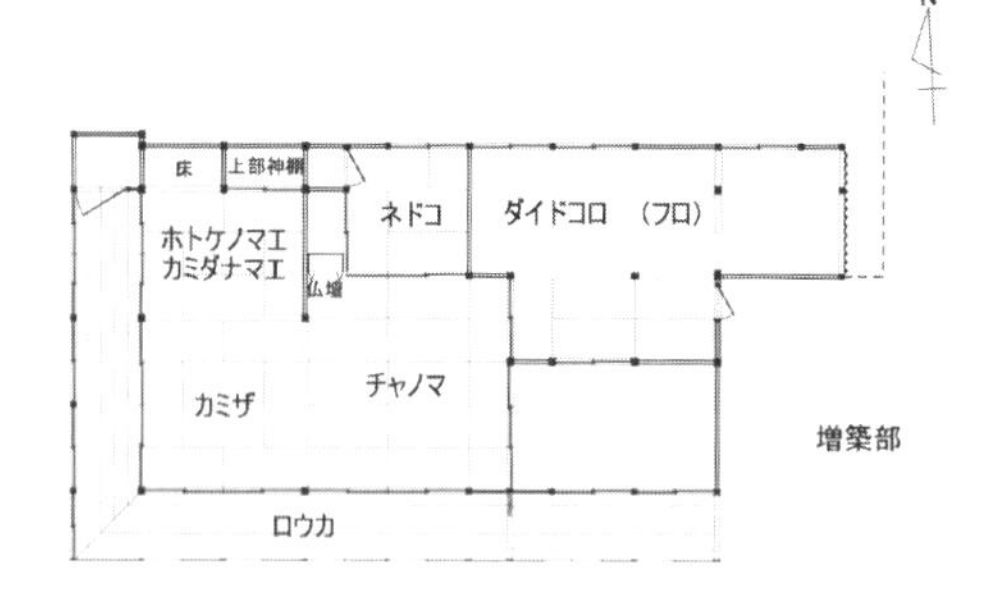

図 2-1-21　第一部落 KW 家 現状平面図

図 2-1-22　第三部落 TK 家 現状

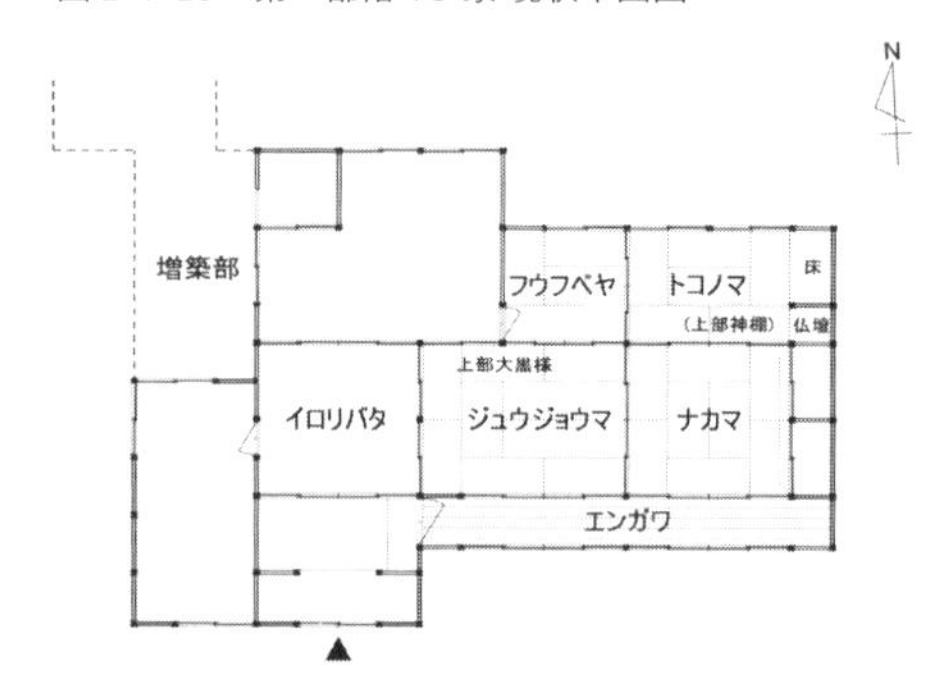

図 2-1-23　第三部落 YU 家 現状平面図

図 2-1-24 第三部落 TK 家 現状

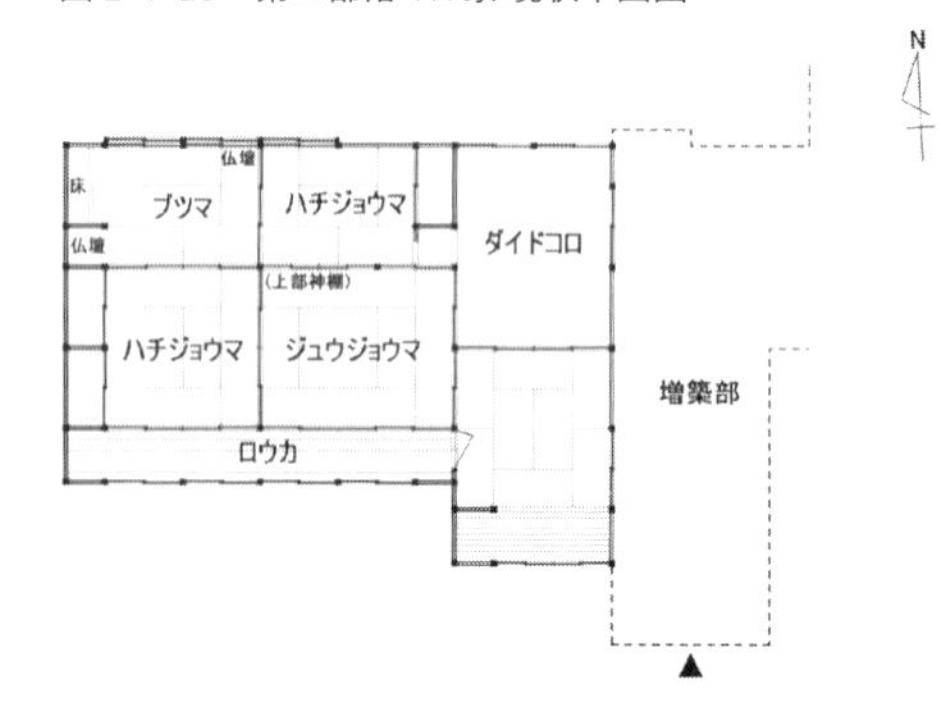

図 2-1-25　第三部落 TK 家 現状平面図

面だが、ＹＵ家は主室を「トコノマ」、ＴＫ家は「ブツマ」と呼んでいる。これらは、入植者の出身地の慣習に従ったとみられ、各自の地域性を継承したといえる。

開墾地という新住民だけで作られた集落だからこそ協力体制も重要である。萩野では各戸に湯殿が備えられていたが、ＫＷ家によると同じ部落の四戸が交代で沸かして順番に「風呂もらい」をしたという。また、ＹＵ家は初代が東村山郡津山村（現天童市）、ＴＫ家もその近隣の東村山郡山寺村（現天童市）から入植したことから「天童会」を結成していた。みな周囲に親戚がいないため、同じ地域の出身者による親睦会がその代わりとされたのである。

萩野開墾地は、後に「昭和郷」と呼ばれ、現在は酪農や果樹栽培、花卉栽培が盛んで、最上地方の中心的な農業地帯のひとつとなった。三カ所に部落が分散する構成も、道路に対して左右対称に各戸が並ぶ配置もそのままである。入植から九〇年ほど経た現在、創建当初の住戸が増改築を施しつつ現役である点は貴重で、開墾地移住奨励が掲げた「耐久的ナル相当ノ家屋」「農業上及農村生活上便利適当ナラシムル」[42]という初期目標が、入植者の生活を堅固に守り続けるためだったことを体現するといえるだろう。

（小沢朝江）

（1）積雪地方農村経済調査所については、黒石いずみ『東北の震災復興と今和次郎　ものづくり・くらしづくりの知恵』平凡社、二〇一五年、一四八―一五九頁、一九二―二一一頁など。

（2）山形県営萩野開墾地の沿革については、『行啓記念山形県営萩野開墾事業』（山形県、一九三二年）、『昭和開拓史』（昭和有畜農業実行組合、一九六二年）、『昭和開拓史 続』（昭和有畜農業実行組合、一九八六年）、『新庄市史 第5巻 近現代下』（新庄市、一九九九年）による。

（3）山形県立自治講習所については、『山形県史 通史編5』山形県、一九八六年、五一三―五二二頁、野本京子「戦前期農民教育の潮流と農業政策―国民高等学校運動と「農民道場」」『史艸（二七）』日本女子大学史学研究会、一―二四頁、一九八六年十一月。
（4）注2『昭和開拓史』六三―六四頁。
（5）移住者の出身地は、注2『昭和開拓史』五〇―六二頁の「移住者氏名」による。
（6）注2『昭和開拓史』六七―六八頁。
（7）髙橋四郎「映画『行啓記念山形県営萩野開墾地の団体結婚式』の撮影に就て」『耕地』一九二九年五月号。
（8）注2『昭和開拓史』七一頁。
（9）注2『昭和開拓史』六六頁。
（10）農林省農務局編『開墾地移住ニ関スル調査 第二輯』農林省農務局、一九三四年、二七頁。
（11）注2『昭和開拓史』七一―七二頁、および注2『昭和開拓史 続』八五―八七頁。
（12）農林省農務局編『開墾地移住ニ関スル調査 第一輯』農林省農務局、一九三〇年、九六頁。
（13）注12『開墾地移住ニ関スル調査 第一輯』九六頁。
（14）本間喜三治「理想農村萩野昭和郷」『開拓民運動のために』清談社、一九四〇年、一八三頁「託児所ハ第一部落一ヶ所、第二、四、五部落一ケ所、第三部落一ケ所、計三ケ所、春季播付ケ、夏季除草、秋季収穫ノ農繁期ニ各三週間宛開設シテ居リマス」。
（15）注2『昭和開拓史』一三七―一四〇頁。
（16）注2『昭和開拓史』一二九―一三〇頁。昭和二十六年には同時に法恩寺も建立されている。
（17）注2『昭和開拓史』八一頁。
（18）東北地方農山漁村住宅改善調査については、黒石いずみ『「建築外」の思考　今和次郎論』ドメス出版、二〇〇〇年、二八八―二九八頁、松本郁代「農村社会事業からみた東北地方農山漁村住宅改善調査」弘前大学社会福祉学部研究紀要四号、六五―七一頁、二〇〇四年など。
（19）「第一回東北地方農山漁村住宅改善調査委員会議事録」『同潤会東北地方農山漁村住宅改善調査委員会議事録集』同潤会、一九三七年、九三頁。
（20）『昭和十一年一月東北地方農山漁村住宅改善調査委員会議事資料』工学院大学学術情報センター工手の泉今和次郎コレクション所蔵。
（21）注19「第一回東北地方農山漁村住宅改善調査委員会議事録」九一―九二頁。
（22）農地開発営団『東北地方集団開発農耕地』出版年不明、一六三頁。
（23）注22に同じ。
（24）注2『昭和開拓史 続』八八―九七頁「四、開拓当初からの住宅組合について」。
（25）注2『新庄市史 第5巻 近現代下』一五九頁。
（26）農商務省食糧局『開墾及耕地整理主任官会議要録 大正9年』農商務省食糧局、一九二〇年、二八―二九頁。
（27）注2『昭和開拓史』八一頁「県の住宅設計も十五坪の玄関付のサラリーマン向きのものであったが、われ〳〵の農家住宅は金が多く要しても大きく収納舎付にし、倍以上の三十坪以上に設計がえをした。請負工事であるのに加え、多忙であったため監督もしないので粗末に建てられたのが遺憾であった」。

(28) 第一部落のKW家への聞き取りによる。
(29) 小倉強『東北の民家』相模書房、一九五五年、一一〇—一一四頁。
(30) 『山形県の民家』山形県教育委員会、一九七〇年。
(31) 第三部落のTK家への聞き取りによる。同家にはこの戸棚が現存している。
(32) 『図説 民俗建築大事典』柏書房、二〇〇一年、七二—七三頁。
(33) 生活改善同盟会が昭和六年にまとめた『農村生活改善指針』（生活改善同盟会、一〇〇頁）でも「畜舎は納屋の一端か便所と接続した所に置き、住宅とは離して設置するのがよいと思ひます。住宅内に厩舎を設けて殆ど家畜と同居してゐるかの感を与へてゐる地方も沢山ありますが、衛生上から見まして甚だ面白くありません」としている。
(34) 第三部落のTK家・YU家への聞き取りによる。
(35) 注4に同じ。
(36) 『山形県立上山農業高等学校五十年史』山形県立上山農業高等学校、一九六二年。
(37) 注19「第一回東北地方農山漁村住宅改善調査委員会議事録」九三頁。
(38) 山形県立国民高等学校『八紘 創立五周年記念号』山形県立国民高等学校、一九三八年、一一一—一一三頁。山形県立博物館所蔵。
(39) 注36『山形県立上山農業高等学校五十年史』八五頁「甲種ハ農林省ノ農家住宅案ヲ参考トセルモノ、乙種ハ本県当局案」。
(40) 「開墾地移住家屋及仝附属家設計図例」。注10『開墾地移住ニ関スル調査 第二輯』二四〇頁挿図。
(41) 注19『同潤会東北地方農山漁村住宅改善調査委員会議事録集』によると、各県の会議で便所の位置や衛生上の課題が議題とされている。
(42) 「開墾地移住奨励ニ関スル注意事項」、農林省農務局編『開墾地移住ニ関スル調査 第三輯』農林省農務局、一九三八年、一一二—一一三頁。

# 第2章　『婦人之友』が報じた共同生活像——岩手県営岩崎開墾地

## 1　岩手県の農山漁村経済更生事業

### ■石黒英彦知事の強力県政

岩手県は、昭和六年（一九三一）と同九年の二度にわたる凶作と、昭和八年の三陸津波で最も大きな被害を受けた地域である。昭和五年から起きた世界的な恐慌も、米価下落と相まって東北農村に深刻な打撃を与えた。岩手県ではこの困難な時期に石黒英彦という強力な知事が県政を運営した。

石黒英彦は、内務官僚として朝鮮総督府・台湾総督府で力を振るった人物で、昭和恐慌の最中の昭和六年十二月に岩手県知事に着任[1]、この一年余り後の昭和八年三月に昭和三陸津波が起きている。岩手県では死者・行方不明者が二六〇〇人を超え、壊滅状態になった集落もあった[2]。石黒は昭和十二年六月に北海道庁長官に転任するまでの約六年間、国主導で実行された復興計画の県側の立案、折衝、実現に尽力した。石黒が県知事として実行した主要事業として、この三陸津波復興に加え、岩崎村（現岩手県北上市和賀町岩崎新田）の県営開墾事業と、県立六原青年道場の設立が挙げられる。

岩崎村の開墾[3]は、大正十五年（一九二六）に、後に岩崎村長を務める八重樫哲夫が「二

男三男の就業の場所」として発案したことに始まる。翌年、岩手県の耕地課が測量調査を実施し、開墾適地と認めたものの計画は進まなかった。しかし、昭和六年に石黒が知事に就任すると県事業として本格的に取り上げられ、昭和七年に県議会で承認されて実行に移された〈図2-2-1、2〉。

この開墾事業と合わせて石黒が提案したのが県立六原青年道場の設置[4]である〈図2-2-3〉。石黒は、自ら開墾地の実地調査に赴き、岩崎村の開墾の成功には困難に打ち勝つ強い精神力を持つ入植者の育成が必要と考え、養成機関の設置を発案したという。青年道場は「農民道場」「修練農場」などとも呼ばれ、日本では明治三十七年（一九〇四）に矢作栄蔵がデンマークのフォルケ・ホイスコーレを紹介したことに始まる[5]。デンマークでは「民衆の大学」とも呼ばれる成人教育機関だったが、日本では農村を担う中堅指導者の養成を目的に、大正期以降自治体や系統農会等により設置が加速、第3部第1章でみるように農林省も農村経済更生策のひとつとして昭和九年から補助金を創設して設置を支援した[6]。各地で見本とされたのは、前章で触れた山形県立自治講習所（大正四年設立）で、所長の加藤完治による「塾風教育」は国家主義的な側面が指摘されるものの、地方における農業者教育や開墾の担い手育成に成果を残した。

石黒は、神道思想家・筧克彦の門下生で、塾風教育に以前から関心を持っていた[7]。着任後すぐに臨時県議会を招集して六原青年道場の設置を提案、翌昭和七年に開設準備に着手した。敷地と建物は大正十四年に廃止された胆沢（いさわ）郡相去（あいさり）村（現金ケ崎町六原）の陸軍軍馬補充部六原支部の土地建物を譲り受け、昭和七年八月に開校した[8]。岩崎開墾地からは五キロほどの位置にあたり、ここに県内農家の次男・三男を優先的に入校させ、修練を受けた後に岩崎開墾地に入植させる方針だった。

図2-2-1　岩崎開墾地 入植当初の神楽部落（『開拓一路 岩崎農場入植50周年記念誌』岩崎農場五十周年記念実行委員会、1982年より）

図2-2-2　岩崎開墾地 現状

つまり岩崎開墾地と六原青年道場は、当初から県の事業として一体で計画され、以降も両者が連携して事業が進められたのである。

## ■ 県営岩崎開墾地の計画

岩崎開墾地の計画[9]とその進捗を辿ってみよう。

岩崎開墾地は、丘陵地帯の山林を含む原野に総面積五二五町歩で計画された。六原青年道場の開校と同時に、昭和七年（一九三二）から開墾事業に着手、当初は全一〇部落一二〇戸[10]が入植する計画だった。開墾事務所の初代所長には、岩手国民高等学校の社会教育主事や宮城県営広渕沼干拓事業所長[11]を歴任した高野一司（かつじ）が昭和八年に就任している〈図2-2-4〉。

入植者は、先述の通り六原青年道場の修了生で、知事の推薦選抜により移住権が与えられた。ほかの入植希望者も六原青年道場での修練が課せられ、さらに夫婦が共に稼ぎ手となるという考えから、妻も青年道場の修錬生から選ばれた。しかし、欠員も多かったことから県は入植計画を見直し、一戸当りの耕地配分を増やして八部落・八〇戸に変更、それでも昭和十六年時点で七〇戸の入植に留まった。

八部落は、石黒知事によって「神楽」「真栄」「大和」「大東」「旭ヶ丘」「曙」「豊栄」「望野」と命名され、戦後に「新生」が加わって九部落となった〈図2-2-5〉。開墾地の中心に南西から北東へ直線五キロの幹線道路を敷き〈図2-2-6〉、この軸線上に神楽・真栄・大和・大東の四部落、その南側に豊栄、北側に旭ヶ丘と曙を配し、望野と新生はそのさらに北に置く。当初は中心部の真栄・大和部落周辺を集団市街地として学校など公共施設と移住家屋を集結させる予定だったが、農業者は耕地に隣接して住むこ

図2-2-3　岩手県立六原青年道場 鍛錬する塾生（伊藤金次郎『六原道場』協同公社出版部、1943年より）

図2-2-4
岩崎開墾地に立つ高野一司の顕彰碑

とが理想であるとの石黒知事の意向を受けて、現状のように部落を分散する計画に改められた[12]。一戸あたり耕地約五町歩（山林・原野を含む）が宅地近くに設けられ、畑地を主とした多角経営、かつ農作業の共同化を前提とした。

開墾事業は、まず合宿所ともなる共同作業所を建設、ここで共同生活を送りながら開墾を進め、各部落の移住家屋が完成次第、順次入居する方法を採った〈図2-2-7、8〉。最初に着手したのは神楽部落で、まず昭和七年に灌漑用の神楽堤を建設、ここに共同作業所二棟を建設して、昭和七～九年の第一期入植者はここで共同生活を送った。昭和八年にまず神楽部落の移住家屋が完成して入居、開墾地の西端にあたるこの地の高台には、同年に開墾地の守護神として岩崎農場神社が祀られた〈図2-2-9、10〉。

開墾は西から東へと進み、昭和十年には旭ヶ丘部落と真栄部落に共同作業所を建設、同年に真栄部落、翌年に旭ヶ丘部落の移住家屋が竣工して入居した（後に旭ヶ丘から曙部落が独立）。この昭和十年には大和部落に開墾事務所が竣工し、周囲に所長官舎や倉庫、加工場なども設けられた。昭和十一年に今度は大和部落に共同作業所を建設し、新たな入植者を募って共同生活を開始、昭和十二年に大和・大東部落、昭和十三年までに豊栄・望野部落も移住家屋が竣工して、住宅建設が終了した。開墾地事業全体が完了したのは昭和十八年である。

岩崎開墾地の入植が他と異なるのは、居住部落の変更が比較的自由だった点にある[13]。また、入植当初の共同生活を経て各部落に移る際、同じ地方の出身者が集まって編成し

図2-2-5　岩手県営岩崎開墾地 配置図（『開拓一路』岩崎農場五十周年記念実行委員会、1982年所収図等をもとに作成）

図2-2-6　岩崎開墾地の長さ5kmの幹線道路

たといい、神楽部落は「和賀の人たちの部落」、大東部落は「東磐井郡出身の方々が集まった部落」などと呼ばれた記録が残る。[14] 事実、入植者の出身地を平成十四年（二〇〇二）時点で継承されていた家でみると、[15] 神楽部落は地元の和賀郡岩崎村が半数を超え、二子村など現北上市内が多い一方、曙部落は江刺郡出身が半数以上を占め、大東部落は東磐井郡、大和部落は遠野村など上閉伊郡が多い。しかも、開墾時期が早い神楽・旭ヶ丘・真栄部落が早期の入植者だけで構成されているのではなく、昭和十四〜十九年の二期以降の入植者も混在する。これは別の部落に移って空いた家に出身地が近い入植者が入るなど異動が大きかったためで、自分の耕地に固執しない共同経営ならではの事情とも考えられる。

戦後は、昭和二十二年の自作農創設特別措置法の公布により共同経営から自作農に移行、また昭和四十一年から大規模な土地改良工事を実施し、それまでの畑作や酪農中心から稲作中心へと転換して現在に至っている。

図 2-2-7　岩崎開墾地 共同作業所（神楽部落）での体操。「大和ばたらき」と名付けられた。（『開拓一路』岩崎農場五十周年記念実行委員会、1982 年より）

図 2-2-8　岩崎開墾地 共同作業所（神楽部落）の食事風景（同右）

図 2-2-9　創建当初の岩崎農場神社（同上）

図 2-2-10 岩崎農場神社 現状（北上市「きたかみ景観資産」に指定）

## 2 「理想的農村」の実現に向けて

### ■農業経営・生活の共同化と共同建造物

岩崎開墾地の特徴は、農業経営・生活の共同化と、充実した共同建造物にある。設計はいずれも岩手県の耕地課が担当した[16]。

まず、各部落で最初に建設された共同作業所は、先にみたように合宿所としても用いられたため共同の食堂・炊事場・浴室を備え、移住家屋への入居後も共同生活の拠点となった。この共同作業所は、先にみたように全八部落のうち個人経営を採った大東・豊栄・望野を除く五部落に設けられており、戸数に対して密度が高い。

その姿をみると、昭和七年（一九三二）に最初に建設された神楽部落の共同作業場二棟は二階建てで、規模は古写真[17]によると梁間三間・桁行八間ほどである〈図2-2-11〉。一階に作業所・炊事場・食堂・浴場、二階に事務所兼寝室と大広間があり、食堂には引出し付きの食卓が六名ずつ向かい合せで二〇卓ほど並んでいたという[18]。昭和十一年に大和部落に建設された共同作業所は梁間四間・桁行一二間の平屋で[19]、これらのうち二棟が国の開墾地移住奨励金の交付を受けている[20]。

一方、昭和十年に大和部落に完成した開墾事務所は「公会堂」とも呼ばれ[21]、開墾地全体の中心を為す施設だった。『開墾地移住ニ関スル調査 第三輯』に平面・写真が収録されている[22]〈図2-2-12、13〉。木造平屋のコの字型平面で、事務所機能のほか、集会などに用いる三〇畳ほどの集会室を備える。公会堂は、農林省が開墾地の共同施設として昭和五年に模範設計図を示して設置を推奨した建物で[23]、農業経営・事務と福利厚生の両

図2-2-11　岩崎開墾地 共同作業所兼共同宿泊所（神楽部落）（『開拓一路』岩崎農場五十周年記念実行委員会、1982年より）

面を担うものだった。

ほかにも農業倉庫や車庫、加工場、家畜舎などの農業共同施設や、萱（かや）刈（かり）分教場（昭和十一年設置、昭和二十三年に岩崎神田小学校に昇格）が大和部落周辺に設置され[24]、中心的な機能が整えられた。

## ■『婦人之友』が報じた共同生活

この岩崎開墾地での共同生活は、昭和十三年（一九三八）に『婦人之友』[25]で「農村における共同生活の一例」と題して紹介された。

『婦人之友』は、明治三十六年（一九〇三）に羽生もと子・吉一夫妻が創刊した女性雑誌（明治四十一年以前は『家庭之友』）で、都市部の中流層の主婦を主対象に、戦前には六～七万部を発行した。大正期までに創刊された『婦人画報』や『婦人世界』『主婦の友』などが実用的な記事や読み物を中心としたのに対し、『婦人之友』は近代的・合理的な新しい家庭生活像の実現を理想に掲げていた[26]。岩崎開墾地は、「時局見聞七題」と題する社会活動の紹介記事のひとつとして取り上げられたのである。

記者は、昭和十一年入植の旭ヶ丘部落を来訪、共同作業所内に設けられた共同食堂での昼食時の様子を取材している〈図2-2-14〉。やや長文だが、当時の生活がよくわかるので引用してみよう。

旭ヶ丘部落の共同食堂を訪ねる。「今日は」と声をかけると、「汚ねえども、さあお入いんなすつて」とたつつけ袴に白前掛、赤坊をおぶつたお主婦さん、もう一人元気のよさそうな人が奥の流しで働いている。二人とも極く若い。奥行五間、間口

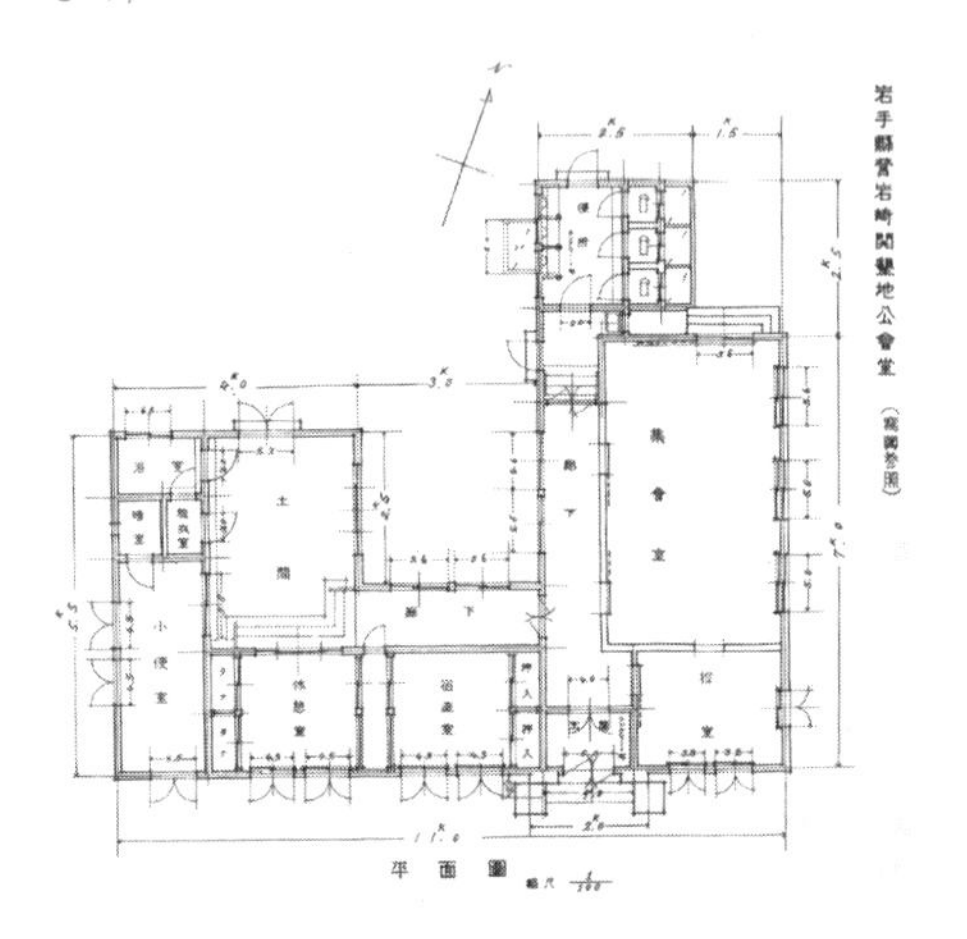

図2-2-12　岩崎開墾地「公会堂」平面図（『開墾地移住ニ関スル調査 第三輯』農林省農務局、1938年より）

図2-2-13　岩崎開墾地「公会堂」（同右）

三間程の土間二列に無造作な机と椅子が並んでいる。右手の奥は食器戸棚、瀬戸引きのおはち等が見える。左手奥一坪半程突出した所は炊事場だらう。かまどと流しと、その上の棚には少しの大鍋、桶等、簡素清潔な設備である。

「今日はあなた方が炊事係りですか？朝昼晩とも二人でするのですか？」

「そうだんす。当番は二人づゝ五日交替です。食事つくりの他に風呂焚き。野良さいぐ時赤坊なら家さおいて行くども、大きい子供はこゝさおけば見てゐます。」

「外の人はみんな安心して働ける訳ですね。お風呂は何処ですか？」

「ホレ、焚口は一つだけれど中は男と女で別れてゐます。」

カン、カンカンと家の前で鐘が鳴り出した。十一時半である。

「昼飯の知せだす。」

「この鐘でいつも時を知らせるのですか？」

「そうだす。全部当番が叩きます。」

間もなくぞろぞろと畠から丈夫さうな人々が引き揚げて来た。集まつたのは男十二人女十一人、子供九人、朝晩はもつと多いのであらう。食卓に御飯と熱い味噌汁（キャベツと白菜が入つてゐる）それに白菜のひたしの入つたお皿が出てゐる。

各自の場所に腰かけるとガタガタと抽出しをあける。瀬戸引きボール十六糎一個、十二糎一個、赤塗の箸一膳。これが一人分の食器である。大きなボールには御飯を、小さなボールには味噌汁をどんどんよそつて「頂きます」「頂きます」と大きな声で挨拶をして食べ始める。終るとすんだ人から立つて食器を自分で洗ひ、銘々抽出しに片づける。一時まで休憩である。ある人は新聞を開き、ある人は子供を抱いて家に帰つて行く。無駄のない、飽くまで整頓された生活である。

図 2-2-14　岩崎開墾地 旭ヶ丘部落の共同生活の様子（「農村における共同生活の一例」『婦人之友』1938 年 12 月より）

これをみると、共同食堂での朝昼晩三食の炊事・食事と風呂を共同とし、二名ずつの当番制で運営していたこと、託児所に代わる機能も担っていたことがわかる。添えられた写真には、木製の質実な椅子・卓で男女が一斉に食事をとる姿が映し出されている。食事や入浴の共同施設は、企業の社宅では戦前から存在したが、岩崎開墾地ではまさに「農村の社宅」と呼ぶべき相互扶助が行われていたことになる。この共同体制は、記者によって「大多数の農家の主婦にとつて、またその家族にとつて、慥に大切なよい組織」と評された。

## 3 進む移住家屋の改善

### ■ 岩崎開墾地大東部落の移住家屋

岩崎開墾地の移住家屋は、昭和八年（一九三三）度から十二年度まで計三四戸が国の移住奨励金の交付を受けている。[27] ただし、昭和十年までは各年度に建設した二〇戸全てが交付を受けたが、徐々に交付率が低下し、奨励実績が不明な昭和十三年度以降を除けば建設総数の七割強に留まっている。

移住家屋は、岩手県耕地課により統一して建設された。[28] 移住家屋は、現地での目視では全集落で二棟が現存するのみだが、大東部落の入植二世のST氏への聞き取りからその姿を知ることができる。ST家は、初代が東磐井郡（現一関市大東町）出身で、実家は多くの農地と小作人を抱える裕福な農家だった。その末子だった初代は、実家で蔵の番や年貢米の売り付けを手伝っていたが、自分で実際に農業をやりたくなり、近所で先

図 2-2-15　岩崎開墾地 大東部落移住家屋復元平面図（ST 氏への聞き取りをもとに作成）

に岩崎開墾地に入植した人から話を聞き、現地を見学して入植を決めたという。県立六原青年道場を昭和十二年九月に修了して入植、合宿所での共同生活を経て、家族で移住家屋に移った。建設費は八〇〇円で、うち四〇〇円が県の移住奨励で補助されたという。

外観は、屋根は切妻造・木端葺、外壁は土壁に下見板張りで、聞き取りから平面を復元すると図2-2-15の通りである。梁間三間に対して桁行が九間と長く、居室三室を一列に配し、土間と厩舎を併設する。八畳・六畳のザシキは竿縁天井で畳敷だが、食事などに用いたチャノマは板敷で天井はなく、床の間・仏壇・神棚も当初はなかったという。炊事場には立式の流しとカマドが備えられ、井戸は共同だった。

改善点として衛生面が挙げられ、聞き取りによると土間と厩舎は壁で区画されていたといい、「南部曲り屋」に代表されるように馬と生活を共にする岩手県の農家としては異例である。炊事場も独立し、さらに浴室・便所も分離するなど衛生面が配慮された。また南縁の雨戸上部には高窓が設けられ、雪に囲われる閉鎖的な冬季でも採光を確保できた。

## ■ 六原青年道場が担った移住家屋の改善

ただし、岩崎開墾地では昭和八年（一九三三）から六年間をかけて八部落が順次建設されたため、部落ごとに移住家屋の設計が異なる。

昭和八年十月に最初に入植した神楽部落は、古写真[29]〈図2-2-16〉によると木端葺の切妻屋根で外壁は下見板張りである。ほぼ正方形の平面の二方に深い下屋を廻しており、横長な一列平面の大東部落とは明らかに異なる。神楽部落では入植当初は二世帯で一戸を仕切って生活したといい、昭和十三年頃に一戸一世帯に改造した[30]。

図2-2-16　岩崎開墾地 神楽部落の移住家屋（『開拓一路』岩崎農場五十周年記念実行委員会、1982年より）

一方、この二年後に入植した真栄部落の移住家屋は、寄棟造・瓦葺、漆喰塗に腰板張りで「官舎のような住宅」と評された[31]。平面は四間取りだったといい、神楽部落とも大東部落とも形式や仕様がまた異なる〈図2-2-17〉。

この変化には、岩崎開墾地と同時に計画された県立六原青年道場が関わっている。岩崎開墾地の移住家屋は、昭和十一年七月に開催された同潤会東北地方農山漁村住宅改善調査委員会の打合会議で取り上げられ、岩手県学務部長が次のように説明している[32]。

現在岩崎に県営農場を置きまして、移住家屋を造つて居ります。併し之は第一期に造つたものも、第二期に造つたものも充分でないと謂ふ関係から、更に昨年六原青年道場に、農業経営の一様式と致しまして、今申し上げた四つの地方に分けた家を造つて居るのであります

この岩崎開墾地の「第一期」「第二期」とは、最初に入植した神楽部落と、これに続く真栄部落・旭ヶ丘部落を指すとみられ、その移住家屋が不十分であったことから、六原青年道場に「四つの地方に分けた家」を建設したという。事実岩手県立六原青年道場には、第３部第１章で詳しくみるように、昭和十一年に「模範農家」と呼ぶ住宅が建設され、修練生の体験居住に用いられた[33]。「模範農家」とは「模範トスルニ足ル農家ノ住宅」[34]という意味で、いわば農家のモデル住宅ともいうべきもので、岩手県内の耕作形態による地域区分に合わせて異なる形式で四棟が建設された。時期からみてこのモデル住宅は、昭和十二年入植の大東部落以降の移住家屋に反映された可能性が高い。四種の住宅の平面は明らかではないが、史料や古写真から規模や外観が知られ[35]、急勾配の切妻・茅葺や、曲り屋に似た形式など全て規模や形式が異なり、大東部落の移住家屋と類似する二七坪程度で切妻・板葺の住宅も存在する〈図2-2-18〉。ただし、いずれも付属舎

図 2-2-17　岩崎開墾地真栄部落の移住家屋（『耕地拡張改良事業要覧 第十六次』農林省農務局、1939 年より）

図 2-2-18　六原青年道場「模範農家」丙号（工学院大学学術情報センター工手の泉 竹内芳太郎コレクションファイル「写真 東北調査 岩手 1」より）

を別棟にする点が岩崎開墾地の移住家屋と異なっている。

この六原青年道場には、昭和十年に用地内に「模範農村部」が設けられた[36]。これは一般農村に対する指導啓発のために造られた開墾地で、入植者は修練生から選抜された。地域的にも、事業的にも岩崎開墾地と近い関係にあるこの模範農村部にも、入植者のための移住家屋が設けられ、一棟だけが納屋として現存していた。実測調査から平面を復元すると〈図2-2-19、20〉、床上が二室のみで規模はやや小さいものの、岩崎開墾地の大東部落と同じ一列型で、これも六原青年道場の「模範農家」のうち、岩崎開墾地と同じモデルを採用したものとみられる。

開墾による耕地拡大も農村指導者教育も、大正・昭和期の農林省の重要事業であった。岩崎開墾地と六原青年道場の姿からは、岩手県が両者を連携して移住家屋の改善に繋げたことを知ることができる。

（小沢朝江）

（1）石黒英彦については、秦郁彦編『日本近現代人物履歴事典』東京大学出版会、二〇〇二年。
（2）岩手県『岩手県昭和震災誌』一九三四年。
（3）岩崎開墾地の沿革については、『開拓一路 岩崎農場入植50周年記念誌』岩崎農場五十周年記念実行委員会、一九八二年、『岩崎農場七十周年記念誌 古稀の大地』岩崎農場七十周年祭実行委員会、二〇〇二年。
（4）岩手県『岩手県史 第10巻 近代篇 第5』杜陵印刷、七一七—七一八頁。
（5）岡部教育研究室編『農村に於ける青年教育 その問題と方策』竜吟社、一九四二年、七三頁。
（6）「農村計画行政 第六章農村教育」『農林行政史 第2巻』農林省大臣官房編、一九五七年。
（7）中房敏朗「1920年代から1930年代における「日本体操」の展開過程について 国民高等学校の創始から満州開拓移民の展開に至る過程に着目して」体育学研究六一号、二〇一六年、三二七頁。
（8）注4『岩手県史 第10巻 近代篇 第5』七一七—七一八頁。
（9）注3に同じ。
（10）『岩手県職員録 大正15年8月15日現在』岩手県知事官房、一九二六年、九頁。

図2-2-19　六原青年道場 模範農村部移住家屋（納屋として利用）

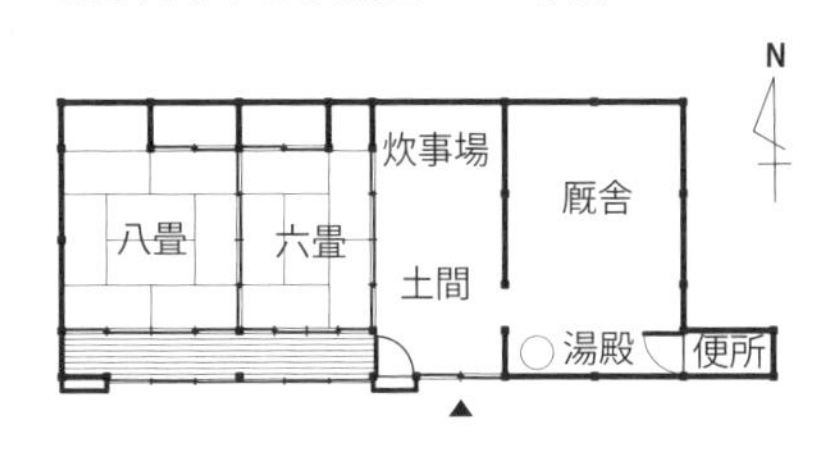

図2-2-20　六原青年道場 模範農村部移住家屋復元平面図（実測調査により作成）

(11)『広渕沼干拓五十年のあゆみ』広渕沼土地改良区、一九七七年、二七〇頁。
(12) 注3『開拓一路』五二頁。
(13) 注3『古稀の大地』一二〇―一二一頁によると、昭和八年に神楽部落に入植した高橋久二氏は昭和十年に旭ヶ丘部落に移動、「自分の好きな部落に変えることは自由であった」と述懐しているほか、住人の部落間の移動も記録されている。
(14) 注3『古稀の大地』一二〇―一二一頁。
(15) 入植者の部落ごとの名簿と出身地は注3『古稀の大地』五〇―五七頁。
(16) 注3『開拓一路』六三頁。
(17) 注3『開拓一路』三五頁。
(18) 注3『開拓一路』七〇―七三頁。
(19) 注18に同じ。
(20) 農林省農務局編『開墾地移住ニ関スル調査 第三輯』農林省農務局、一九三八年、一二四―一二七頁。
(21) 公会堂は、注20『開墾地移住ニ関スル調査 第三輯』では昭和九年十月建築とあるが、注3『古稀の大地』六三頁の記載を採用した。
(22) 注20『開墾地移住ニ関スル調査 第三輯』。注3『古稀の大地』によると、掲載された公会堂は昭和十五年に焼失したが、同年に再建された。
(23) 注20『開墾地移住ニ関スル調査 第三輯』巻末挿図。
(24) 注3『古稀の大地』一八頁。
(25)「時局見聞七題7 農村における共同生活の一例」『婦人之友』一九三八年十二月。
(26) 久保加津代「大正デモクラシー期の「婦人之友」誌にみる住生活改善(第一報)―「婦人之友」誌の特徴と住生活関連記事の経年的動向」日本家政学会誌 vol.143、No.12、一二二三―一二二八頁、一九九二年。
(27) 注20『開墾地移住ニ関スル調査 第三輯』三〇頁。
(28) 注3『開拓一路』六三頁。
(29) 注3『開拓一路』六二頁。
(30) 注3『開拓一路』五七頁。
(31) 農林省農務局編『耕地拡張改良事業要覧 第十四次』農林省農務局、一九三九年、口絵。
(32)『同潤会東北地方農山漁村住宅改善調査委員会議事録集』同潤会、一九三七年、一九五―一九八頁。
(33)『修錬農場・漁村修錬場』農林省経済更生部、一九三五年、三三―三六頁。
(34)『岩手県立六原農場四十年のあゆみ』岩手県、一九七三年。
(35) 注33『修錬農場・漁村修錬場』および工学院大学学術情報センター工手の泉 竹内芳太郎コレクションファイル「写真 東北調査 岩手1」より、計画概要と外観写真が知られる。詳細は第3部第1章参照。
(36) 注34『岩手県立六原農場四十年のあゆみ』。詳細は第3部第1章参照。

# 第3章

# 東北更新会が理想と評した新住宅
## ――宮城県営広渕沼開墾地・短台耕地整理組合

## 1 宮城県の農村復興と東北更新会

昭和初期の東北地方は苦難の連続だった。

農村部は前章でみた昭和六年（一九三一）からの大凶作や冷害、農村不況で打撃を受け、さらに岩手県・宮城県では沿岸部の漁村も昭和八年三月の昭和三陸津波で被害を蒙った。災害の連続による農山漁村の疲弊が深刻な問題となっており、その復興のため昭和十年に組織されたのが東北生活更新会である（翌年「東北更新会」に改称）[1]。

東北更新会は、その名の通り農山漁村の生活の「更新」を目的に設立された。先述の災害後、内閣は東北振興調査会を設置して施策を講じたが、東北更新会はその進捗を後押しするため、より密に住民の実生活の改善に当たることが役割とされた。また東北更新会は、日本学術振興会が計画した東北地方農山漁村住宅改善調査を昭和十年十一月から同潤会と共に受託したことでよく知られ[2]、前述のように今和次郎らが特別委員会委員、今和次郎の弟子である竹内芳太郎が同潤会嘱託技師として従事している。

注目したいのは、東北更新会の宮城県支部が昭和十一年度に実施した「農村住宅改善基本調査」において、昭和三陸津波の復興集落が漁村、開墾地が農村の調査対象にそれ

ぞれ選ばれたことである。[3] 前者は、県下で最大の家屋の流失・倒壊被害を受けた桃生郡十五浜村雄勝であり、高台に一〇〇戸の新宅地を造成、「理想的漁村」としての復興を目指した[4]〈図2‐3‐1〉。一方、開墾地で対象とされたのは同じ桃生郡に位置した宮城県営広渕沼開墾地と、耕地整理組合による登米郡の短台開墾地であって、「新しい村」を建設した点は雄勝と共通する。特に短台開墾地の移住家屋は、雄勝の復興住宅と共に模型が制作され、東北更新会宮城支部が昭和十一年に牡鹿郡女川町分会など三カ所で開催した「農家住宅改善勧奨移動展覧会」に出品された。[5] 当時から農村住宅改善の模範例として扱われていたことになる。

この調査を担当したのは、当時仙台高等工業専門学校建築学科の初代学科長だった小倉強[6]〈図2‐3‐2〉と、宮城県土木部の営繕技師だった遠藤盛[7]である。小倉は東北地方の民家史研究の第一人者として知られ、遠藤は昭和三陸津波の復興において漁村住宅の規格平面を設計した人物で、[8] 共に東北更新会宮城支部の中心的存在だった。広渕沼開墾地・短台開墾地の調査は昭和十一年六月十四、十五日に実施され、その成果は「宮城県桃生郡広渕開墾地住宅並登米郡短台開墾地住宅調査報告」としてまとめられている。[9]

この報告書は、東北地方農山漁村住宅改善調査委員会に資料として提供され、小倉・遠藤も臨時委員として参加している。[10] 報告書は、同潤会嘱託技師の竹内芳太郎の手を経て工学院大学学術情報センター工手の泉に収蔵されて現存し、かつ竹内が翌年二月に現地を視察して撮影した写真も残されている。[11] さらに小倉強らの調査成果は、同潤会が昭和十四年に刊行した『東北地方郷土住宅誌』[12]の宮城県

図2-3-2　小倉強（左、東北大学大学院工学研究科都市・建築学専攻所蔵、野村俊一ほか編『学都仙台の近代 高等教育機関とその建築』東北大学出版会、2022年より）

図2-3-1　十五浜村雄勝 震嘯復興住宅（工学院大学学術情報センター工手の泉 竹内芳太郎コレクション所蔵）

の項にも収録された。

このふたつの開墾地は、平成二十三年（二〇一一）の東日本大震災で被害を受けて建て替えが急速に進行し、移住家屋はほとんど残されていない。東北更新会が注目し、その後の東北地方農山漁村住宅改善調査でも取り上げられたふたつの開墾地の住まいを、小倉強や竹内芳太郎の視線を通してみてみたい。

## 2 広渕沼干拓と短台谷地の開墾

### ■ 宮城県による広渕沼の干拓事業

まず、ふたつの開墾地の事業経過をみておきたい。

広渕沼[13]は、宮城県桃生郡の西北部、広渕村・前谷地（まえやち）村など五カ村にまたがる広大な溜池だった〈図2-3-3〉。寛文二年（一六六二）、伊達藩の命により灌漑用水として計画されたもので、元から存在した「深池」と呼ぶ湖沼を母体に、周囲の湿地に堤防を築いて遠田郡の名鰭（なびれ）沼から水路を引くという大土木工事によって建設された。当時は「大堤」と呼ばれた。

周辺の新田開発に貢献したが、近代に入ると元々水位が低かったこの溜池を耕地に充てたいという希望が前谷地村の農民たちから起こり、明治二十年代から宮城県に対して広渕沼の借用が繰り返し申請されたが、許可されなかった。

大正期に入ると、河川改修により灌漑用水を広渕沼以外から得る目処が立った。そこで、大正七年（一九一八）の米騒動を契機に宮城県が県営事業として干拓を計画、大正

図2-3-3　干拓前の広渕沼（『開墾地移住ニ関スル調査 第一輯』農林省農務局、1930年より）

九年に県議会で承認を得て、翌十年から事業を開始した。

事業は、まず代替えの灌漑用水の確保から開始、旧北上川から用水を引き入れるため佳景山（かけやま）に機関場〈図2-3-4〉を設置すると共に、干拓のための排水路を建設した。大正十三年から開田に着手し、昭和三年（一九二八）に完成、総面積は官有地六四〇町歩、民有地一三八町歩に及ぶ。事業所長には、大正十年に安田三郎、大正十五年に清水成穀が就任、昭和二年に就任した三代所長・高野一司（かつじ）は、前章でみたように昭和八年に岩手県宮岩崎開墾地の事務局長に就任しており[14]、各県の開墾指導に深く関与した人物だった。

宮城県は、平行して入植者の募集を開始、まず前記の河川改修によって移転を余儀なくされた住民を優先した。他県・他地区からの申込者は定員の数十倍に達したといい、家屋建設などの資力がある農民を選抜した。大正十三年から昭和三年までに一三〇戸が入植している[15]。干拓地は全て農地に充てて、集落の用地は県が広渕沼南岸の土地を大正十四年に購入、これも含めて広渕・須江・前谷地・北村の四地区に計九部落が設けられた[16]〈図2-3-5〉。最大の広渕砂押集落は七一戸で、広渕柏木一六戸、前谷地赤羽一四戸がこれに次ぐが、須江や北村では入植が一、二戸のみの地区もあり、入植者だけで集落を構成するのではなく、既存農家と混在した点に特徴がある。

同様に干拓地の耕作も、入植者だけではなく近隣農家の希望者四五九戸を受け入れ、入植者には一戸当たり一町五反歩三二四町

図2-3-5　広渕沼開墾地 配置図（国土地理院地図をもとに作成）

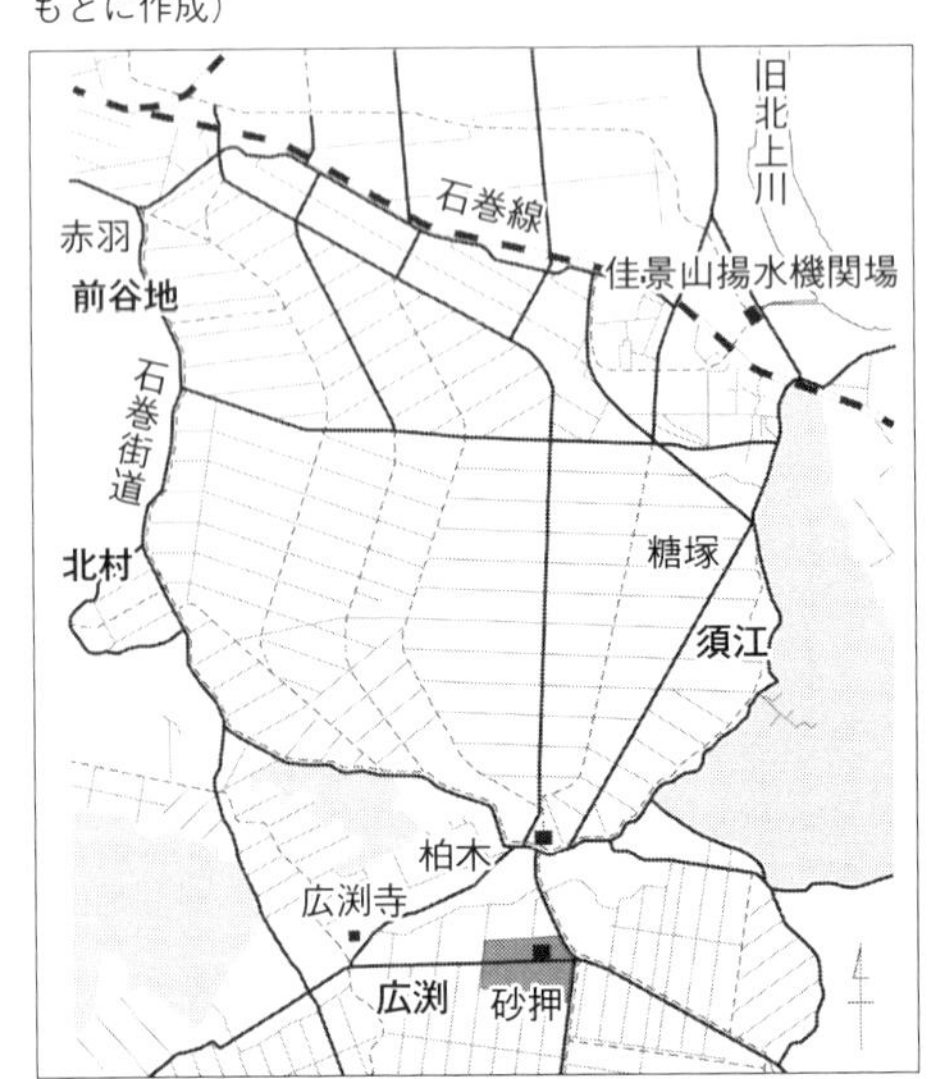


図2-3-4　佳景山揚水機関場（『開墾地移住ニ関スル調査 第一輯』農林省農務局、1930年より）

歩、既存農家には約半分の五反歩二二九町歩が割り当てられた[17]。さらに既存農家を含む二六〇名余りで大正十四年に産業組合広拓社を組織、経済向上と福利増進、作業の共同化を図った[18]。なお、宅地と耕地は当初は県の所有で、入植者は県に小作料を払ったが、その額は収穫高の約五割と高かったことから、広拓社を中心に耕地の払い下げを交渉し、昭和十五年に自作農に転換した[19]。

入植者と既存農家が共同で使用する共同建造物も設置されている。まず広拓社の中心機能は最大の砂押集落の一角に置かれ、農業倉庫・共同作業場〈図2-3-6〉のほか、昭和四年には組合事務所を兼ねた農業会館が建設された[20]。農業会館は写真[21]〈図2-3-7〉によると洋風二階建てで、冠婚葬祭や会合、講演会、活動写真の上映などに用いられた。さらに昭和五年には、農閑期の講習に用いる無料の共同宿泊所を佳景山の機関場近くに設置、同年に柏木前に掘削した井戸を水源として電気モーター・給水タンク等を備えた簡易水道を整備している[22]。

託児所は、広渕地区に干拓前から存在した広渕寺の住職が、本堂を使用して大正十五年七月に農繁期の「簡易託児所」を開設したことに始まる[23]。入植者らは「実況ヲ目撃シ幼児保育上其ノ効果甚大ナルモノアル」とその必要性を実感し、昭和五年には開墾地移住奨励金の交付を受けて境内に託児所「隣保館」を新築した。農繁期の六月〜十一月の六カ月間開所され、昭和十年度までの六年間の利用者は延べ七万人強にのぼった。一日平均七〇人ほどの幼児を預かったことになり、若夫婦で入植する開墾地の生活を支える必要不可欠な施設だったといえる。この隣保館の建物は近年取り壊されたが、現在も「広渕沼保育所」として運営が続けられている。

図2-3-6　広渕沼開墾地 共同作業場（『開墾地移住ニ関スル調査 第一輯』農林省農務局、1930年より）

図2-3-7　広渕沼開墾地 農業会館（同右）

## ■耕地整理組合による短台谷地の開墾

一方、短台谷地[24]（登米郡米山村、現登米市）は広渕沼の北方に位置し、北上川と迫（はさま）川に囲まれた細長い湿地帯である。近世には大部分が伊達藩の直轄地だったことから、明治維新後は官有地となり、明治二十二年（一八八九）に御料地に編入された。北上川の氾濫時の浸水を防ぐため、内務省はこの地区を遊水地に指定していたが、明治四十四年から北上川の改修工事に着手したことで、農地への転換が可能になった。

さらに、大正七年（一九一八）には宮内省が不要御料地の処分を進める不要存御料地処分令を発表、米山村が大正十二年に払下げを受けた。この土地を大正十五年に競争入札で取得したのが和歌山県出身で朝鮮の干拓・開墾事業で成功した松山常次郎である[25]。松山は、ほか三名と共同で開墾計画・測量に着手、昭和二年（一九二七）に短台耕地整理組合を設立した。昭和四年の着工後、資金難で払下げの分納金の支払いが滞って一時中断したが、新潟県出身の土木請負業・高鳥順作の出資により事業が継続され、昭和五年に高鳥が組合長に就任した[26]。このため短台の開墾地は、最初に開墾事業を実施した松山常次郎が所有する「松山分」と、昭和五年以降に関与した高鳥順作が所有する「高鳥分」に二分され、それぞれ日高見農場・高鳥農場と呼ばれている[27]。

入植者は年度別に募集され、初年度の昭和六年には各地から二〇〇〇戸以上の申込が殺到、身元調査を踏まえて選抜し、工事の進捗状況に合わせて移住許可が出された。昭和十一年の開墾事業終了後、昭和十三年までに計二八二戸・一三〇〇人余

図 2-3-8　短台開墾地 配置図（国土地理院地図をもとに作成）

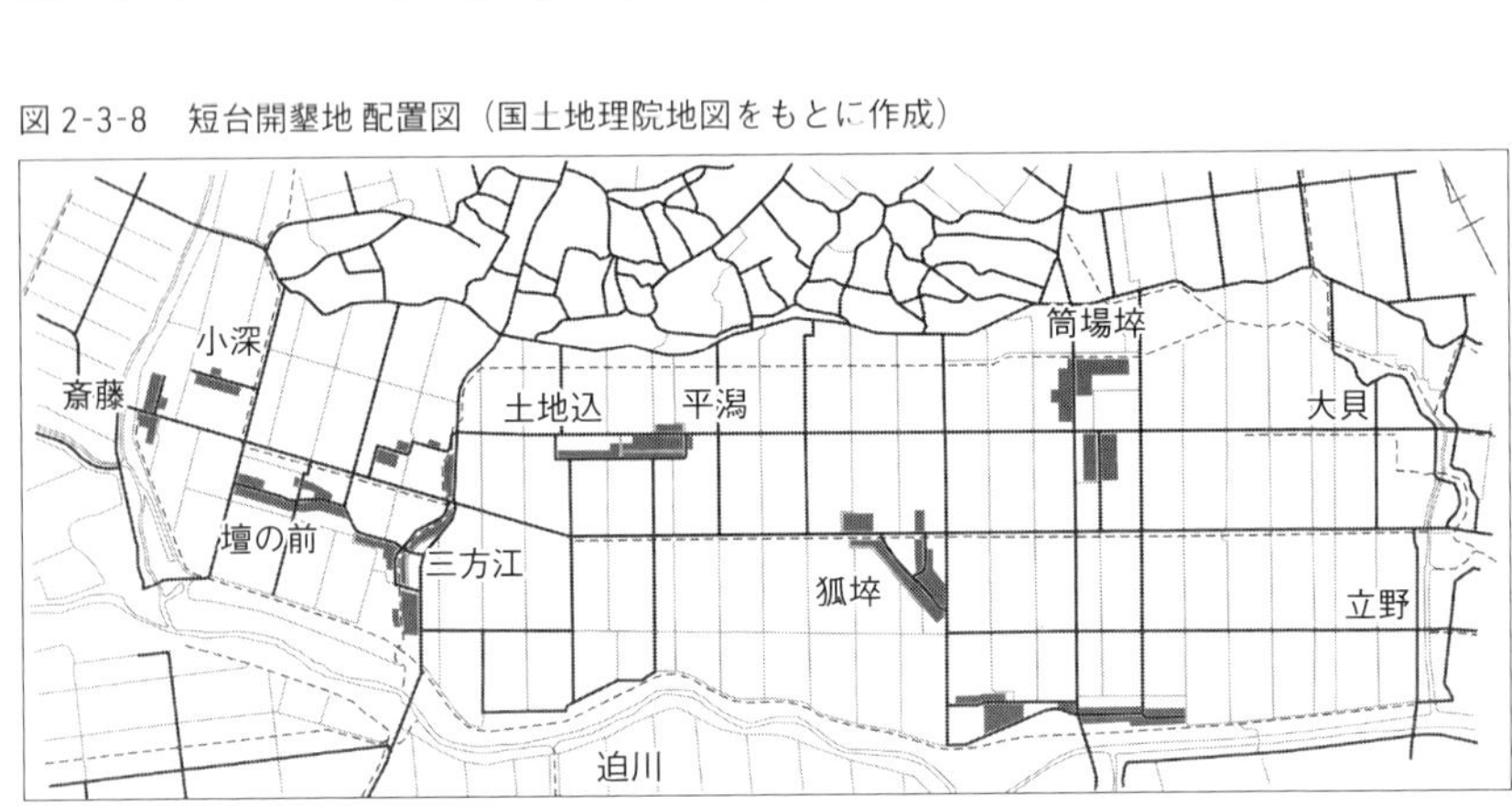

りが入植、宮城県内のほか新潟県二四名、富山県二七名など県外からの移住者も二割を占めた[28]。

　耕地計画は、東西に細長い谷地を分断する既存の県道三本を基軸とし、これに平行して九尺幅の道路を九本、さらに六尺道路を八〇間間隔で新設した[29]。耕地は、長辺四〇間・短辺一五間の短冊型で、一戸当たり平均田二町四反歩、畑一反五畝歩が割り当てられた。谷地の西寄りが松山分、東寄りが高鳥分で[30]、西から順に斎藤・小深・壇の前・三方江（さんぼうえ）・土地込（とちごめ）・平潟・狐埣（きつねそね）・猪込（ししごめ）・筒場埣（どうばぞね）・大貝・立野の十一集落が設けられた〈図2-3-9〉。

　集落は、広渕沼開墾地とは異なり、各地区の耕地の中心に移住家屋が密集する。宅地は、高鳥分では概ね格子状の道路に沿って位置するが、土地込地区では道路の左右に縦列し、筒場埣地区では二列の矩形、狐埣地区では道路から四五度方向に並べるなど地区ごとに異なる〈図2-3-9〉。『短台開墾史』[31]によると、宅地の配置は「主要道路に隣接し風向、飲料水、下水等、火災衛生にも留意」して決定したという。一方、松山分の斎藤・壇の前では、開墾以前から存在した水路や道に沿って緩やかな曲線を描いて一列に並び〈図2-3-10〉、両者の計画の相違をみることができる。

　開墾の中心となる耕地整理組合の事務所は、松山分の日高見農場では三方江、高鳥農場では平潟に置かれ、洋風の事務所棟のほか、共同倉庫や作業場、乾燥室・機関庫などが設けられた。事務所棟の二階の大広間は、入植者の冠婚葬祭や娯楽、講演・集会の場としても使う計画だった[32]。このうち高鳥農場の事務所棟〈図2-3-12〉は、後に図書館として利用され、平成二十八年（二〇一六）の調査時点では現存していたが、その後取り壊された。

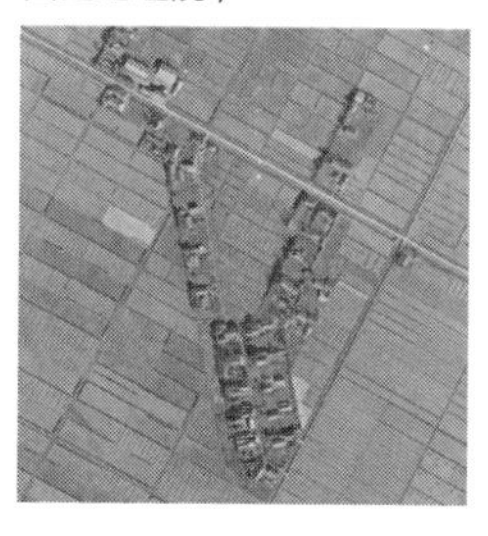

図2-3-9　短台開墾地 狐埣地区 空中写真（1961年、国土地理院）

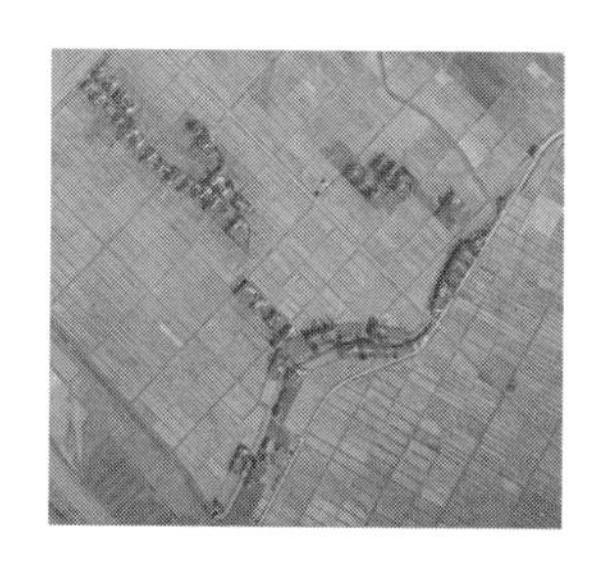

図2-3-10　短台開墾地 斎藤・壇の前地区 空中写真（同右）

図2-3-11　短台開墾地 高鳥農場事務所棟（2016年撮影、現存せず）

# 3 理想的農村住宅の建設と小倉強の評価

## ■県営広渕沼開墾地の移住家屋

移住家屋の姿をみていこう。

まず県営広渕沼開墾地の移住家屋は、『開墾地移住ニ関スル調査 第一輯』[33]によると

従来ノ農村住宅ハ非衛生的ナルモ、時代ノ進運ニ伴ヒ衛生及室内利用方面ヲ考慮シ建築セルヲ以テ、農村住宅トシテハ理想ニ近キモノト謂フヲ得ヘク、従テ安住ノ基礎モ茲ニ漸ク確立セルモノノ如シ

とあり、衛生面や利便性の改善を重視し、農村住宅の理想像を目指したとする〈図2-3-12〉。一般に、県営開墾の場合、山形県営萩野開墾地や岩手県営岩崎開墾地にみるように、県が共通した形式で移住家屋を用意する場合が多いが、広渕沼開墾地では既存家屋と混住した地域は各自が建設したとみられる。建設に際しては、一戸当り三〇〇坪前後の宅地を無償で貸与され、開墾地移住奨励制度により建坪一五坪以上、建築費六〇〇円以上を条件に国の補助金二〇〇円、宮城県の奨励金一〇〇円の計三〇〇円が交付された[34]。農林省の記録によると、補助金の交付数は大正十四年（一九二五）から昭和三年（一九二八）に計一三七戸で[35]、既存農家の移転も含めた全戸に交付されたことになる。

小倉強らの調査報告書には、広渕沼開墾地のうち砂押地区の集落配置図と三戸分の配置・平面図が収録されている〈図2-3-13、14〉。砂押地区は、県が用地を準備して集落を構えた地区で、間口一〇間・奥行三〇間の宅地が整然と並ぶ。三戸は大正十四年の

図2-3-12　広渕沼開墾地 砂押部落遠景（『開墾地移住ニ関スル調査 第一輯』農林省農務局、1930年より）

建築とされ、各々主要道路との関係が異なり、平面も若干の差はあるものの、一定の基本形が用意されたと推測できる。

図面によると、各戸は間口が狭く奥行が深い短冊型の敷地で、周囲にアカシアやポプラが植えられた。ここに母屋と別棟の作業場・廐が横一列に並び、南面または東面する。廐と生活空間の分離は、衛生上の見地から推奨されていたもので、調査を担当した宮城県技師の遠藤盛は、宮城県で開かれた東北地方農山漁村住宅改善調査の第四回委員会に参加し、県の住宅改善の指導方針として「作業場及宿舎を別棟とする」ことを挙げている(36)。さらに広渕沼開墾地では作業場の規模が母屋より大きく、廐のみならず作業空間全てを完全に母屋と分けたといえる。

母屋は(37)、切妻造、セメント瓦またはトタン葺で、直線的な屋根が近代的で

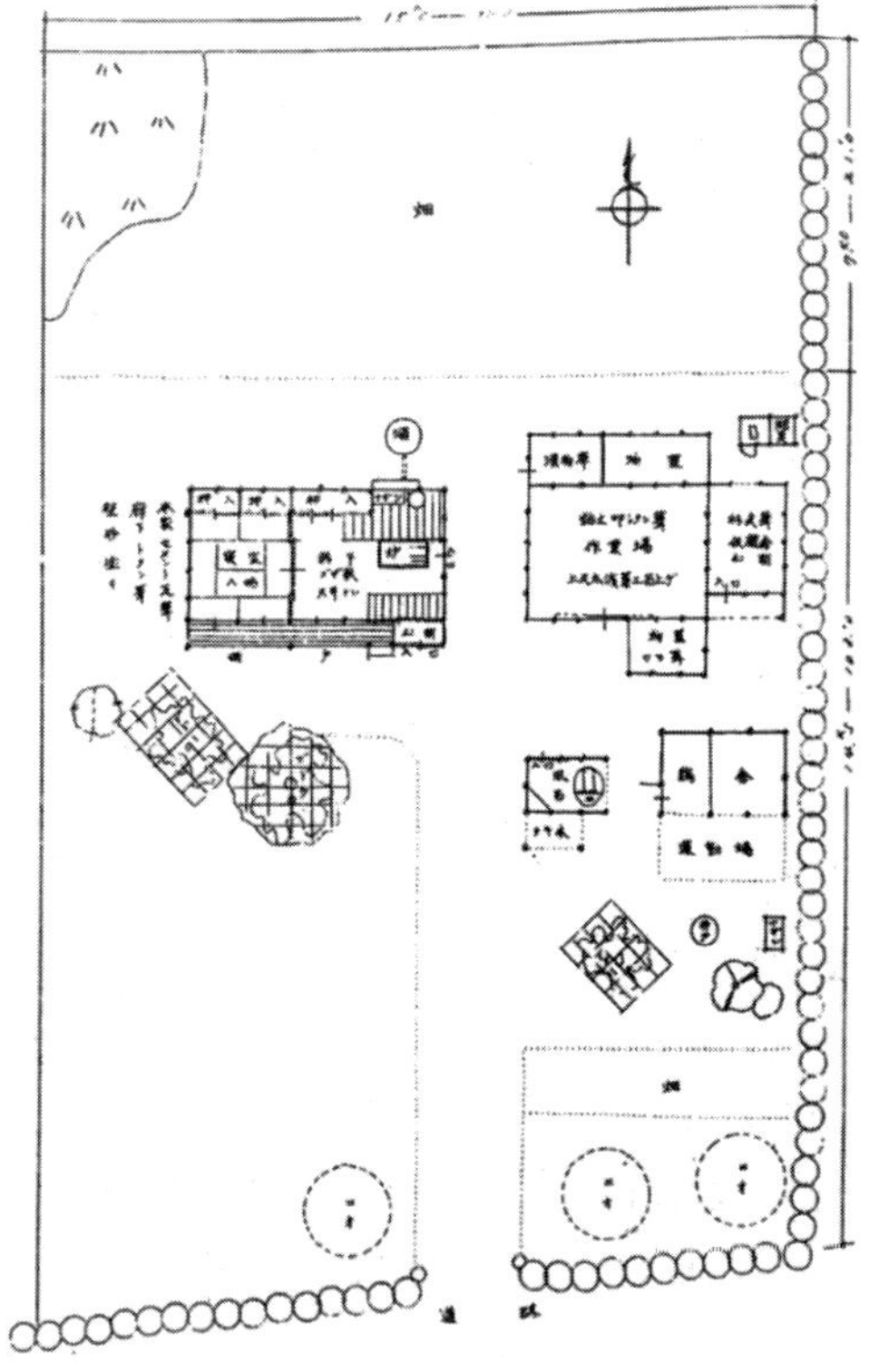

図 2-3-13　広渕沼開墾地 移住家屋（柏木前百番地）（「宮城県に於ける郷土住宅誌」『東北地方郷土住宅誌』同潤会、1939 年 より）

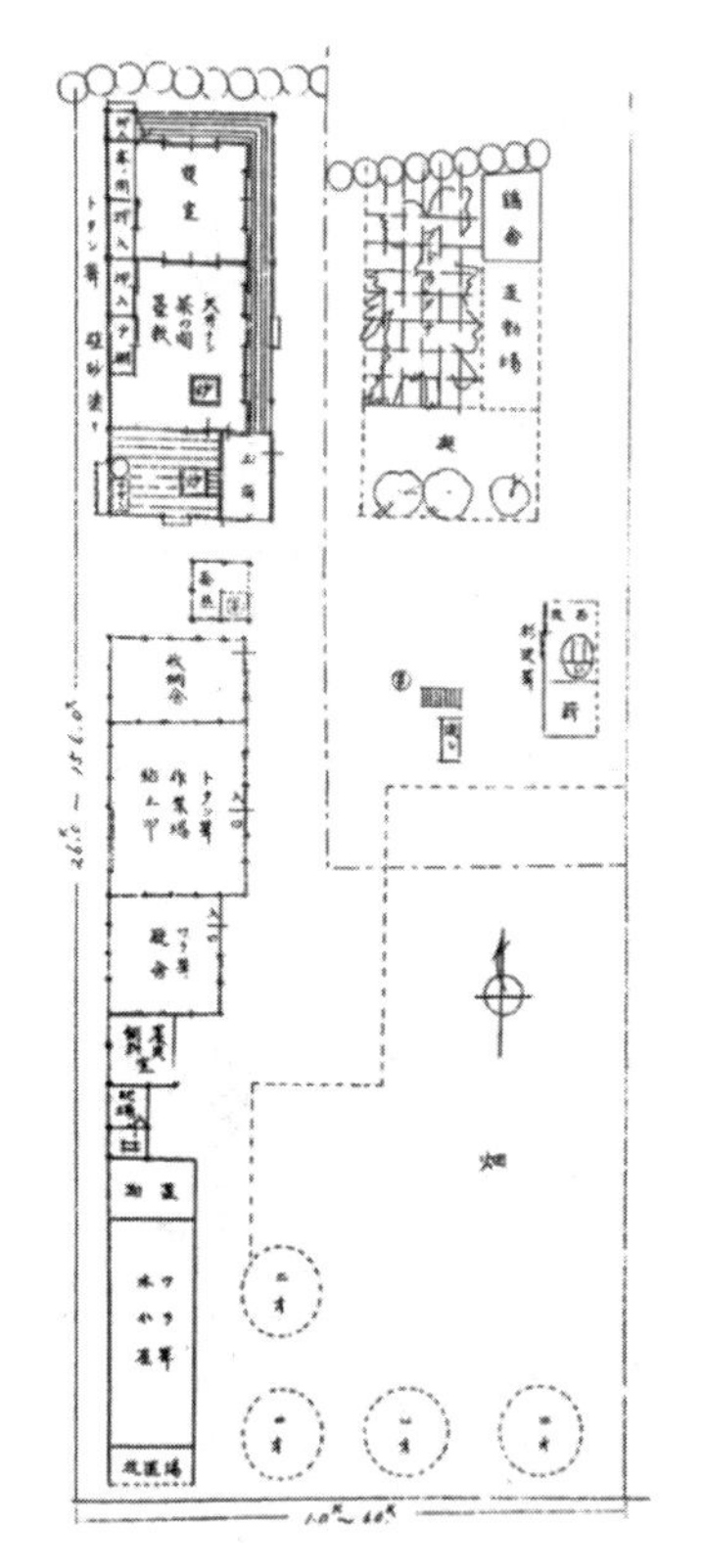

図 2-3-14　広渕沼開墾地 移住家屋（柏木前二十番地）（同右）

ある〈図2-3-15〉。面積は一五坪から二〇坪程度まで幅があるが、共通するのは梁間が三間と狭く、畳間二室と板間が横一列に並ぶ平面を採る点、土間が踏み込み程度で狭い点が挙げられる。炊事場を板敷上に構え、土間と床上の両方から使える東北特有の割囲炉裏を備える。

この母屋について小倉強は、報告書において、「母家と作業場、厩が分離されてゐる」「採光に関しては窓面積も多く申分はない」「台所、戸棚等室内設備は一般に整頓してゐる」ことを評価する一方、一列型の平面を問題視している。一列型では「裏座敷」がなく、納戸も取れないこと、背面側を押入や床の間で塞ぐため通風が不十分になること、増築する場合、横に連ねることになり不便であることなどを理由として挙げており、「広渕沼開墾地住宅は間取に於て考慮の余地がある」とした。

## ■短台開墾地の移住家屋

一方、短台開墾地の移住家屋は、『短台開墾史』によれば松山分では入植者が個々に建設し、形式が統一されなかったが、高鳥分では甲乙二種の形式で高鳥農場が建設し、建設費を十カ年賦で償還する方法を採った。敷地はいずれも一戸当り間口二〇間・奥行三〇間と広いが、純粋な宅地は一五〇坪で、開墾事業終了後に無償で交付された[38]〈図2-3-16〉。なお、国の移住奨励補助金の交付は、農林省の記録によると昭和五年（一九三〇）から昭和十二年の計八七戸で[39]、入植戸数二八二戸の約三割に留まった。

小倉強らの報告書には、短台開墾地のうち、高鳥分の筒場埣・狐埣の集落配置図と各々の移住家屋の平面図・立面図〈図2-3-17～20〉が掲載されている。筒場埣は昭和八年、狐埣は昭和九年の建築で、「二例は公の指導によるもの」と説明されることから、これ

図2-3-15 広渕沼開墾地 移住家屋（工学院大学学術情報センター工手の泉 竹内芳太郎コレクション所蔵）

図2-3-16 短台耕地整理組合「完成田ト移住家屋」（地形から高鳥分の土地込地区とみられる）（『耕地拡張改良事業要覧 第九次』農林省農務局、1934年より）

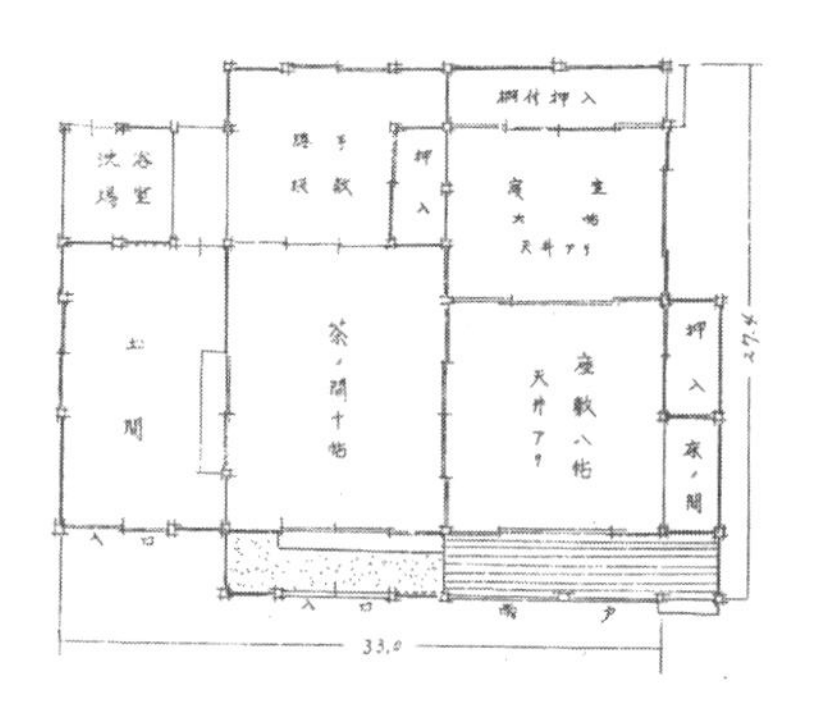


図 2-3-19　宮城県短台耕地整理組合 移住家屋平面図（筒場埣部落）（同右）

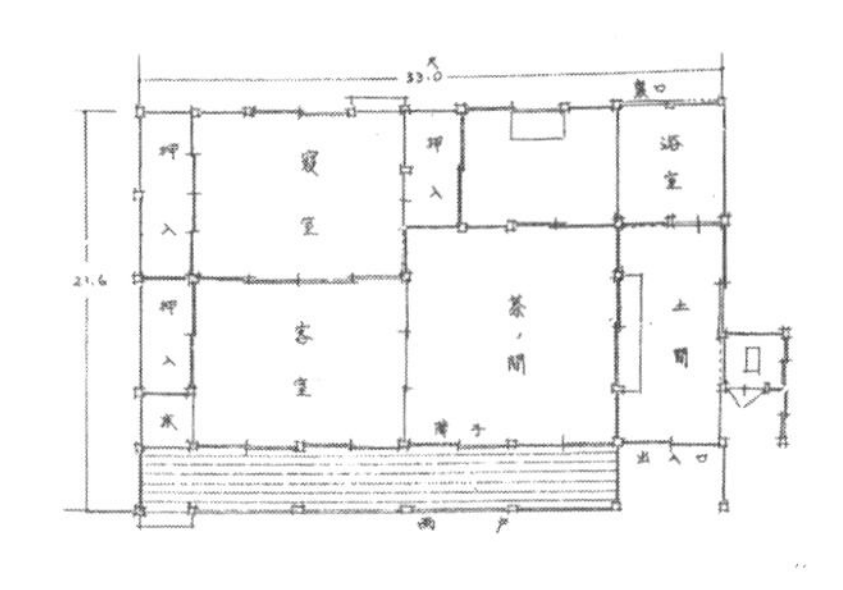


図 2-3-17　宮城県短台耕地整理組合 移住家屋平面図（狐埣部落）（「宮城県に於ける郷土住宅誌」『東北地方郷土住宅誌』同潤会、1939年より）

図 2-3-20　宮城県短台耕地整理組合 移住家屋立面図（筒場埣部落）（同上）

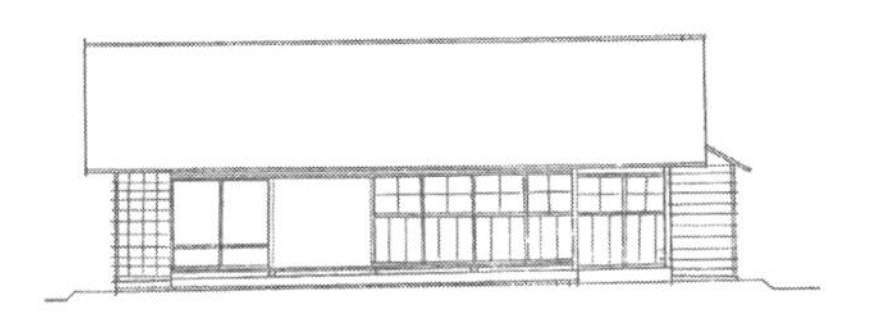

図 2-3-18　宮城県短台耕地整理組合 移住家屋立面図（狐埣部落）（同上）

図 2-3-22　宮城県短台耕地整理組合 移住家屋（筒場埣部落）（同右）

図 2-3-21　宮城県短台耕地整理組合 移住家屋（狐埣部落）（工学院大学学術情報センター工手の泉 竹内芳太郎コレクション所蔵）

が高島農場が定めた甲種・乙種に当たると考えられる。建設費は筒場埣が約一〇〇〇円、狐埣が約九〇〇円とあり、一七・五坪の作業場・厩を別棟で附属し、宅地の周囲にはポプラが植えられた。

母屋は、直線的な切妻屋根で、屋根材のスレートは県内の雄勝地方で産出する地場材である〈図2-3-21、22〉。前面に硝子戸が一列に並び、腰板張りは積雪に配慮したものだろう。写真では床高がかなり低く、小倉も「床高一尺二寸は低きに過ぎ、一尺五寸以上を要する」とした。

規模は筒場埣が一九・七五坪、狐埣が二四・五坪で、広渕沼開墾地よりやや広く、畳敷の茶の間・座敷・寝室と板敷の勝手の四室から成る、いわゆる食違い四間取の平面である。また炊事場を板敷に設ける点は広渕沼開墾地と共通するが、土間が広く、全体として在来民家の平面を彷彿とさせる。

小倉は、筒場埣の移住家屋については「建物の輪郭が凹凸が多すぎる」と苦言を呈するが、狐埣は「極めて好適で且つ建物の輪郭も簡明である」とし、四間取の平面について「将来増築にも便利で、余等の考へる理想形」と述べる。総評として、

此新住宅は大体に於て旧来の欠点を改善したものと考へられ、推奨に値するものである。（中略）構造細部、意匠或は衛生條件等一層考究を続けていったならば、模範的改善住宅が確立されるであろう。

と高く評価した。

## ■郷土色を継承した新住宅像

この広渕沼と短台の移住家屋の評価の差には、小倉強の農村住宅改善に対する考えが

表れている。

小倉は、昭和十一年（一九三六）八月に農山漁村住宅改善調査の宮城県委員会において、民家研究者の立場から宮城県の在来の農山漁村住宅について説明し[40]、特徴として「田の字型の間取」を挙げている。さらに、「其の土地に非常によく似合つて出来上がつたものが今日の農村の住宅」であり、「若し生活の形式がさう変つて居らないならば、其の祖先が持つて来ました所の形式を受継いで行つた方が間違ひがない」と述べ、「郷土色の保存」を推奨した。

つまり小倉にとって、四間取型の平面こそ土地に受け継がれた適切な形式であり、広渕沼開墾地の一列型の平面は「郷土色」を無視した不都合が多い形式と考えたとみられる。冒頭で述べた通り、東北更新会宮城支部が昭和十一年に開催した「農家住宅改善勧奨移動展覧会」に、広渕沼開墾地ではなく、短台開墾地の移住家屋の模型だけが出品されたのは、この小倉の評価に基づくのだろう。

郷土色の継承は、農商務省（農林省）の考えとも一致する。第1部第1章でみた通り、農商務省が大正九年（一九二〇）の開墾地移住奨励制度の創設時に示した「家屋建築上ノ注意[41]」では、作業場・畜舎の別棟化や通風・彩光・保温への配慮と並んで「家屋建築ハ各地方ニ適応セル型式ニ依リ成ルヘク附近ニ於テ得易キ材料ヲ使用スルコト」を挙げ、地方に順応した形式と入手しやすい材料の使用を指示している。これは昭和四年（一九二九）に通達した「開墾地移住奨励ニ関スル注意事項[42]」でも同様で、「移住家屋ノ建築ハ地方普通農家ニ準シ最新考案ヲ加ヘタル設計」として、地元の農家に準じた設計を良しとした。

農林省が移住家屋の模範例として「開墾地移住家屋及仝附属家設計図例」を発表した

のは昭和五年で、[43]ちょうど広渕沼開墾地の入植完了と、短台開墾地の入植開始の間に当たる。この「設計図例」の平面がやはり四間取だったのは、日本の在来民家で最も広く分布する形式だったためとも考えられる。

広渕沼開墾地の一列型から、短台開墾地の四間取型への変化は、農林省が推奨した、都市型住宅とは異なる農村住宅ならではの改善像を体現したといえるだろう。

（小沢朝江）

(1) 東北更新会については、「宮城県における東北更新会」弘前学院大学社会福祉学部研究紀要（8）、七〇―七七頁、二〇〇八年三月など。
(2) 黒石いずみ『東北の震災復興と今和次郎―ものづくり・くらしづくりの知恵』平凡社、二〇一五年。
(3) 東北更新会『東北更新会各支部及分会施設事業情況 昭和十一年度』東北更新会、一九三七年、一―六頁。
(4) 阿部憧子・小沢朝江「昭和三陸津波における宮城県十五浜村雄勝の住宅復興「理想的漁村」としての集落計画・住宅の実態と特徴」日本建築学会住宅系研究報告会論文集一七号、二〇二二年、二八一―二八八頁。
(5) 注3に同じ。「住宅改善勧奨移動展覧会出品物点数」として「実物大台所模型」「集団農耕地住宅模型」「登米郡米山短台住宅模型」「桃生郡十五浜村漁村住宅模型」「養蚕地住宅模型」などが挙げられている。
(6) 小倉強の経歴は、堀勇良『日本近代建築人名総覧』中央公論新社、二〇二一年、三〇七頁。
(7) 遠藤盛の経歴は、注6『日本近代建築人名総覧』二一七頁。
(8) 注7に同じ。
(9) 「宮城県桃生郡広渕開墾地住宅业登米郡短台開墾地住宅調査報告」東北更新会宮城支部、一九三七年三月。工学院大学学術情報センター工手の泉 竹内芳太郎コレクション所蔵。
(10) 『東北地方農山漁村住宅改善調査委員会議事録集』同潤会、一九三七年、九―一〇頁。
(11) 工学院大学学術情報センター工手の泉 竹内芳太郎コレクション所蔵。
(12) 小倉強「宮城県に於ける郷土住宅誌」『東北地方郷土住宅誌』同潤会、一九三九年、一七一―一八五頁。
(13) 広渕沼干拓の沿革については、宮城県史編纂委員会編『宮城県史 第8（土木）』宮城県史刊行会、一九五七年、二一五―二三二頁、および小野寺文夫編『広渕沼干拓五十年のあゆみ』広渕沼土地改良区、一九七七年。
(14) 注13『広渕沼干拓五十年のあゆみ』二七〇頁。
(15) 注13『宮城県史 第8（土木）』二二八―二三二頁。
(16) 注13『広渕沼干拓五十年のあゆみ』七〇―八四頁。

(17) 注15に同じ。
(18) 注13『広渕沼干拓五十年のあゆみ』九九—一〇五頁。
(19) 注13『広渕沼干拓五十年のあゆみ』一二〇—一二九頁。
(20) 農林省農務局編『開墾地移住ニ関スル調査 第三輯』農林省農務局、一九三八年、一二七—一二九頁。
(21) 農林省農務局編『開墾地移住ニ関スル調査 第一輯』農林省農務局、一九三〇年、挿図。
(22) 注21『開墾地移住ニ関スル調査 第一輯』八七—八九頁。
(23) 注20『開墾地移住ニ関スル調査 第三輯』一三三—一三四頁、注21『開墾地移住ニ関スル調査 第一輯』八八頁、注13『広渕沼干拓五十年のあゆみ』六八—六九頁。
(24) 短台谷地の開墾については、注13『宮城県史 第8（土木）』一九九—二〇八頁、および『短台開墾史』米山町役場、一九六八年。
(25) 注24『短台開墾史』七〇—七一頁。
(26) 注24『短台開墾史』七九—八二頁。
(27) 注24『短台開墾史』八五—八八、九五—九七頁。
(28) 注24『短台開墾史』一五一—一五二頁所収の「事業設計大要」によると、「近隣は勿論福島、山形、岩手の諸県及北海道の各地より移住申込者非常に多く昭和六年に既に二千戸に達す」とある。
(29) 注13『宮城県史 第8（土木）』二〇四—二〇五頁。
(30) 注27に同じ。
(31) 注24に同じ。
(32) 注24『短台開墾史』九五—九六頁、および宮城県米山農業高等学校記念誌発刊委員会編『米山農高十年史 創立十周年記念史』宮城県米山農業高等学校、一九八〇年、五頁。
(33) 注21『開墾地移住ニ関スル調査 第一輯』八八頁。
(34) 注13『広渕沼干拓五十年のあゆみ』六四—六五頁。
(35) 注20『開墾地移住ニ関スル調査 第三輯』三一一頁。
(36) 注10『東北地方農山漁村住宅改善調査委員会議事録集』二一三—二一四頁。
(37) 注13『広渕沼干拓五十年のあゆみ』六四—六五頁。
(38) 注24『短台開墾史』八三—八四頁。
(39) 注20『開墾地移住ニ関スル調査 第三輯』と『宮城県耕地拡張改良事業要覧』（宮城県経済部耕地課編、一九三七年）で年度毎の戸数が一部異なるが、前者を採用した。
(40) 注10『東北地方農山漁村住宅改善調査委員会議事録集』二〇七—二一三頁。
(41) 農商務省食糧局『開墾及耕地整理主任官会議要録 大正9年』農商務省食糧局、一九二〇年、二八—二九頁。
(42) 注20『開墾地移住ニ関スル調査 第三輯』一二一—一三頁。
(43) 農林省農務局編『開墾地移住ニ関スル調査 第二輯』農林省農務局、一九三八年、二四〇頁挿図。

第4章

# 農村指導者教育と開墾――福島県矢吹原開墾地

## 1 日本三大開拓地矢吹原

### ■行方原から矢吹原へ

日本人は「三大〇〇」といったように、物事を三つに括って紹介することを好む傾向がある。日本三景、三大名園、三大夜景などがその代表例であるが、本書で紹介する開拓地も同様に「日本三大開拓地」として知られている。それは、青森県十和田市の三本木原、福島県矢吹町を中心とする矢吹原、宮崎県川南町の三地区である。

これらの地域は、戦後の大規模な国営開拓事業の成功例として、旧農林省が発行した『戦後開拓史』に掲載され、「日本三大開拓地」として正式に認定されたものである。さらに、平成十四年（二〇〇二）には「日本三大開拓地サミット」が開催され、先人たちの業績を学び、称えるとともに、その精神を後世に伝えるための共同宣言が採択されている。このサミットを契機に、小学生同士の相互交流が行われるなど、開拓地の歴史や誇りを活かしたまちづくりが進められている。以上のように、三大開拓地は日本の開拓史において重要な役割を果たしており、その意義は現在も地域社会に深く根付いている。

本章で取り上げるのは、開拓地サミットの会場となった福島県矢吹原開墾地である(1)

〈図2-4-1〉。

矢吹原開墾地は、福島県西白河郡矢吹町を中心に、阿武隈川とその支流である釈迦堂川、隈戸川に挟まれた地域で、現在の須賀川市、鏡石町、泉崎村、中島村の一部にまで広がる、南北約一五キロ・東西約八キロに及ぶ広大な地域である〈図2-4-2〉。この地域は洪積台地に位置し、水利が悪いため、中世には「行方原（ゆきかた）」「行方野」と総称され、不毛の原野とされた〈図2-4-3〉。この原野の開拓は、地域住民だけでなく、福島県全体の長年の悲願であった。

この地の開発を促進するきっかけとなったのは、明治九年（一八七六）の明治天皇の東北巡幸である。矢吹原の広大な原野を視察した明治天皇が、開墾を進めるよう側近に指示したことで、明治十三年に宮内省御開墾所が六軒原（現鏡石町）に開設され、宮内省の直営農場（現岩瀬牧場）として矢吹原開拓の第一歩が踏み出された。明治十八年には正式に宮内省の管轄となり、明治二十四年には岩瀬御猟場が設置された。この御猟場は、大正十四年（一九二五）まで皇族や名士が訪れる天皇の狩猟地となり、「行方原」から「矢吹原」へと名称が変わり、全国にその名が広まる契機となった。

## ■失敗に終わった士族開墾事業

宮内省による開拓に並行して士族授産事業の開墾も同時期に開始されている。福島県では、明治期の士族開墾は「五百戸移住」と呼ばれ、旧藩の士族移住者を奨励し、官有原野の割当や開墾費用の補助に加え、移住者には旅費や移住家屋の補助、肥料代、農具・農馬などが提供された。開墾が終了すると、その土地は入植者の所有となる仕組みであった。この事業の最大規模は安積開拓（現郡山市）であったが、矢吹原においても同様に、

図2-4-1
矢吹原開墾地風景　弥栄地区、昭和48年撮影（『目で見る矢吹町史』矢吹町、1988年）

明治十五年（一八八二）に十軒原に二戸、八幡原に三戸の士族が入植し、本格的な開墾事業が開始された(2)。

しかし、水利の悪さから水田を開くことができず、入植した家族はいずれも期待した成果を得られなかった。このため、大和久（おおわぐ）（現矢吹町）の大庄屋の次男である星吉右衛門は、明治十八年に「西水東流」という構想を立て、子孫のために豊かな農業の基礎を築こうとした。この構想は、会津方面に流れる鶴沼川の水を天栄村羽鳥地区に堰堤を設けて貯留し、そこから東側の矢吹原に隧道を通じて流すことで、数十町歩に及ぶ美田を造るという壮大なものであった。明治三十年に二度目の陳情を行ったものの、多額の資金が必要であったことや、協力者が得られなかったことから、この計画は実現しなかった。

このように、明治・大正期における矢吹原は、御猟場としての「開拓」は進んでも、農地としての「開墾」はなかなか進まなかった。具体的な開墾がようやく進展したのは、昭和九年（一九三四）に矢吹原御料地の払い下げが決定した後のことである。これにより、岩瀬御料地と県有地との交換が実現し、先に述べた羽鳥に貯水した水を通す計画を進めることができるようになった。さらに、県有の農地を確保したことで、矢吹原開墾を開墾助成事業として再計画することが可能となった〈図2-4-4〉。

同年、福島県は開墾事務所を設置し、昭和十一年には県営事業として矢吹原開墾が正

図2-4-2
矢吹原の範囲と位置（『水の恵みと矢吹が原』星吉右衛門翁顕彰事業実行委員会、1997年）

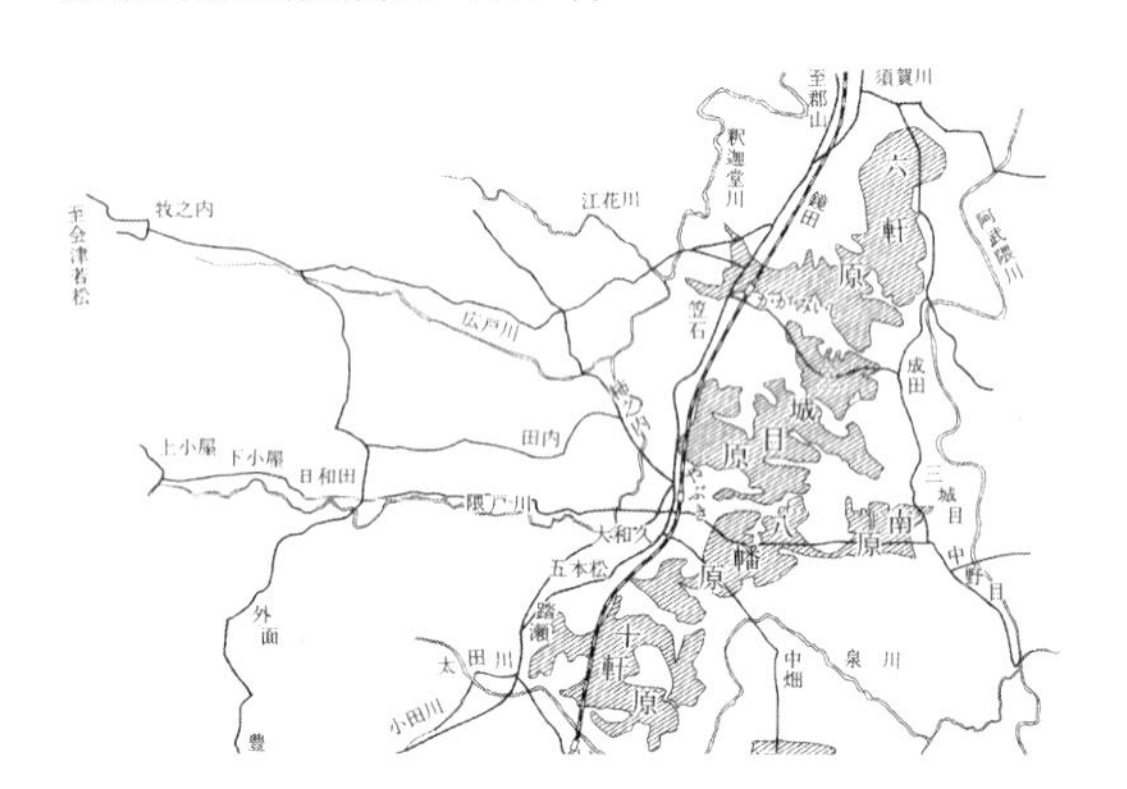


図2-4-3　矢吹原の原風景（『矢吹町史第一巻』矢吹町、1980年）

式に再始動した〈図2-4-5〉。昭和十五年には国営開墾事業へ移行し、さらに昭和十六年には羽鳥ダム建設を核とする羽鳥用水事業が国営事業として発足した。これにより、一気に開墾が進むはずであったが、その直後に太平洋戦争が勃発し、戦争により事業は一時中断を余儀なくされた。

昭和二十一年、戦後の食糧不足を解決するために、灌漑用ダムの早期築造が強く要望され、工事が再開された。昭和三十一年に工事が完了し、地域の悲願であった開田が大きく進展することとなった。

## 2 昭和期の県営開墾と国営開墾

### ■東北地方集団農耕地開発事業による県営開墾

ここまで矢吹原の開墾の歴史を概観してきたが、本章で詳細に取り上げるのは、昭和十一年（一九三六）以降の県営による開墾と、その後の昭和十五年（一九四〇）から始まった国営開墾である。

まず、県営開墾について詳しくみていきたい。この事業は、昭和十一年度から昭和十五年度までの五カ年事業として実施された「東北地方集団農耕地開発事業」の一環として展開されたもので、県営とはいえ政府の補助金をもとにした間接的な政府事業であった。昭和九年、東北地方は冷害による東北凶作に見舞われ、農村は深刻な状況に陥っていた。これを受け、政府は打開策の一つとして、集団農耕適地の開発と優れた移住者の誘致を行い、畑作を中心とした模範的な農業経営と自作農の創設を目指して「東北地

図2-4-4　矢吹原の開墾の様子（『目で見る矢吹町史』矢吹町、1988年）

図2-4-5　矢吹原国営開墾事務所（同右）

方集団農耕地開発事業」を開始し、東北地方の農村救済に乗り出した。

事業に参加した移住者たちは、開墾に従事すると同時に、開墾地での農業経営を担った。彼らは経営面積を拡大しながら、開墾労働に取り組み、耕地からの生産利益を県に納付することで、事業に対する負債を返済した。こうして移住者は土地や家屋の権利を得ることができた。県営に限定されたこの事業は、開発事業による利益を将来の耕作者である移住者に直接還元し、彼らの負担を軽減して安全に自作農を育成することを目的としていた。

実際の事業助成要項をみてみよう。

助成金は、県が行う集団農耕地開発事業に対して、毎年度の予算の範囲内で県に交付されるものであった。該当する事業は、二〇〇町歩以上の集団農耕適地の開墾、および開墾地の経営のために行う土地に関する工事や施設が対象で、その事業に伴う移住家屋や共同建造物の建築にも補助金が交付された[3]。具体的には、開墾事業費の助成金は事業費の四割以内とされ、移住家屋の補助金は一戸当たり三〇〇円以内、共同建造物については建築費の三割以内と定められていた。これらの金額は、昭和四年に改正された開墾地移住奨励制度の規定とほぼ一致している。本事業については、東北地方の開墾地二七地区が選考され、審査の結果一七地区が指定されて展開された〈図2-4-6〉。福島県では、矢吹原が唯一の選定地となった。

では、この事業の特徴は何だろうか。キーワードは「再分配」と「中堅農民の育成」である。

この事業は、東北地方に限定された国庫補助事業である。当時、東北地方では農家戸数が全国平均を上回る速さで急増し、耕地不足が深刻な問題となっていた。東北地方には広大な未開発の農耕適地が残っていたものの、従来の開墾方法では対応が難しく、新たな集団開墾が必要とされていた。そこで、新農村を造成して耕地不足を緩和すると同時に、既存農村からの過剰人口を移動させるため、農民の移住を伴う「東北地方集団農耕地開発事業」が行われた。

当時の農林省耕地課長である片岡謙は、「土地より見れば集団農耕地の開発事業であるけれども、人よりみれば圏内移民である。[4]」と述べており、東北地方内での農民の移動が重要な目的であったことを示している。そのため、矢吹原開墾地の移住規定では、福島県内に本籍を有し、かつ三年以上県内に居住した農業経験者が入植者の条件とされ[5]、県内の農民を適材適所に再分配する意図が窺える。

もう一つの目的は、質実剛健な農村中堅人物の育成と、その活躍の場を提供することである。農村中堅人物の定義については第3部第1章で詳しく扱うが、当時、農村の更生には、リーダーシップを持つ農民の存在が必要不可欠とされ、各地に「修練農場」が設けられて農業教育が行われていた。しかし、講習を受けた修練生の活躍の場は限られていた。そこで、彼らが修練成果を発揮する場として開墾地が最適とされ、農業教育を通じた農民育成とその実践の場として、開墾地が組み込まれることが本事業の最大の特徴といえるだろう。これにより、耕地面積の拡大や収穫量の増加を目指すだけでなく、恒久的に農村が疲弊しないようにするための、持続可能な農村を築く方策が取られた。こ

図 2-4-6
東北地方集団農耕地開発事業の開墾地区一覧
（地名は『東北地方集団農耕地開発事業』を参照）

のため、集団農耕地への入植者の選定は慎重に行われ、農務局長から地方長官に対し「移住者ノ選定ハ最重要ナル事項」[6]として取り組むよう指導がなされている。

そのため、この事業は東北地方に限定されたものではあるが、集団農耕地を持つほかの地域でも適用可能な仕組みであった。しかし、東北地方やその農民の救済が目的の一つであったため、東北地方を対象に開始されたのである。

## ■悲願の国営開墾

矢吹原の近隣住民は、県営開墾が開始された後も国営開墾を求める運動を継続して行った。昭和十一年（一九三六）、矢吹町長である仲西良三が国営開墾促進を掲げて衆議院議員に当選し、「矢吹原国営開墾促進に関する決議案」を衆議院に提出した。昭和十三年には農林省が係官を派遣して視察し、翌年には閣議決定が行われ、昭和十五年に開かれた第七十五帝国議会で予算が成立し、ようやく国営での開墾が動き出した。

矢吹原における国営開墾事業は、潰廃耕地の補充と自作農の移住促進を目的とし、開田一六〇〇町歩、開畑六〇〇町歩の開墾が行われた。この主要工事は、昭和十五年度から昭和二十一年度にわたる継続事業として国営で実施され、総事業費四七五万五〇〇〇円のうち二四七万五〇〇〇円が国営事業費として計上された。国営以外の普通工事や移住施設に関しては、昭和十六年度から県営および民営で施行され、開墾普通工事の助成金は事業費の四割以内、移住家屋については一戸当たり三〇〇円以内が国から補助された。

矢吹原では、これ以前にも昭和九年の時局匡救事業で畑八ヘクタール、昭和十年の一般開墾助成事業で畑三二ヘクタール、昭和十一年から十四年の東北地方集団農耕地開発事業で田八ヘクタールと畑一六三ヘクタール、住宅七八棟と共同建造物四棟が建設されている。さらに、昭和十六年から二十年の国営事業で畑一九六ヘクタールと住宅七〇棟、昭和二十年には耕地整理組合によって畑二三ヘクタールが開墾された。

したがって移住家屋などの建物に対する助成は、国営化後も県営事業とほぼ同様であったといえ、入植者の自作農としての育成や、畑作を中心とした開墾の基本方針も変わらず維持されたといえる。

## 3 社会情勢を反映した開墾地の様相

### ■県内各地の精鋭が入植

昭和期の矢吹原開墾事業をみていこう〈図2-4-7〉。入植者は四期に分けて募集され、第一期は昭和十一年（一九三六）、第二期は昭和十二年から十六年、第三期は昭和十八年から二十年、第四期は昭和二十年から二十一年である。第一期と第二期は、東北地方集団農耕地開発事業による県営開墾であり、第三期と第四期は国営開墾事業として行われた。これにより、現在の矢吹町・鏡石町・泉崎村にまたがる一七地区に、計二五四名の入植者が集められた。

入植者は、第一期では矢吹町弥栄地区のみ、第二期でも第一期周辺の地区に入植したことから、初期段階では後述する福島県立修練農場[7]に近接し、広大な耕作地を確保できる郊外に居住地が設定されたといえる。しかし、第三期以降になると、修練農場以北の地域に点在するようになり、特に交通の便が良い幹線道路沿いや駅前に立地するようになった。これにより、建設地の性格が時期によって変化していることが明らかである。

入植者の人数をみると、第一期は四八名、第二期は三七名、第三期は五一名とほぼ一定であるが、第四期は一一八名と倍増している。この増加の要因は、旧日本軍施設を開墾地として割り当てたことで大規模な用地が確保されたことや、復員軍人の受け入れ先として開墾地が利用されたことが挙げられる。

次に入植者の出身地が判明する一五九名をみると〈表2-4-1〉、福島県の全域に渡って入植者がいることがわかる。ただし、最多は伊達郡であり、隣接する信夫郡と合わせた中通り地方の北部と、矢吹原近郊の中通り地方南部に多く、会津地方や浜通り地方が少ない。入植時期でみると、第一期では西白河郡が最多で、地元出身者が多かったが、第二期になると伊達郡と信夫郡など中通り地方北部からの遠隔地出身者が多数を占めた。第三期では鏡石町の開墾に伴い、同町が所在する岩瀬郡が最多となり、第四期では再び伊達郡が最多となった。伊達郡の入植者が多い理由として、小作農が多く、自作農への転換が強く求められていた地域であったことが考えられる。昭和初期の伊達郡桑折地区では、地主二九戸に対して一二四戸の小作農が存在し、自作農はわずか一六戸にすぎなかった。

図2-4-7
矢吹原開墾地における入植地の位置

## ■計画的な改善住宅の県営開墾

移住家屋の配置を昭和二十三年（一九四八）の空中写真でみると〈図2−4−8〉、第一期では道路沿いに規則的に建設され、一地区につき一二戸が整然と配置されている。この集村形式の配置は、東北地方集団農耕地開発事業による開墾地で多く採用されており、共同経営による農村に適した形態である。加えて、防風・積雪対策が考慮され、共同建造物の利便性や共同生活の効率性といった観点から、この形式が選ばれたと考えられる。

敷地の規模については、『東北地方集団開発農耕地』（農地開発営団、出版年不明）に詳しい記述があり、矢吹原では屋敷面積が一五〇坪、建坪が四〇・二五坪と記されている〈表2−4−2〉。他地区の屋敷面積の平均が三六四・一二五坪、建坪が三五・六二五坪であることから、矢吹原は屋敷面積こそ小さいものの、家屋の規模は大きかったといえる。

次に具体的に移住家屋をみてみよう。第一期と第二期の住宅は、主屋と畜舎で構成され、県の設計に基づいて建てられた〈図2−4−9〉。木造平屋建で、梁間四間、桁行五間の構成に、浴室、便所、収納室を妻側に設ける形式を採用している。屋根は切妻造のセメント瓦葺で、外壁は腰部を下見板張り、上部を土壁とした。平面は二間取に板敷を張り出すという簡素な形式である。矢吹町の近世民家

図 2-4-8
県営開墾（1期）における移住家屋等の配置（昭和22年に撮影された国土地理院所蔵の空中写真を基に編集・加工した。USA-R413-10）

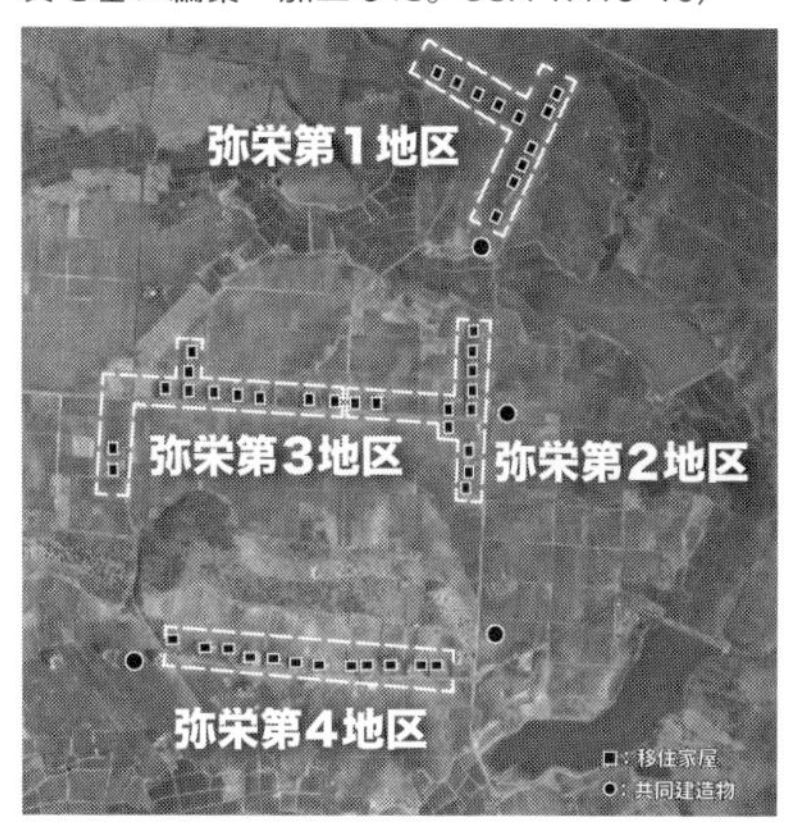


表 2-4-1　入植者の出身地（数字：人数）

| | | 1期 | 2期 | 3期 | 4期 | 小計 |
|---|---|---|---|---|---|---|
| 会津地方 | 耶麻郡 | | | | | |
| | 河沼郡 | | | | | |
| | 大沼郡 | 1 | 1 | | | 2 |
| | 北会津郡 | | | | 1 | 1 |
| | 南会津郡 | 2 | | | 1 | 3 |
| 中通り地方 | 伊達郡 | 5 | 8 | 8 | 15 | 36 |
| | 信夫郡 | 3 | 9 | 1 | 5 | 18 |
| | 安達郡 | 6 | 3 | | 3 | 12 |
| | 安積郡 | 4 | 1 | | | 5 |
| | 田村郡 | 6 | 6 | 4 | 4 | 20 |
| | 岩瀬郡 | 1 | | 10 | 10 | 21 |
| | 石川郡 | 7 | 2 | 1 | 7 | 17 |
| | 西白河郡 | 9 | 6 | 1 | 6 | 22 |
| | 東白川郡 | 2 | | | 1 | 3 |
| 浜通り | 相馬郡 | | | | | |
| | 双葉郡 | 1 | 1 | 1 | | 3 |
| | 石城郡 | | | | | |
| 県外 | | | | | 2 | 2 |
| 小計 | | 47 | 37 | 26 | 55 | 165 |

表 2-4-2　東北地方集団農耕地開発事業の開墾地別の家屋状況（『東北地方集団開発農耕地』農地開発営団、1941 年より作成）

| | 戸数 | 屋敷面積 | 建坪 | 家屋の状況 |
|---|---|---|---|---|
| 福島県矢吹原 | 78 | 150 | 40.25 | 集村形式（12 戸一団とす） |
| 宮城県上ノ原 | 35 | 450 | 42.5 | 集村形式（2 地区に分つ） |
| 宮城県蟹澤 | 23 | 450 | 42.5 | 集村形式（2 地区に分つ） |
| 山形県東根 | 55 | 300 | 35.75 | 集村形式（2 地区に分つ） |
| 山形県行啓記念萩野（昭和） | 80 | 813 | 32.5 | 集村形式（5 地区に分つ） |
| 山形県萩野 | 45 | 150 | 32 | 集村形式 |
| 秋田県大野台 | 92 | 300 | 30 | 集村形式 |
| 岩手県水分村不動村水分 | 38 | 300 | 29.5 | 集村形式（2 地区に分つ） |
| 青森県大深内 | 28 | 150 | 40.25 | 集村形式 |

図 2-4-9　県営開墾時の移住家屋（平面図：『東北地方集団開発農耕地』農地開発営団、出版年不明より作成。立面図：帝国耕地協会『東北地方集団農耕地開発事業』帝国耕地協会、1936 年・写真：『土に生きる―弥栄開拓 50 年』矢吹ケ原開発弥栄入植五十周年記念事業実行委員会、1984 年）

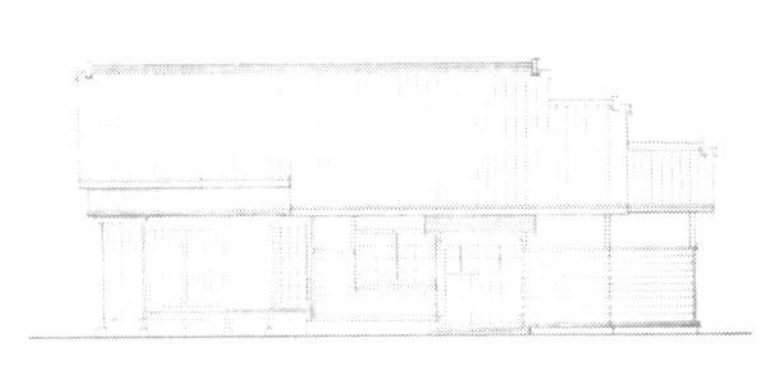
移住家屋立面図

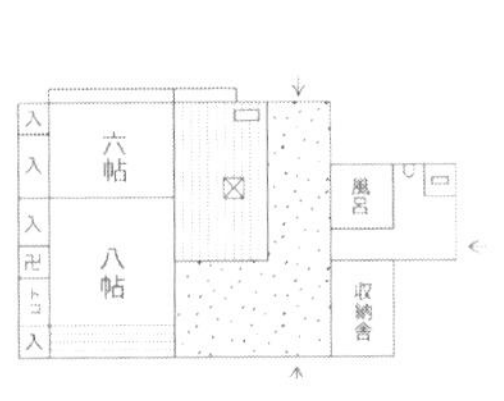

移住家屋附属屋平面図

建設当時の移住家屋

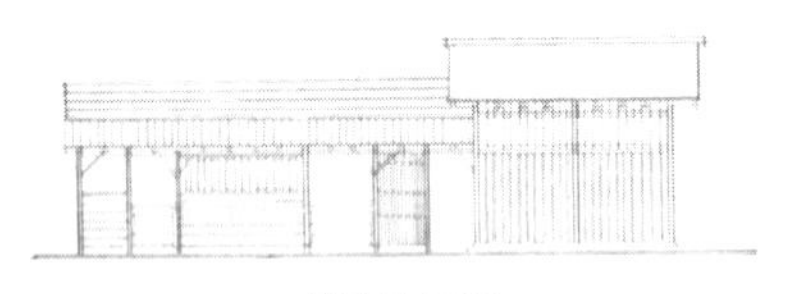
附属屋立面図

図 2-4-10
第一期移住家屋現況（平成 28 年撮影）

は六間取で規模が大きく、板敷を張り出す形式を採用していたことから、この移住家屋は狭いながらも地域の特徴を踏まえて設計されたことがわかる。

一方で、附属屋を分離して厩を独立させた点、前面と背面に縁側を設けて採光と通風を確保した点、主屋内に便所と風呂を設けた点、土間入り口横に応接兼記帳所を設けた点などは、従来の民家とは異なる形式であり、当時の新しい生活様式を反映しているといえる。特に厩は牛舎・鶏舎・豚舎・羊舎の一体型で、牛舎以外の前面に運動場を設け、畜産に力を入れていたことがわかる。ただし、土間が狭く不便で応接兼記帳所は有効でないなどの不満も多く、入植後に収納舎や応接兼記帳所を居室に改造した例もみられた[8]。住宅としての質の高さも特徴の一つである。開墾当初の移住家屋を修繕しながら現在まで使い続ける例もみられ〈図2-4-10〉、後述する国営開墾の第三期以降の住宅とは、耐久性が大きく異なった。

このように、地域の特性を活かしつつ新しい様式を取り入れた移住家屋は、ほかの集団農耕地開発事業における住宅と比較して、どのような特色があったのだろうか〈図2-4-11〉。移住家屋の平面は、二部屋の座敷と一段低い板敷き、土間からなる三列構成である点が共通する。また、屋根はほとんどが切妻造で、屋根材には耐久性の高いセメント瓦や亜鉛鉄板が用いられることが多く、当時の農村で一般的だった茅葺を採用しない。座敷の配置や物入の位置・数、農舎や畜舎

図2-4-11　東北地方集団農耕地開発事業における移住家屋平面図（『東北地方集団開発農耕地』農地開発営団、出版年不明より作成）

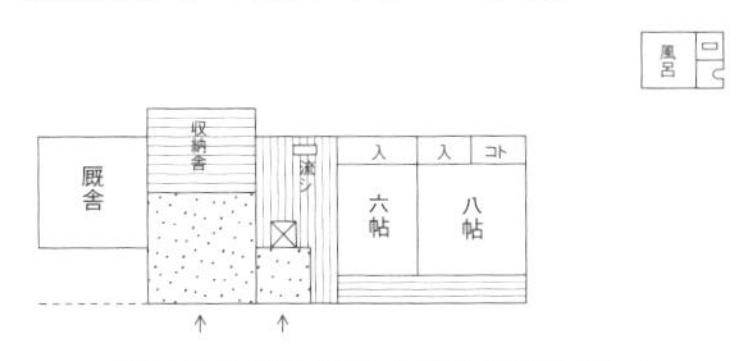

秋田県北秋田郡米内沢村大野台地区

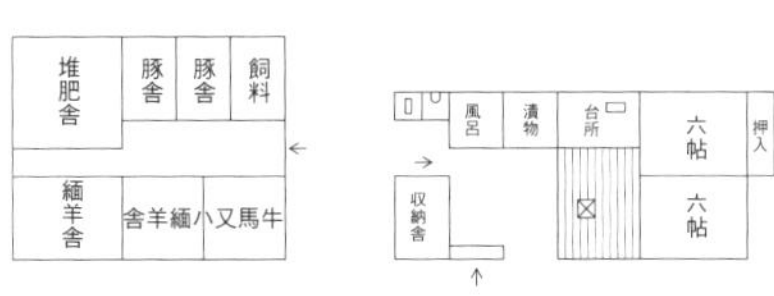

青森県上北郡大深内村大深地区

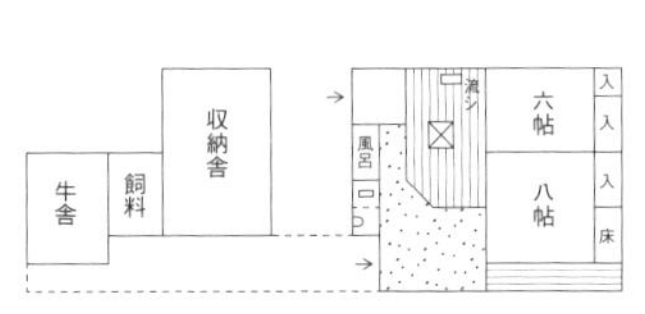

山形県東根町東根地区

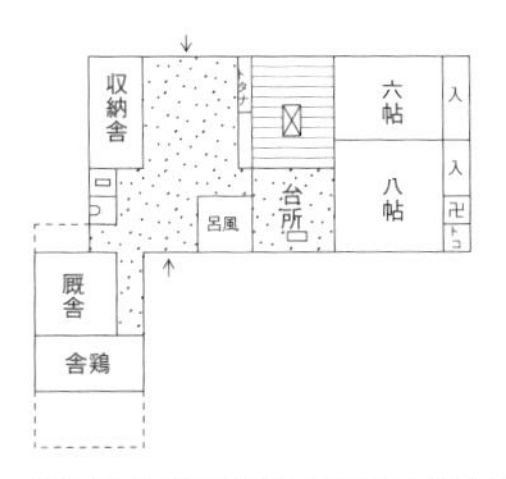

秋田県北秋田郡米内沢村大野台地区

を主屋と接続するか別棟にするかといった点は、開墾地ごとに異なっており、基本形式を地域の状況に応じて柔軟に対応していたことが窺える。

県営開墾時の共同建造物に関する図面が残っている〈図2-4-12、13〉。これらの建物は、県が設計・建設を担当した。中でも第一期に建設された集会場兼作業場収納舎は、丁字型のプランで、下屋付きの共同作業場と収納舎に直行する形で集会場が配置されている。便所は、集会場の内外から直接入れる構造となっていた。集会場には控室があり、炉を設けた湯呑場や共同利用の浴室なども備えた多機能型の複合施設であった。

## ■ 無秩序で劣悪な小屋の国営開墾

一方、国営開墾である第三期と第四期は全く様相が異なった。移住家屋の配置をみると、家屋が点在する散村式が採用され、既存の家屋と混在するなど、計画性に欠ける部分が見受けられる〈図2-4-14〉。ただし、炊事場や風呂、集会場などの共同建造物を集落内に備える点は共通しており、住宅と共同建造物を一体的に建設する計画があったことが窺える。

先述の通り、国営開墾であっても移住家屋などの建物に対する助成は県営事業として実施された。しかし第三期は、物資不足により移住家屋の建設が遅れ、自身で仮小屋を建てて一年から二年ほど生活した

図2-4-12　集会場兼作業場収納舎（帝国耕地協会『東北地方集団農耕地開発事業』帝国耕地協会、1936年）

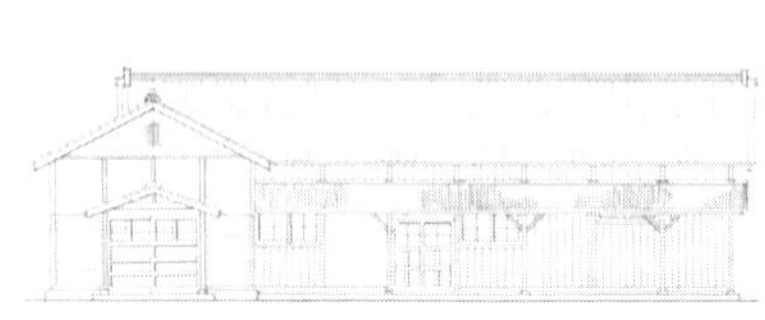

立面図

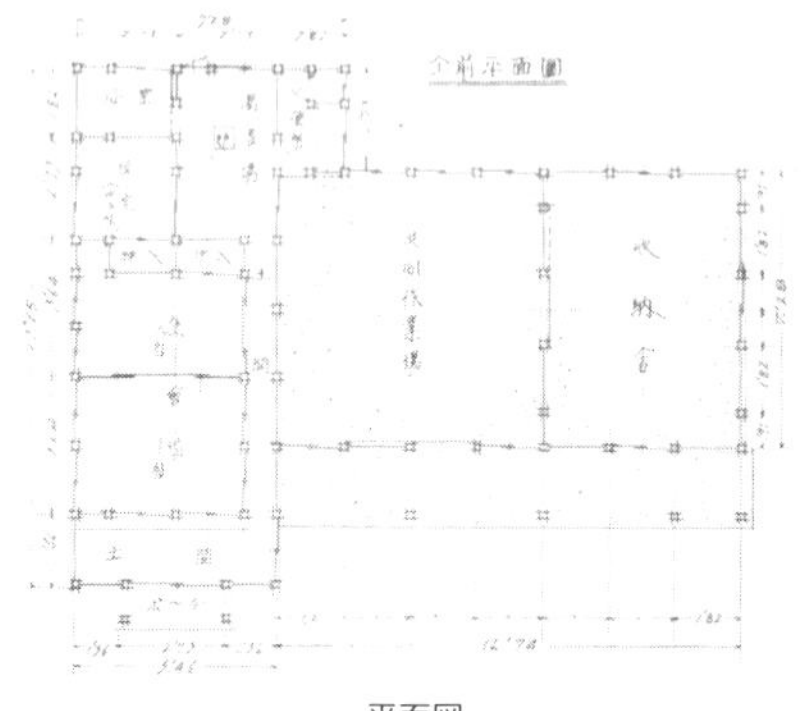

平面図

図2-4-13
共同宿舎（同上）

という。小屋は、丸太と篠竹で自ら建てた笹竹の家屋で、近隣から小屋を購入して住んだ例もあった。昭和二十年（一九四五）に完成した県が設計を担った移住家屋は、「大池地区の家屋の半分以下の坪数の十坪の家屋」「笹小屋よりは少々ましなだけ」[9]とされ、地区により建物規模が異なる。劣悪な移住家屋であったことが窺える。

第四期は、県による移住家屋の建設は確認できず、「配給丸太三〇本、畳三丈、釘二貫目、建坪は一二坪以内、まわりを笹竹でかこい、屋根はささ・萱・杉皮をふき、まったくの掘立小屋」[10]とされ、俗称三〇〇〇円住居と呼ばれる掘立小屋を自ら建設した。「ヒビ割れや穴、隙間がひどくて最悪で、すぐに建て替えた」[11]というように劣悪な住宅で、記帳所などの住宅改善がみられなかった〈図2-4-15〉。これは、第三期は戦時中、第四期は終戦後すぐという当時の社会情勢が大きく影響したといえる。ただし、全ての入植地で主屋と納屋・作業場を分離し、集落ごとに共同建造物を設けている。矢吹原開墾地では、生活と農作業の分離および暮らしの共同化を重視して計画・実行されたといえる。

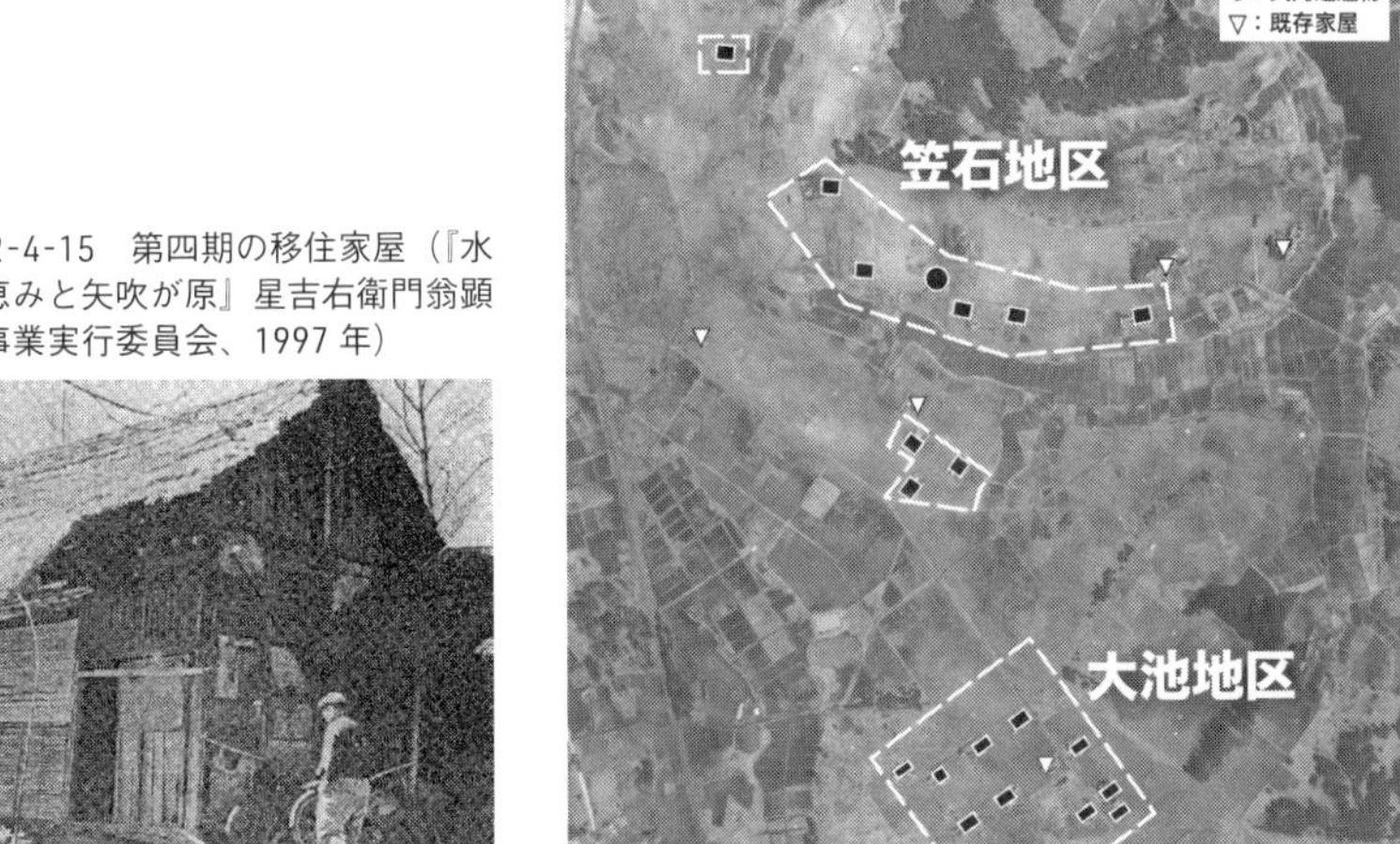

図2-4-14　国営開墾（3期）における移住家屋等の配置（昭和23年に撮影された国土地理院所蔵の空中写真を基に編集・加工した。USA-R1185-17）

図2-4-15　第四期の移住家屋（『水の恵みと矢吹が原』星吉右衛門翁顕彰事業実行委員会、1997年）

# 4 福島県立修練農場と連携した農村づくり

## ■福島県立修練農場における農村指導者教育

次に、矢吹原の県営開墾以降において重要な役割を果たした福島県立修練農場についてみていきたい〈図2-4-16〉。

農村指導者教育施設は、農村の発展や自力更生に貢献する人材を育成する目的で設立され、昭和九年（一九三四）に全国で二〇校が新設された[12]。その一つが福島県立修練農場である。これは、県が運営する農村中堅人物の育成を目的とした施設で、矢吹原開墾事業と連動して矢吹原陣場地内の約九〇ヘクタールに建設された。昭和十一年には満洲開拓訓練所が併設され、その後、昭和十八年には福島県矢吹原修練農場、昭和二十五年には矢吹原経営伝習農場と名称が変更された[13]。さらに、平成十八年（二〇〇六）には福島県農業総合センター農業短期大学校となり、現在に至るまで、県内の農業者や地域農業指導者を養成し、農業自営者等の研修を行う教育機関として機能し続けている。

修練農場は昭和十年二月に一期生四八名を迎えて開場した。入場資格は満一八歳以上の健康な者で、高等小学校卒業程度の学力を有し、農業経験者、もしくは農業を志す者であることが求められた。また、市町村長または町村経済更生委員会の推薦を受ける必要があった。

一期生の出身地をみると、修練農場に近い西白河郡や石川郡からの入場者が五人で最も多く、次いで伊達郡の四人が続いているが、特に突出して多い地域はない。また、会津や浜通り地域のいわき出身者もまんべんなく含まれており、県内全域から選抜された

図2-4-16　福島県立修練農場（絵葉書より）

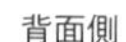
背面側

正面側

人材が入場したことが窺える。これは、東北地方集団農耕地開発事業が目指した「県内移住者の養成」と一致する方針であった。修業期間は基本的に一年で、短期間での入場も可能であった。

次に、具体的な修練方針と方法について『修錬農場・漁村修練場』（昭和十年）をもとにみていきたい。修練方針の第一項目には、「人格教育の徹底」や「師弟起居労働を共に」[14]と記されており、共同寄宿舎での生活を通じて軍隊式の教育を採用し、人格教育の徹底が第一に掲げられている。また、修練方法の第二項目では、「生徒は五人を単位とし農家を組織」[15]とあり、五名で疑似農家を組織し、農村社会の改善を学習していた。さらに、第六項目では「農村生活改善の徹底」[16]を掲げ、授業科目「経営（農家・農村）」の中で「農業経済」「農業簿記」に続いて「生活改善」が課され[17]、農村生活そのものの改革が指導されていた。修練農場では対外活動にも力が入れられており、特に家族との密接な連携を図り、卒業後の活動をフォローする点が特徴的である。農事相談所や職員が出張して生活改善を訴えることや[18]、生徒を帰省させて実態調査をすることも行われており、教育の場を活用した実践的な取り組みがなされていたことがわかる。

## ■福島県立修練農場と矢吹原開墾事業の関係

以上を踏まえ、開墾地移住家屋と修練農場の関係についてみると、第一期および第二期の入植者は修練農場で一年間の訓練を受けた後、入植して開墾を進めた。第二期生は訓練後、第一期生とともに行動し、開墾に従事したという。また、第三期では区画ごとに一年間の共同訓練が行われ、第四期では共同宿舎で一五日間の短期訓練を受けた後に入植するなど、両者は密接に連携しながら運営された。さらに、入植者の二世が修練農場に入場するケースも多く、新しい技術が随時取り入れられて開墾が進められた。

実際に第一次入植者は、昭和四十八年に下記のように当時を回想する。

「第一代目の開墾事務所長は橋本仁平さんで、元満州移民団を指導された方で、開拓事業には最も体験の深い方だった。一般入植者に先立ち、先発隊として一〇名程、五月初めに招集され、修練農場に入った。場長平山久衛先生の指導を受け、ある時は満洲移民と一緒に基礎調練を受けながら、一般入植者の宿舎準備をした。（中略）宿舎内は、四班になって生活し、ご飯は大釜で煮て、飯盒に盛ってホークで食べ、当時の軍隊生活同様であった。夏も過ぎそろそろ秋になろうと言うのに移住許可が出ないので、夜になると宿舎内では寄り集って心配した。やっと十月になって移住許可が出て、今度は住宅建築だ。[19]」

昭和十一年には、一般の入植者に先立って十六名の合格者が先遣隊として訓練を受け、卒業後、第一次入植者として矢吹町弥栄に入植し、村づくりの中心的役割を果たしている。

なお、農村指導者教育施設との連携は、ほかの東北地方集団農耕地開発事業の開墾地でも実施している。「一次二次三次と厳重なる詮衡の上決定せられた移住者は先づ一定期間夫々県の農民道場に収容せられ、此処に於て農民精神と共同の気風とを涵養せられたる上共同宿舎に収容し愈々開墾に従事するのである。[20]」と記されている。したがって、福島県立修練農場は、農家農村更生の原動力となる農村中堅人物を育成する教育機関としての役割に加え、矢吹原開墾事業における事前教育機関としての機能も担っていたといえる。すなわち、矢吹原開墾地住宅は農村指導者教育の実質的な成果を示し、新たな農村の普及・啓発を目的とした「モデル農村」としての意味を持っていた。

矢吹原開墾地は、事前に共同訓練を受講した入植者によって開墾され、集落ごとに多様な共同建造物を設け、暮らしの共同化を促すことで理想的な農村の一形態を試みた。しかし、その試みが全てにおいて成功したとはいえず、現実には課題も多かった。地域コミュニティを重視し、住民同士の連携を深める努力は評価されるべきだが、当時の社会情勢や経済状況の影響もあり、全ての目標を達成するには至らなかった面もあった。こうした経験は、現代の農村づくりにおける先駆的な事例として学ぶべき点が多いといえるだろう。

（長田城治）

---

（1）資料や文献には「矢吹が原開墾地」や「矢吹ヶ原開墾地」などの表記がみられるが、本稿では「矢吹原」に統一する。
（2）『矢吹町史 第一巻』矢吹町、一九八〇年。
（3）『東北地方集団農耕地開発事業』帝国耕地協会、一九三六年。
（4）片岡謙「東北地方集団農耕地開発事業助成に就て」『耕地』第十巻、第七号、一九三六年七月。
（5）『矢吹町史 第三巻』矢吹町、一九七八年。
（6）『東北地方集団開発農耕地』農地開発営団、出版年不明。
（7）本章では、「修錬」の用語を「修錬」に統一し、「福島県立修練農場」として表記した。
（8）注6『東北地方集団開発農耕地』。
（9）『鏡石開拓五十周年記念誌』鏡石拓友会、一九九五年。
（10）『開拓30年のあゆみ』矢吹原開拓30周年記念会、一九七五年。
（11）第四期入植者N氏の息子への聞き取りによる。
（12）『修錬農場・漁村修錬場—農村中堅人物養成設に関する調査 其の一』農村更生協会、一九三五年。
（13）『矢吹原45年の歩み 桐葉』福島県農業経営大学校同窓会、一九七九年。
（14）注12『修錬農場・漁村修錬場』。「(修練ノ方針) 一、人格教育者ノ徹底　教育ノ真髄ハ人格ノ陶冶ニ存ス。（中略）本場ニ於テハ古ノ塾舎教育精神ヲ汲ミ、師弟起居労働ヲ共ニシテ全面的ニ人格ノ接触ヲ図リ」
（15）注12『修錬農場・漁村修錬場』。「(修練ノ方法) 二、生徒ハ五人ヲ単位トシテ一農家ヲ組織セシメ、農家経営ノ合理的方法ヲ研究セシムルト共ニ全農家ヲ綜合シテ理想的部落ヲ建設セシメ農村社会改善ノ実ヲ挙ゲシム。」
（16）注12『修錬農場・漁村修錬場』。「(修練ノ方針」六、農村生活改善ノ徹底（中略）農村生活ノ醇風良俗ヲ存続発展セシムルト共ニ、其ノ欠陥ヲ正シク指摘シコレガ改善ニ努力セシム。）

（17）注12『修錬農場・漁村修錬場』。
（18）注12『修錬農場・漁村修錬場』「二、地方農業ノ開発及矢吹ヶ原移住者ノ為メ農事相談所ヲ設ク。（中略）四、職員ハ本場修錬ニ差支ナキ限リ農村ニ出張シテ農村社会教育ニ当ル。」
（19）注２『矢吹町史　第一巻』。
（20）注３『東北地方集団農耕地開発事業』。

# 第5章

# 伝統民家から近代住宅への変貌
## ——長野県常盤村中部耕地整理組合

## 1 安曇野の近代開墾

### ■ 常盤村の開墾と清水家

安曇野は、北アルプスの山々を臨む美しい田園風景が広がる地である。しかし、本来は決して農業に適した風土ではなく、なだらかな扇状地でありながら水脈が地下深く流れるため水が乏しく、水路の開削により徐々に開田が進められてきた[1]。江戸時代後期の拾ケ堰(じっかせぎ)の建設がよく知られ、水利整備と新田開発によって成立した人の手による農村景観といえる。

この安曇野の近代の開墾は、南安曇郡小倉村（現安曇野市）の官有林約六〇〇町歩を開発した小倉村外六ヶ村開墾組合（大正九年～昭和六年）[2]が代表的だが、これに次ぐ規模として北安曇郡常盤村（現大町市常盤）の開墾が挙げられる。中部耕地整理組合はその中核にあたり、二〇〇町歩の開発を目的に大正十一年（一九二二）に組織された。大正十二年四月に着工、翌年から開墾助成法の認可を得て、昭和二十二年（一九四七）十二月に全工事を完了した[3]。組合長の清水鎮雄は、享和二年（一八〇二）から松川組一六ヶ村の大庄屋を務めた家柄に生まれ、松川組が明治七年（一八七四）に常盤村・松

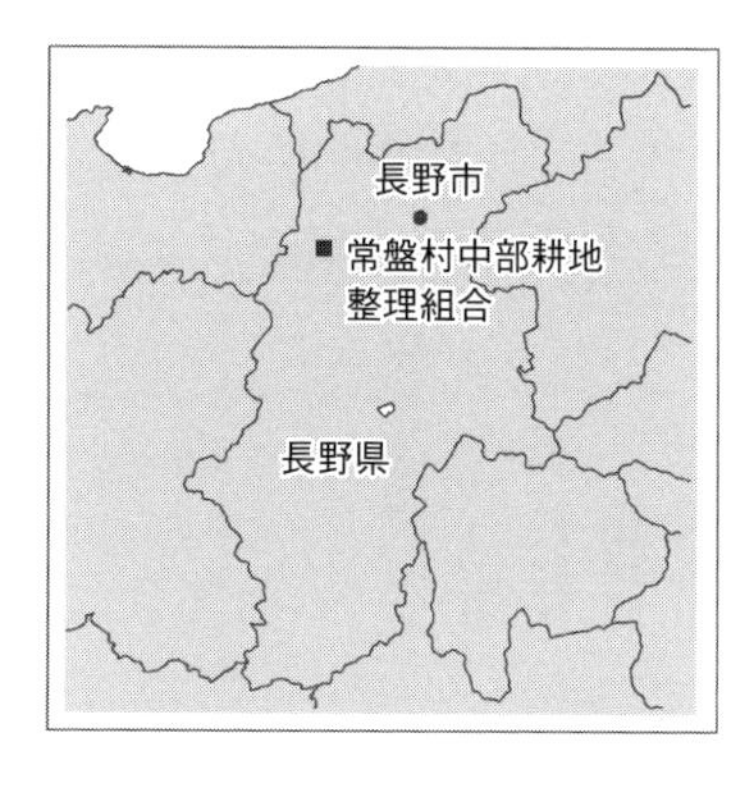

川村・有明村に再編された後も長野県会議員・常盤村村会議員等を歴任した[4]。清水家に伝えられた近世以来の文書類約四万点は、現在は長野県立歴史館に所蔵され、長野県宝に指定されている。

常盤村は、旧千国街道沿いに古い集落が並び、中部耕地整理組合の開墾地は街道の西側に位置する。元は松林だったとされ、大正四年開業の信濃鉄道常盤駅（現JR大糸線信濃常盤駅）を中心に南北に長く広がる〈図2-5-1〉。東西六〇間・南北九〇間を基準として道路と水路が計画され、整然とした農地に住宅が点在する[5]〈図2-5-2〉。駅西側に位置する旧常盤小学校（現大町市立大町南小学校）は、開墾中の昭和四年に旧街道側から移転されたものである[6]。

入植者は、出身地がわかる六一戸をみると[7]、常盤村内が二九戸、北安曇郡内の美麻村・会津村や上水内郡津和村など近隣の村が一五戸と多い。その一方、富山県下新川郡布施村・東布施村・内山村、新潟県中頸城郡等からの移住が一三戸あり、特に大正期は県外からの移住が半数を占める〈図2-5-3〉。富山県新川郡は立山連峰を挟んだ西側、新潟県中頸城郡も妙高戸隠連山の北側で、県外とはいえ距離的に近い位置にある。農林省は、移住

図2-5-2　常盤村中部耕地整理組合 現状

図2-5-1　常盤村中部耕地整理組合開墾地配置図（■は移住奨励の交付対象）

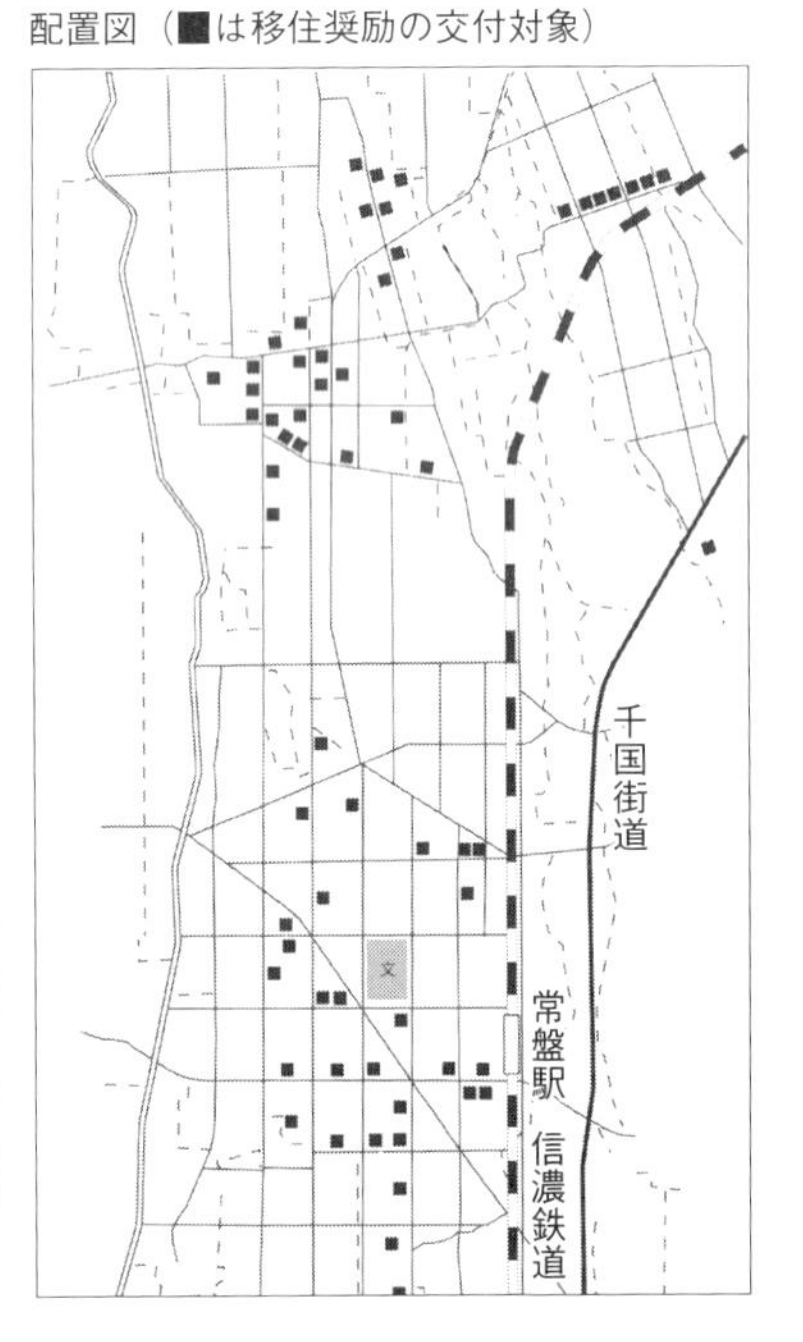


図2-5-3　常盤村中部耕地整理組合 入植者の出身地

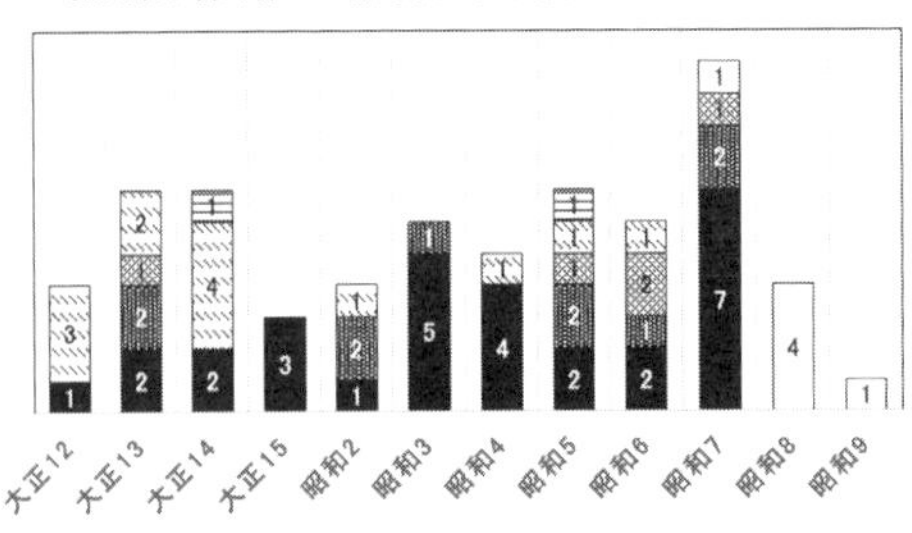

奨励と平行して大正十年六月に「開墾地移住紹介ニ関スル通牒」を出し、開墾地移住の紹介と移住に要する汽車・電車・汽船の運賃の割引を事業に加えており[8]、近隣県にも移住案内を出していたと推測できる。

## ■常盤村中部耕地整理組合の開墾地移住奨励申請書

この常盤村中部耕地整理組合は、農商務省（農林省）の記録によると、大正十二年（一九二三）から昭和九年（一九三四）に計六五戸が開墾地移住奨励の交付を受けている[9]。第一部でもみた通り、移住奨励の申請書類は大部分の県では既に公文書の保管期限を過ぎて処分されているが、この常盤村中部耕地整理組合の場合、大正十三年以降の申請書類の控えが一括して組合長の清水家に保管された点が貴重で、現在長野県立歴史館に所蔵されている。移住奨励を受けた六五戸のうち、大正十二年度・昭和八年度を除く五七戸分の申請内容がわかり、しかも交付されなかった申請者の書類も残るため、どのように指導が行われ、住宅が変わったのかを辿ることができる。

さらに、農林省が昭和四年度と昭和七年度に実施した奨励対象地域の追跡調査にあたる「移住者別ノ調査」の記録も存在し[10]、六〇戸分の宅地面積や移住家屋の規模、屋根材・建築費、居住者の家族構成も判明する。全国的にも稀有な例といえるだろう。

申請の手続きが詳細にわかることも収穫である。申請書や返却書類の受領印によると、長野県では内務部農商課が開墾地移住奨励を担当した〈図2-5-4〉。申請では、農商務省が大正九年に定めた「開墾地移住奨励手続[11]」のうち、建築調書を「家屋建築計画書」、工事明細書を「家屋建築費予算説明書」〈図2-5-5〉、平面図を「移住家屋建築図」（縮尺一二〇分の一）〈図2-5-6〉と呼び、これに「奨励金交付申請書」〈図2-5-7〉

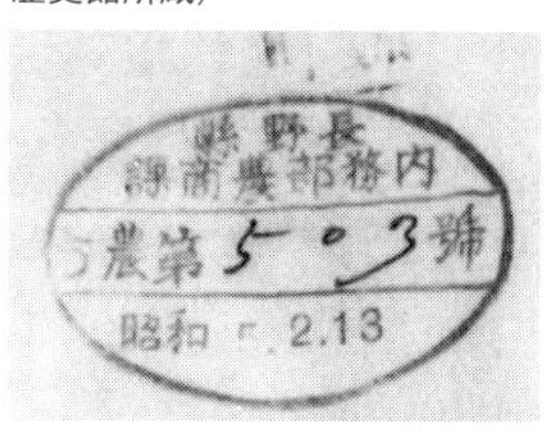

図2-5-4　常盤村中部耕地整理組合 開墾地移住奨励書類の検印（『昭和五年度移住家屋補助申請関係書』清水家文書、長野県立歴史館所蔵）

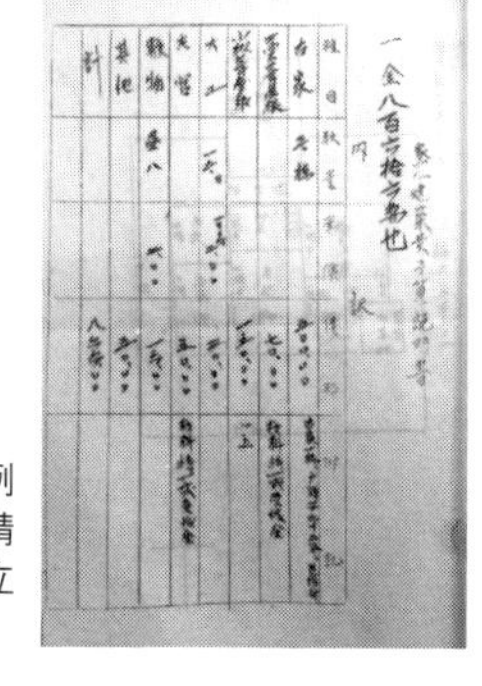
図2-5-5
「家屋建築費予算説明書」の例（『昭和参年度移住家屋補助申請関係書』清水家文書、長野県立歴史館所蔵）

を添付して申請する。また、大正十三年以降は、地区内での建設を証明する耕地組合長名の「証明書」を付している。

申請は年一回で、まず必要書類を長野県知事宛に二月（初年度のみ三月）に提出、さらに年度末に建築費の決算書を添付した「家屋竣工届」を提出し、竣工検査を経て、次年度の六月に奨励金が交付された。奨励金の額は、建物の規模に関わらず年度ごとに一定で、大正十二～十四年度は二〇〇円、大正十五～昭和三年度は三〇〇円、昭和四～五年度は三五〇円、昭和六年度は三九〇円、昭和七年度以降は四〇〇円であって、徐々に引き上げられた。

一方で、申請書類は八八戸分あり、交付を受けた六五戸分との差二三戸は、不採用や申請を取下げた例に当たる。つまり、申請した四分の一は申請年度に交付されなかったことになる。

このうち申請取下げは五戸で、「予定之通完成セザリシヲ以テ御取消相成度」（昭和三年度三号）など未完成が理由であって、うち三戸が翌年に再申請して交付されている。また不採用の八戸は「予算ノ都合ニヨリ交付セラレサルニ付次年度更ニ申請相成候」とあるように県や国の予算不足によるもので、六戸は次年度に再申請して交付された。ただし、移住家屋は初回申請時点で既に建設しているため、不採用の場合建築費の支払いに窮する例があったようで、昭和五年度にはこの年に奨励金を受けることができた六戸と耕地整理組合が一〇〇円ずつ出し合って不採用の四戸に貸付けた。[12] 第1部で述べた通り、開墾地移住奨励制度に対する国の予算は、昭和五年以降段階的に削減され、交付率は昭和一〇年に二割以下まで急落している。常盤村中部耕地整理組合でも、この影響から昭和五年以降不採用が増え、昭和十年以降採用されなかった。この状態では移住家屋

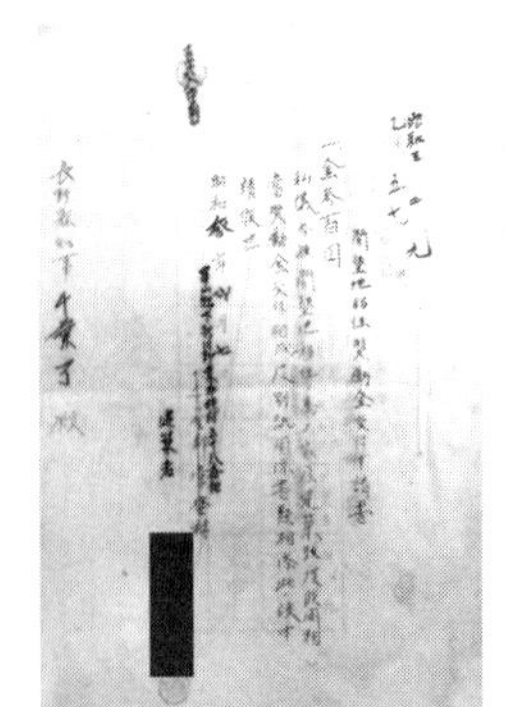

図 2-5-7
「奨励金交付申請書」の例（『昭和参年度移住家屋補助申請関係書』清水家文書、長野県立歴史館所蔵）

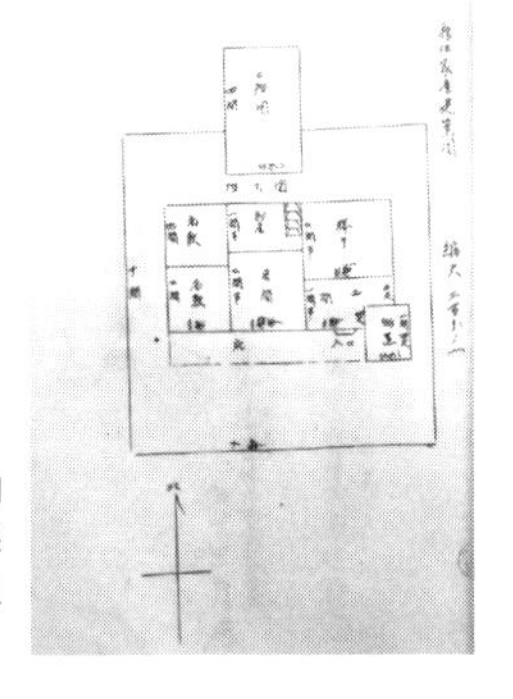

図 2-5-6
「移住家屋建築図」の例（『昭和参年度移住家屋補助申請関係書』清水家文書、長野県立歴史館所蔵）

の建設も、移住者の受け入れも計画通り進まないと、昭和十三年には組合長と連名で昭和十年以降の不採用者が県に陳情書を出している。

　ほかは、建設費が安すぎる[13]、個人住宅ではなく賃貸目的である[14]など、交付基準に合わない例や、後述のように改善の指示などの指導によって不合格になったもので、県が事務的に申請を受け付けるのではなく、実質的な審査や指導を行っていたことがわかる。

## 2 移住家屋の変化と長野県の指導

### ■ 移住家屋の規模・建設費の向上

　この申請書類から、開墾地移住奨励による移住家屋の約十年の変化をみてみたい。まず敷地面積は最大一八〇坪、最小六三坪だが、全体では七割弱が八〇～一〇〇坪で、入植に当たって一定規模の敷地が割り当てられたことがわかる。主屋の規模は〈図2-5-8〉、最大六九坪から最小一五坪まで幅があり、年代でみると大正十五年（一九二六）以前は二〇坪未満で床上二室程度の小規模な例が五割近くを占める。しかし昭和二年（一九二七）以降は二〇坪未満はなくなり、二〇坪代に八割が集中して規模が均一化する。二階建ては二一戸で約三割に当たるが、二階は大半が養蚕に使用する一室構成で、居室を設けた例は六戸のみである。

　建物規模だけではなく、建設費も統一されていく。大正期には七割強が一〇〇〇円未満だったが、昭和二～四年には二割に激減、昭和五年以降は皆無となり、一〇〇〇～一五〇〇円に九割近くが集中する。長野県の移住家屋の奨励金交付基準は、昭和二年時

図2-5-8　常盤村中部耕地整理組合　移住家屋の変化
（上段：主屋の規模、下段：建築費）

| | 20坪未満 | 20坪～ | 25坪～ | 30坪～ | 35坪以上 |
|---|---|---|---|---|---|
| Ⅰ期：1923-1926年 | 48% | 29% | 14% | 0% | 10% |
| Ⅱ期：1927-1929年 | 0% | 47% | 33% | 7% | 13% |
| Ⅲ期：1930-1934年 | 0% | 40% | 44% | 8% | 8% |

| | 750円未満 | 750円～ | 1000円～ | 1500円～ | 2000円以上 |
|---|---|---|---|---|---|
| Ⅰ期：1923-1926年 | 38% | 38% | 19% | 0% | 5% |
| Ⅱ期：1927-1929年 | 0% | 20% | 53% | 20% | 7% |
| Ⅲ期：1930-1934年 | 0% | 0% | 88% | 8% | 4% |

点では建築費六〇〇円以上で、規模に関わる規程がなかったが[15]、昭和四年七月に農林省が「開墾地移住奨励ニ関スル注意事項[16]」を通達して基準を明確化したことに伴い、建坪二〇坪以上、建築費一〇〇〇円以上に改められた[17]。この効果により規模や建築費が均一化したといえる。

なお当時の長野県の物価を米価平均でみると、開墾地移住奨励制度が始まった大正九年には一石当り四八・五六円、大正十四年には四一・九五円、昭和二年には四五・九三円で、四〇円台で推移したが、昭和三年以降下落し、昭和五年には二七・三四円、昭和六年には一八・四六円まで急落した[18]。いわゆる昭和恐慌によるもので、農村部ではこの米価の下落で経済的に大打撃を受け、昭和九年頃まで窮乏が続いた。農林省が移住家屋の基準を定めた昭和四年七月は恐慌の直前に当たるが、以後も国・県が建築費の基準を下げなかったこと、かつ常盤村中部耕地整理組合の交付例が全て基準を満たしたことは注目に値するだろう。

また、大正十五年以前の富山県下新川郡からの移住者のうち七戸は、建物の所有者（建設者）、すなわち移住奨励申請者は常盤村の住人で、地元の地主が住宅を建設して移住者を誘致したとみられるが、昭和に入るとこうした例は激減した。

## ■「古家」の再用から耐久性の向上へ

このように常盤村中部耕地整理組合では、大正十五年（一九二六）前後で移住家屋が変化したことがわかる。では、具体的にどのように改善が行われたのだろうか。

まず大正十五年以前の移住家屋の申請書類をみると、予算書に「古家」という記載が目立つ。これは既存の住宅を移築再用したことを意味し、この時期の全二一戸のうちほぼ半数の九戸が該当する。日本の住宅は木造主体で継手・仕口を用いるため解体や移築が容易で、明治時代以前には建設される民家の一割弱が再利用だったと推定されている[19]ほど一般的だった。例えば大正十三年度の申請七号は、「古家」を三一五円で購入、建具や畳二〇畳分を新たに購入し、職人の手間も合わせて八〇〇円で完成している〈図2-5-9〉。同じ大正十三年度の八号も「古家」を三四〇円で購入、新材を足した総経費が七〇〇円弱であって、「古家」は建設費を下げる手段として選ばれたことがわかる。

住宅全体の再用以外に、古材や古建具の利用も多い。昭和三年度の二号は新材による新築ながら、屋根の板葺は「板材ハ自分古板」つまり所有する古板を再用、「職人日当ノミ」を計上し、建具も「古戸二十五本分」を購入した。同様に昭和三年度七号は、畳のうち半数が「古畳」だった。

しかし、昭和二年（一九二七）以降は「古家」の利用が四〇戸中五戸に激減し、うち二戸は「古家」のままではなく大規模な増築を伴っている。昭和四年の農林省の「開墾地移住奨励ニ関スル注意事項」では、「可成材料ハ耐久的新材ニシテ」とあり、耐久性確保のため新材の利用を奨励していて、「古家」の減少もこの主旨に沿ったものだった。

個々の住宅でも、この「耐久性」について指導を受けた例が多い。長野県では、先にみた通り、開墾地移住奨励の採用決定後、実際の工事が完成して竣工検査を行った上で奨励金が交付された。この最初の採用決定時点で「御請書」と呼ぶ承諾書を所有者が県知事に提出するが、この際県からの指導に対する返答を記載する例がある。例えば、「古家」を利用した大正十四年度の一号では、「住家西側ニ九尺二間ノ納屋ヲ耐久的ニ増築スルコト」、新築した大正十四年度の八号では「一、屋根（ハフ）使用材不良ノモノ取替耐久的トナスコト。二、畳表替ノコト。三、附属建造物トシテ三坪以上ノ納屋若クハ

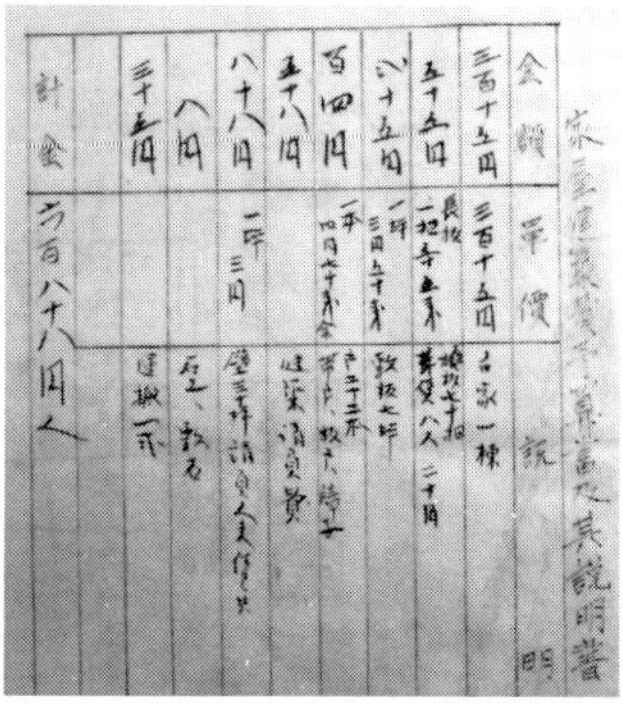

図2-5-9
常盤村中部耕地整理組合 大正13年度7号「家屋建築費予算及其説明書」（「古家 一棟」と記載がある）（『大正拾参年度移住家屋補助申請』清水家文書、長野県立歴史館所蔵）

肥料小屋（耐久的ノモノ）ヲ増築スルコト」とあり、いずれも「耐久的」であることが強調されている。「御請書」は、末尾に「万一今期日迄ニ完成不可能ノ場合ハ奨励金ノ交付御取消相成候トモ異議無之」とあり、指導に従わない場合は奨励金の交付が取り消されたとみられる。県は、移住奨励制度を利用して、移住家屋の改善を促したといえるだろう。

## ■県の指導で伝統民家から近代住宅へ

変化は、平面にも表れている。

『長野県史 美術建築資料編』[20]によると、常盤村を含む南・北安曇郡では、江戸時代には土間側に広間を置く三間取広間型を基本とし、板葺・切妻・妻入の「本棟造」と呼ばれる民家形式の存在が指摘されている。緩い勾配の大屋根の妻を正面に見せた堂々とした姿は、馬場家住宅（松本市、嘉永四・一八五一年建築）〈図2‐5‐10〉などにみることができ、平面はほぼ正方形で「九間取」と呼ばれる三×三列の部屋割りを基本とする[21]〈図2‐5‐11〉。

常盤村中部耕地整理組合の移住家屋のうち、平面がわかる五三戸は、この三間取広間型〈図2‐5‐12〉や本棟造のような妻入型のほか、座敷と「居間」「勝手」を一列に配するもの（一列型）、座敷二室と「居間」、寝室または「物置」の四室から成る整形四間取型〈図2‐5‐13〉や食違い四間取型が存在する。例えば、現存する昭和二年度の二号は、座敷二室と居間・勝手からなる正方形平面で〈図2‐5‐14〉、その姿は勾配の緩やかなトタン葺（創建時は板葺）の切妻屋根で、正面に妻側を見せ一直線に庇を付しており、まさに本棟造を彷彿とさせる〈図2‐5‐15〉。また、一列型を除き上座敷・下座

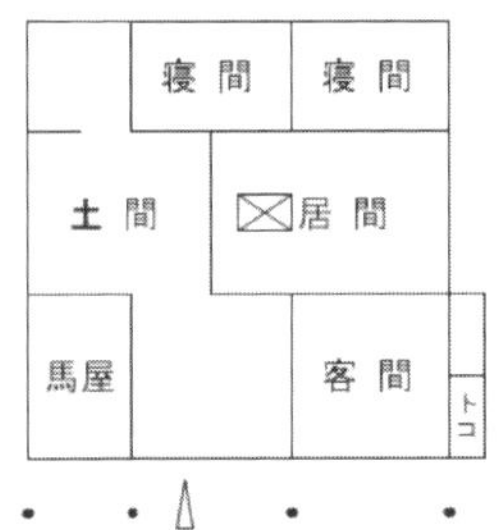

図2-5-11　妻入型民家（本棟造）の平面例（長野県朝日村、清沢正一家、18世紀初期。『長野県史 美術建築資料編』をもとに作成）

図2-5-10　馬場家住宅（松本市、嘉永4・1851年建築）

敷の続き間を持つ点が共通し、部屋の呼称も在来民家と近い。特に、既存の住宅を転用した「古家」では、一四戸のうち三間取広間型が五戸、妻入型が四戸と多い点も、従前の民家の形式を継承したことを窺わせる。

ただし、いずれも在来の民家では広い土間に当たる部分が板敷の勝手や台所で、土間は入口部分の一〜二坪程度と狭い。厩を土間に設けるのも大正期の三戸のみである。屋根材はほぼ板葺で、茅葺（草葺）は大正期の四戸、瓦葺は昭和七年（一九三二）の二戸のみである。

年代でみると〈図2-5-16〉、一列型は主屋規模が拡大することと合わせて昭和三年以降は消滅し、同様に三間取広間型も大正期には半数以上を占めるが、やはり昭和三年以降はない。逆に、四間取型は大正期までは一例もないが、昭和二年度以降は食違い四間取型・整形四間取型が圧倒的に増え、形式が統一されてい

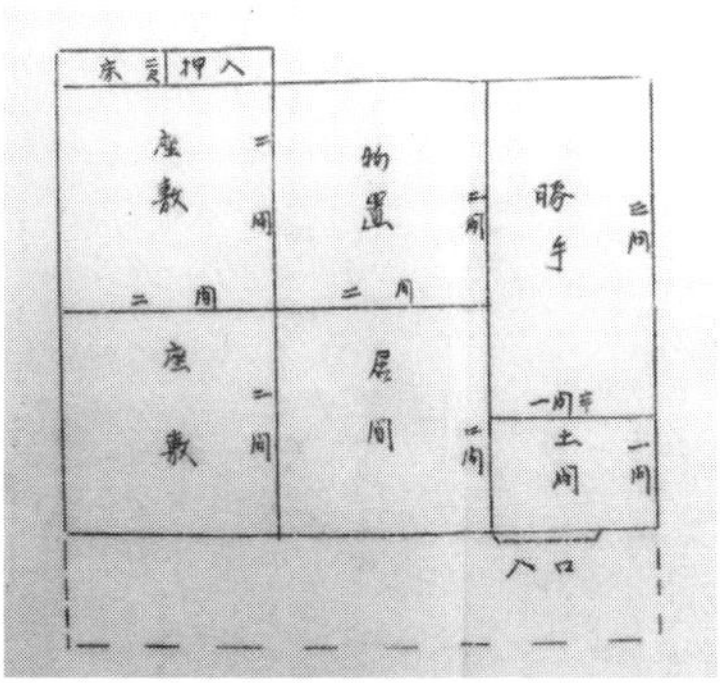

図2-5-13　整形四間取型の例（昭和5年度1号）（『昭和五年度移住家屋補助申請関係書』清水家文書、長野県立歴史館所蔵）

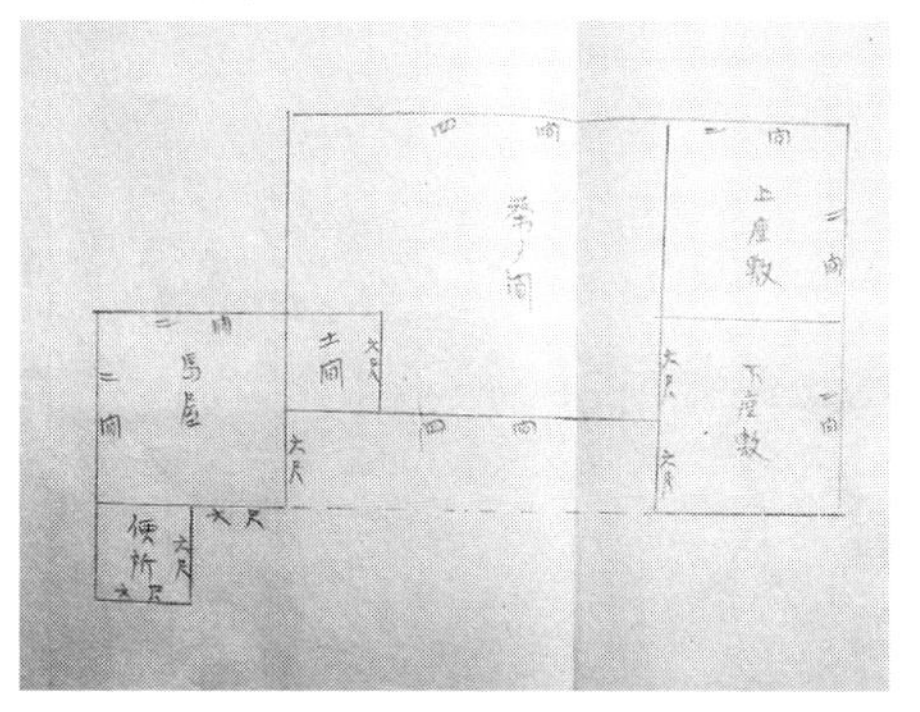

図2-5-12　三間取広間型の例（大正13年度3号）（『大正拾参年度移住家屋補助申請』清水家文書、長野県立歴史館所蔵）

図2-5-15　昭和2年度2号 現状

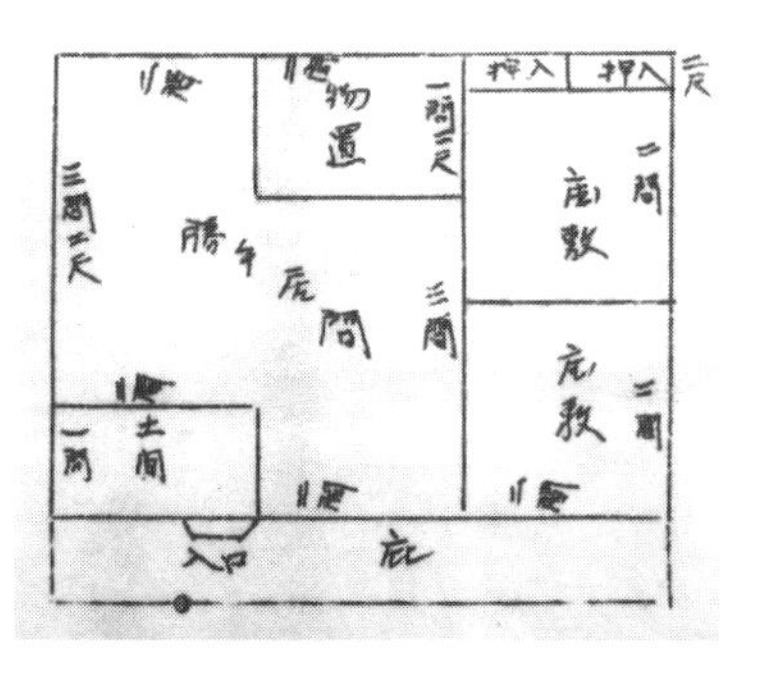

図2-5-14　昭和2年度2号「移住家屋建築図」（『昭和弐年度移住家屋補助申請』清水家文書、長野県立歴史館所蔵）

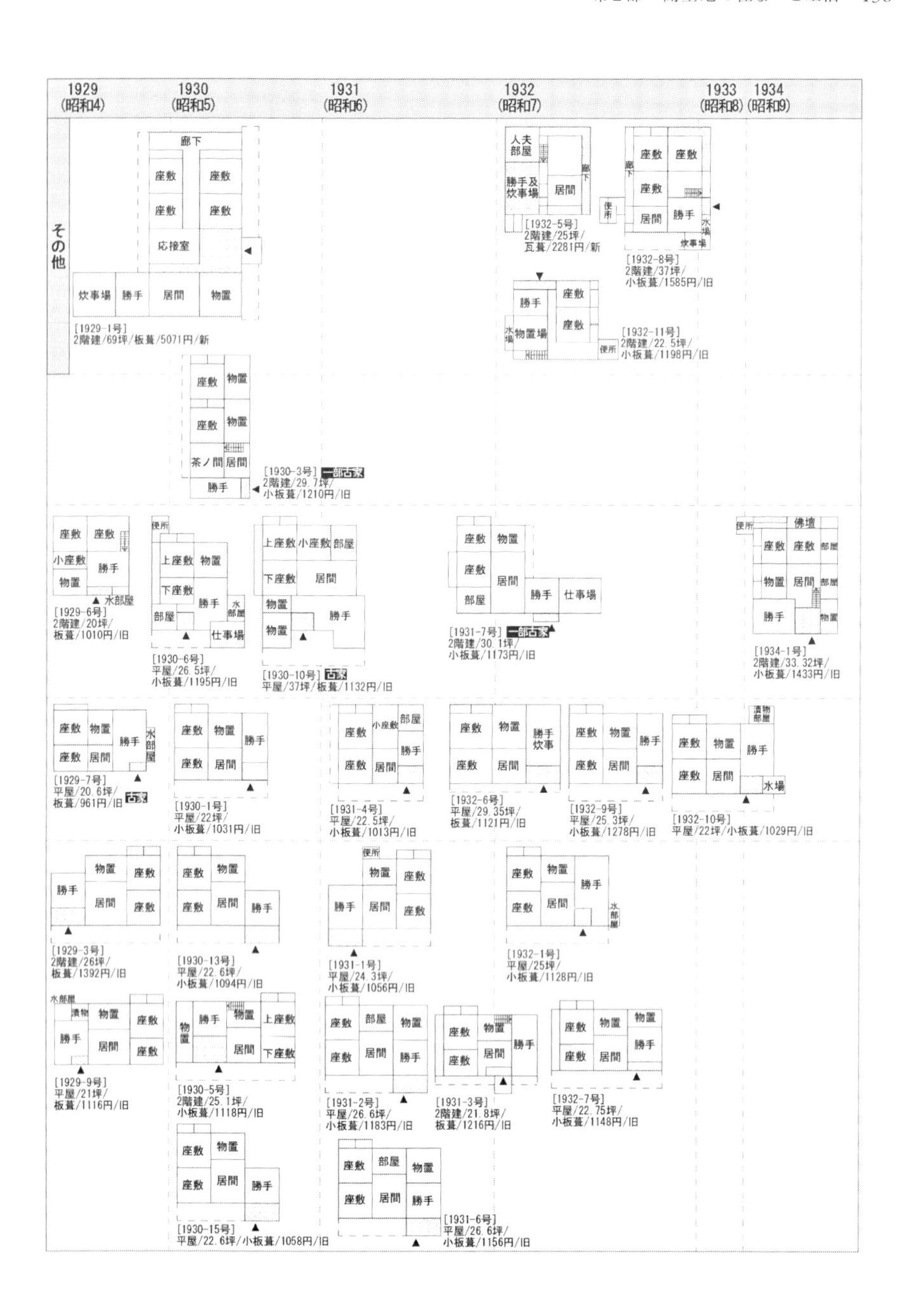
1929
(昭和4)
1930
(昭和5)
1931
(昭和6)
1932
(昭和7)
1933
(昭和8)
1934
(昭和9)
その他
廊下 座敷 座敷 座敷 座敷 応接室 炊事場 勝手 居間 物置
[1929-1号]
2階建/69坪/板葺/5071円/新
人夫部屋 勝手及炊事場 居間 廊下
[1932-5号]
2階建/25坪/瓦葺/2281円/新
座敷 座敷 廊下 座敷 便所 居間 勝手 水場 炊事場
[1932-8号]
2階建/37坪/小板葺/1585円/旧
勝手 座敷 水場 物置場 座敷 便所
[1932-11号]
2階建/22.5坪/小板葺/1198円/旧
座敷 物置 座敷 物置 茶ノ間 居間 勝手
[1930-3号] 一部古家
2階建/29.7坪/小板葺/1210円/旧
座敷 座敷 小座敷 勝手 物置 水部屋
[1929-6号]
2階建/20坪/板葺/1010円/旧
便所 上座敷 物置 下座敷 勝手 水部屋 部屋 仕事場
[1930-6号]
平屋/26.5坪/小板葺/1195円/旧
上座敷 小座敷 部屋 下座敷 居間 物置 勝手 物置
[1930-10号] 古家
平屋/37坪/板葺/1132円/旧
座敷 物置 座敷 居間 部屋 勝手 仕事場
[1931-7号] 一部古家
2階建/30.1坪/小板葺/1173円/旧
便所 佛壇 座敷 座敷 部屋 物置 居間 部屋 勝手 物置
[1934-1号]
2階建/33.32坪/小板葺/1433円/旧
座敷 物置 勝手 水部屋 座敷 居間
[1929-7号]
平屋/20.6坪/板葺/961円/旧 古家
座敷 物置 勝手 座敷 居間
[1930-1号]
平屋/22坪/小板葺/1031円/旧
座敷 小座敷 部屋 勝手 座敷 居間
[1931-4号]
平屋/22.5坪/小板葺/1013円/旧
座敷 物置 勝手炊事 座敷 居間
[1932-6号]
平屋/29.35坪/板葺/1121円/旧
座敷 物置 勝手 座敷 居間
[1932-9号]
平屋/25.3坪/小板葺/1278円/旧
漬物部屋 座敷 物置 勝手 座敷 居間 水場
[1932-10号]
平屋/22坪/小板葺/1029円/旧
物置 座敷 勝手 居間 座敷
[1929-3号]
2階建/26坪/板葺/1392円/旧
座敷 物置 座敷 居間 勝手
[1930-13号]
平屋/22.6坪/小板葺/1094円/旧
便所 物置 座敷 勝手 居間 座敷
[1931-1号]
平屋/24.3坪/小板葺/1056円/旧
座敷 物置 勝手 座敷 居間 水部屋
[1932-1号]
平屋/25坪/小板葺/1128円/旧
水部屋 漬物 物置 座敷 勝手 居間 座敷
[1929-9号]
平屋/21坪/板葺/1116円/旧
勝手 物置 上座敷 物置 居間 下座敷
[1930-5号]
2階建/25.1坪/小板葺/1118円/旧
座敷 部屋 物置 座敷 居間 勝手
[1931-2号]
平屋/26.6坪/小板葺/1183円/旧
座敷 物置 勝手 座敷 居間
[1931-3号]
2階建/21.8坪/板葺/1216円/旧
座敷 物置 物置 勝手 座敷 居間
[1932-7号]
平屋/22.75坪/小板葺/1148円/旧
座敷 物置 座敷 居間 勝手
[1930-15号]
平屋/22.6坪/小板葺/1058円/旧
座敷 部屋 物置 座敷 居間 勝手
[1931-6号]
平屋/26.6坪/小板葺/1156円/旧

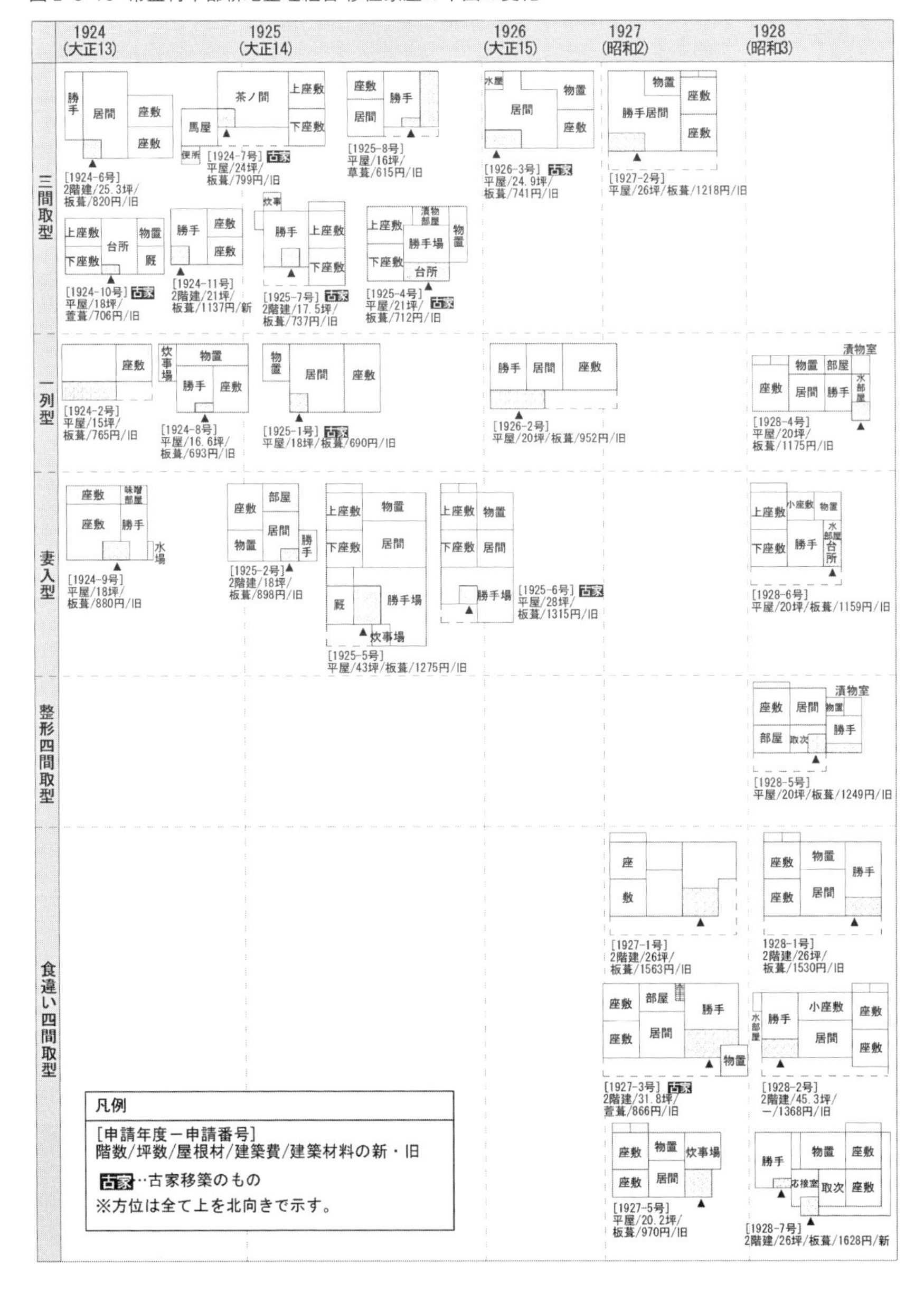


図2-5-16 常盤村中部耕地整理組合 移住家屋の平面の変化

く。さらに昭和期には、正面側に庇を設ける例が急増し、昭和五年度以降は妻入型の二例を除いて徹底されていて、座敷廻りに縁や廊下を廻らす例が現れる点も注目できる。

これは自然な変化ではない。例えば昭和五年度の三号は、昭和六年一月の交付申請から、昭和六年三月二十九日の竣工届の提出までの間に「改造報告」を提出している。これによると、「西側ヘ長七間ニ屋根出六尺ノ庇ヲ造ル」「三間ヘ通行ノ便ナル様三尺ノ縁張ヲナス」とあり、庇と縁を追加したことが報告されていて、添付された二種の平面図でもこの実行が確認できる〈図2-5-17〉。昭和七年度の一一号も、竣工検査で「北側庇ヲ耐久的ニ為スコト」と指摘されていて、庇や縁の付加は県による指導の結果と推測できる。

この指導の参考となる事業が、昭和四年に農林省が実施した「開墾地移住及経営ニ関スル調査」[22]である。この調査は、各県に命じて各開墾地周辺の標準的な農家の間取りや建設単価等を調べたもので、常盤村中部耕地整理組合でも「附近ノ中小農家標準家屋」として二例を掲載している。「中農家」は明治三十年（一八九七）、「小農家」は大正十年（一九二一）という比較的近年の建築であり、「中農家」〈図2-5-18〉は上座敷・下座敷・居間・茶の間の食違い四間取型で、板敷きの炊事場兼食堂の存在や小さな土間、三方に廻らした廊下（縁）など、常盤村中部耕地整理組合の昭和期以降の移住家屋の特徴と近い。「小農家」は妻入型だが構成は類似し、やはり座敷周囲に廊下を廻らす。

農林省は、昭和四年の「開墾地移住奨励ニ関スル注意事項ノ件」において、移住家屋は「地方普通農家ニ準シ最新考案ヲ加ヘタル設計」とし、地域の農家

図2-5-17　昭和5年度3号「移住家屋建築図」（右：改造前、左：改造後）（『昭和五年度移住家屋補助申請関係書』清水家文書、長野県立歴史館所蔵）

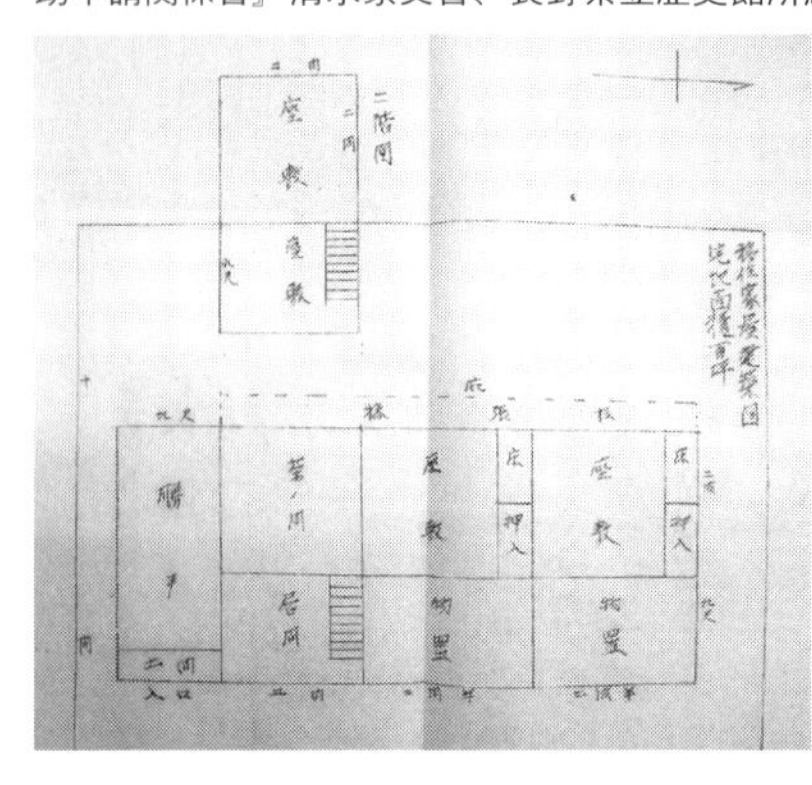

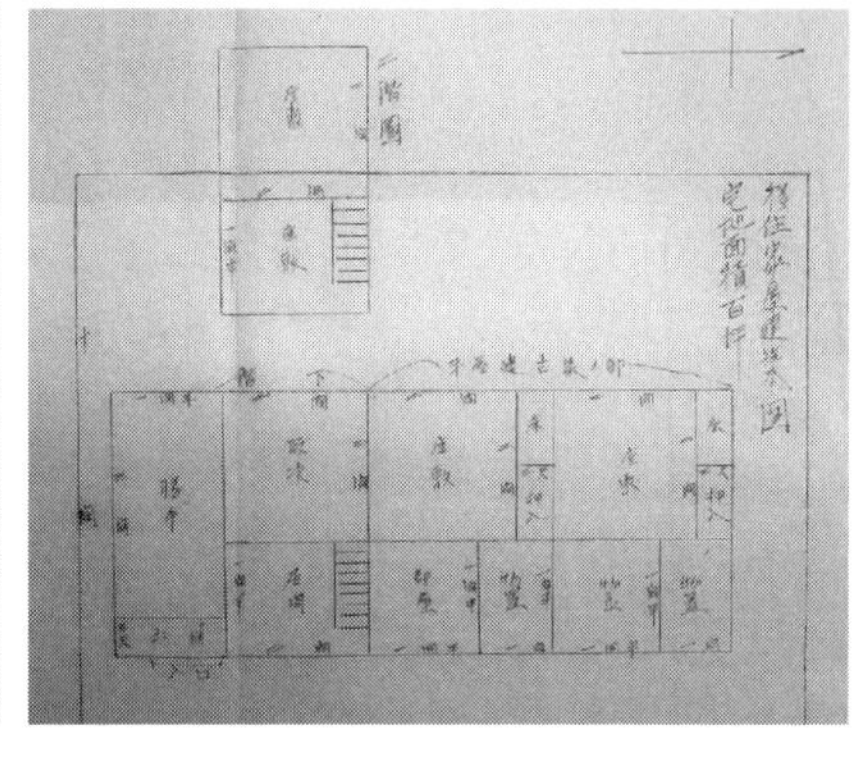

の形式に準じること、すなわち地域性を否定するのではなく、それを基本に改善するよう指導している。同年の標準農家の調査も、同じ地域の農家の「標準」を知って移住家屋の仕様・平面の参考にするために実施したとみられる。

前章までの四カ所の開墾地はいずれも県営事業で、移住家屋は県が年度ごとに一定の様式で建設していた。しかし、常盤村中部耕地整理組合の場合、入植者それぞれが移住家屋を建てるため、出身や経済力、家族構成等によって住宅形式は多様になる。県営に比べ改善の足並みを揃えることが難しいなかで間取りの統一が進んだ点は、開墾地移住奨励制度による指導の成果といえるだろう。

## 3 移住家屋の実像

この常盤村中部耕地整理組合の移住家屋は、調査した平成二十八年（二〇一六）時点で、先にみた昭和二年度二号など四戸しか残っていなかった。開村から約九〇年という年月が、住居の更新を促したといえる。

昭和二年度の一号もまた、主屋は既に新築されていたが、昭和二年当時の移住家屋が離れとして残されていた[23]〈図2-5-19〉。常盤村内の農家だったＩＫ家が弟の分家のために建設したもので、昭和二年（一九二七）十一月に起工、翌三年三月に竣工した[24]。二階は創建時には養蚕用の一室空間だったが居室に割られ、屋根も当初は切妻造・板葺だったが桟瓦葺に改められている。同じ形式の移住家屋は、昭和三年度六号などでも確認できる。

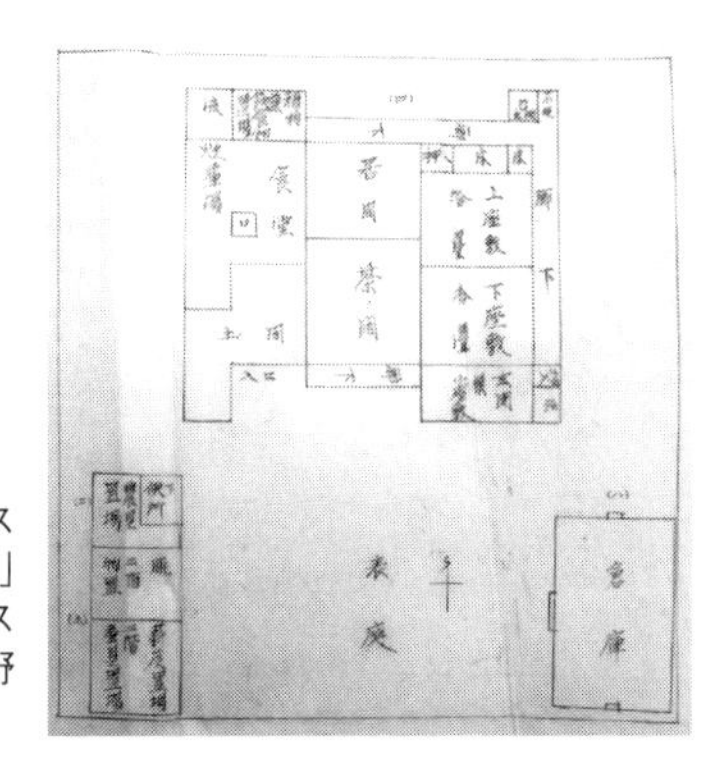

図2-5-18
「開墾地移住及経営ニ関スル調査」常盤村の「中農家」（『府県開墾地ノ移住ニ関スル調査』清水家文書、長野県立歴史館所蔵）

申請書類㉕によると、建坪は二六坪、総建築費は一五六三円で、坪単価六〇円一二銭という金額は昭和期では六番目に高額である。予算書には、材木代や板代のほかに板戸・障子・襖など建具五八本分で一四五円を見積もっていて、質の高さが窺える。畳は八枚しか購入していないため、当初は主室のみ畳敷、ほかは板敷だったとみられる。

申請書類に添付された平面〈図2–5–20〉と調査当時の平面〈図2–5–21〉を比べると、西側に突出した八畳や南西の六畳、西・南側の廊下は後世の増築で、東側の台所・浴室も改築されている。申請図面では二階の北東部分を欠くが、現状でこの部分の外廻りは通し柱であることから、当初は吹抜で床がなく、下階に囲炉裏があったと推測できる。これらから当初平面を復元すると〈図2–5–22〉、梁間四間・桁行六間の総二階に、床の間や台所を下屋で突き出した構成で、申請図面通りに建設されたことが確認できる。

改めて申請図面と現状から創建当初の様相をみると、平面は食違い四間取、土間は西側の三坪分のみだった。申請図面にみる南側の庇は古写真にも確認でき〈図2–5–23〉、先にみた昭和期の典型的な平面と一致する。土間との境に七寸二分角（約二二センチ角）の太い通し柱を立てる点〈図2–5–24〉、部屋境に差鴨居を多用する点、部屋を「カミザシキ」「シモザシキ」「オエ」「コザシキ」と呼称する点、オエに仏壇を備える点は、近隣の在来民家を継承する。一方、一、二階とも階高が高く、開口が多い点が目をひき、一階は根太天井で九尺（二・七二メートル）あり、東・北側にも開口を設けて通風・採光に配慮する。さらに養蚕用だった二階も、南側に三間、北側に二間の窓を設けていて明るい。小屋組は登り梁だが方杖を併用し、壁にも筋違を多用する。明治前期の北海道開拓にみるような悲壮感のない、伸びやかな近代住宅である。

入植初代の妻が亡くなるまで暮らしたこの住宅は、調査後に解体された。安曇野開墾

図2-5-20　昭和2年度1号「移住家屋建築図」(『昭和弐年度移住家屋補助申請』清水家文書、長野県立歴史館所蔵)

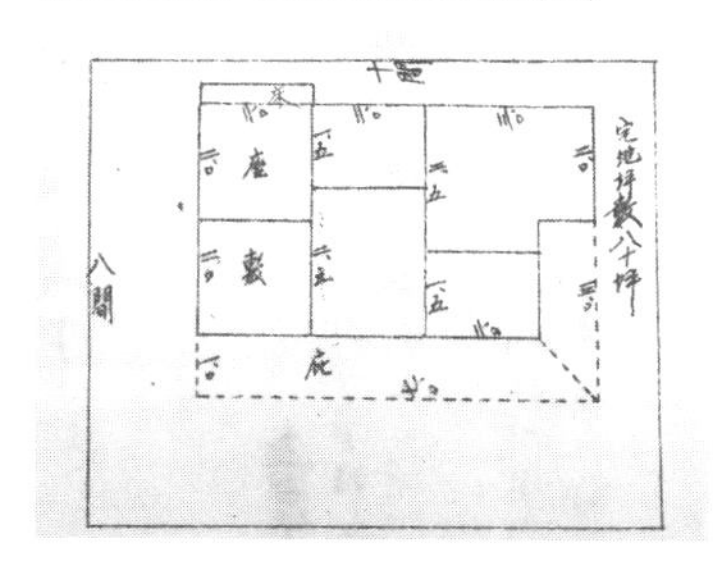

図2-5-19　昭和2年度1号(IK家)現状(2016年当時)

図2-5-22 昭和2年度1号(IK家)復元平面図

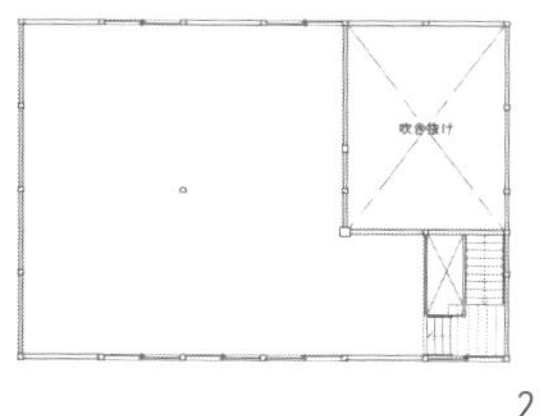


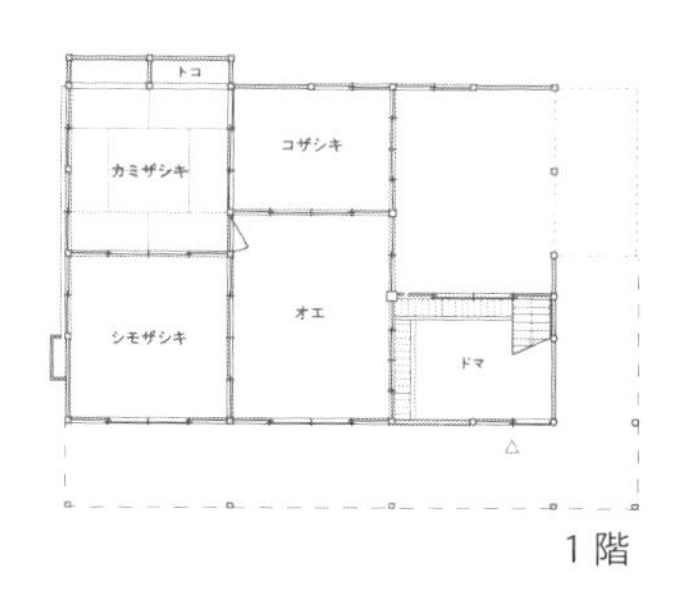


図2-5-21　昭和2年度1号(IK家)現状平面図(2016年当時)

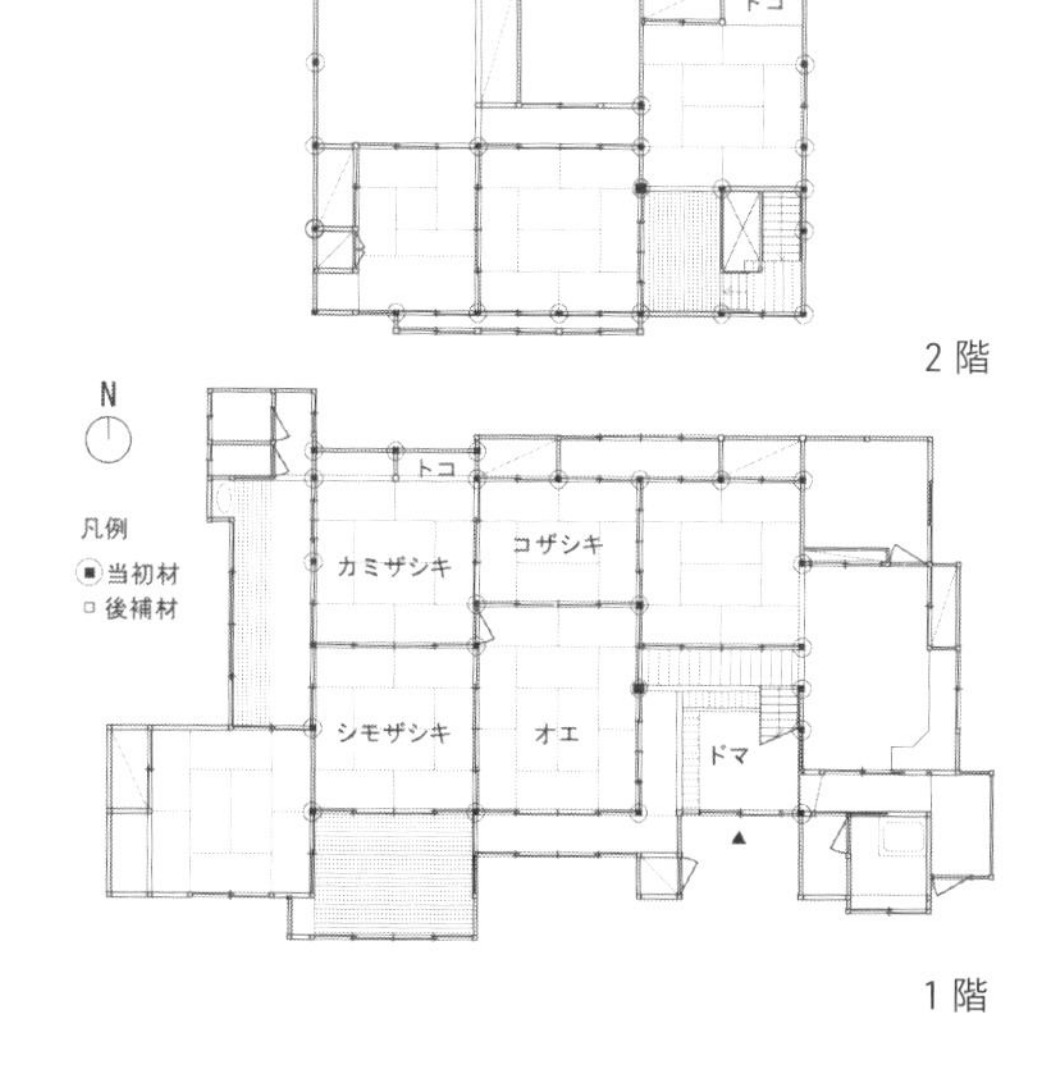


図2-5-24 IK家土間境

図2-5-23 IK家古写真(昭和30年代初頭)

の住生活を記録しておくことも、本書の役割だと考えている。

（小沢朝江）

(1) 安曇野地方の開墾については、北安曇誌編纂委員会編『北安曇誌 第4巻』北安曇誌編纂委員会、一九八〇年。
(2) 長野県編『長野県史 通史編 第八巻 近代二』長野県史刊行会、一九八九年、一一六―一一七頁。
(3) 注2『長野県史 通史編 第八巻 近代二』一一五―一一六頁。
(4) 長野県立歴史館編『長野県立歴史館収蔵文書目録6』長野県立歴史館、二〇〇七年、五―一〇頁。
(5)「北安曇郡常盤村中部耕地整理組合地区略図」『昭和十年度移住家屋補助申請』所収、清水家文書、長野県立歴史館所蔵。
(6)『創立八十周年記念 学校沿革誌』大町市立常盤小学校、一九七〇年。
(7)『移住者別ノ調査』全3点、清水家文書、長野県立歴史館所蔵。
(8) 原文は農商務省食糧局編『開墾奨励法規』農商務省食糧局、一九二二年、八五―九六頁。
(9) 農林省農務局編『開墾地移住ニ関スル調査 第三輯』農林省農務局、一九三八年、六一頁。
(10) 注7に同じ。
(11) 農林省農務局編『開墾地移住状況調査』農林省農務局、一九二七年、一頁。
(12)「前表七名ノ内、内田喜悦氏ハ昭和四年度ヨリノ関係ニ付家屋奨励金皆金払打切トシ、其代リ特ニ組合ヨリ百円其他六人ヨリ六百円、合計七百円也ヲ左記四名ノ本年度奨励金ニ洩レタルモノニ特別貸渡シ、其謝礼トシテ前金ニ金五円宛ヲ七名ヘ差上ケ、明年六月中ニ元金壱百円宛ヲ七名ニ返済スルヲ各自承諾捺印シ置クモノナリ」『昭和六年 開墾地移住奨励金交付申請書他』清水家文書、長野県立歴史館所蔵。
(13) 昭和四年度四号「古屋買入ノモノトセハ補充材及大工ノ工数過大ナラン」『昭和四年度移住家屋補助申請関係書』清水家文書、長野県立歴史館所蔵。
(14) 昭和五年度四号「実地調査ノ処、家屋ハ三戸ノ貸家ヲ目的トシ建築シタルモノニシテ、現在永住目的ニ非ルモノ住居トシ、規定ニ反スルモノニ付返却ス」『昭和五年度移住補助申請不合格書』清水家文書、長野県立歴史館所蔵。
(15) 農林省農務局編『耕地拡張改良事業要覧 第二次』農林省農務局、一九二七年、二七頁。
(16) 原文は注9『開墾地移住ニ関スル調査 第三輯』一二―一三頁。
(17) 農林省農務局編『耕地拡張改良事業要覧 第五次』農林省農務局、一九三〇年、二七頁。
(18)「大正、昭和七、八、九の三ヶ年に於ける農産物価の高低と社会情勢の比較調査」長野県職業紹介所、一九三四年、八―一〇頁。
(19) 平山育男「全国における農家の移築棟数と地域性について」日本建築学会計画系論文集六二号、二〇〇七年一月、一八九―一九四頁。
(20) 長野県編『長野県史 美術建築資料編』長野県史刊行委員会 一九九〇年、一八二―一八四頁。
(21) 福田晴虔「板葺切妻民家間取の発展過程の一例 長野県南安曇郡奈川村の民家」日本建築学会大会学術講演梗概集、一九七一年、二五七―二六〇頁。

(22)「開墾地移住及経営ニ関スル調査」の概要は農林省農務局編『開墾地移住ニ関スル調査 第一輯』農林省農務局、一九三〇年、一九五―二一八頁。
(23) IK家へのヒアリングによる。
(24) 昭和二年度一号『昭和弐年度移住家屋補助申請』清水家文書、長野県立歴史館所蔵。
(25) 注24に同じ。

# 第6章

# 松田喜一が指揮した共存共栄村——熊本県営南新地干拓地

## 1 指導者松田喜一による農村

この本のタイトルは「大地と生きる住まい」であるが、ここで取り上げる「大地」は自然にできたものではない。本章では、人の手によって耕され、新たに創り出された大地の一つである「干拓地」を舞台に、共に支え合い、共に成長して成果を挙げる「共存共栄」の理念を掲げた農村での住まいと暮らしについて紹介したい。

「干拓」とは、海や水辺に新しい土地を造る方法であり、水中に堤防を築き、その内側の水を排出して土地を干し上げることで生まれるものである。これに似た用語に「埋立て」があるが、こちらは堤防を築いた後、その中を土で埋めて造成する方法である。干拓は、海水を排出することで海底を陸地に変えるため、埋立てよりも比較的容易に行えるが、遠浅の海や潟などの特定の地形条件が必要である。

「世界は神が造ったが、オランダはオランダ人が造った」という言葉がある。干拓といえばオランダを思い浮かべる人も多いだろう。オランダでは十三世紀頃から干拓事業が始まり、国土の約三分の一が干拓によって生み出された。これにより、海面より低い土地が次々と広がり、豊かな大地が形成されたのである。

日本も、干拓によって多くの土地を得てきた国である。日本は諸外国に比べて山が多く平野が狭いため、農地面積が限られている。そのため、日本人もオランダ人と同様に新しい土地を海に求める必要があったのだろう。日本の干拓の歴史を調べると、その起源が非常に古いことに驚かされる。干拓の最古の記録は、『続日本後紀』に記された嘉祥二年（八四九）の干拓を題材にした歌であるとされている。干拓事業は江戸時代以降本格化し、秋田県の八郎潟干拓地、九州の有明海沿岸、岡山県の児島湾干拓など、全国各地で大規模な干拓が進められた。

本章で扱うのは、熊本県の八代湾干拓事業で生まれた熊本県営南新地干拓地（現八代市）である。熊本県は、安土桃山時代から干拓が盛んな地域で、多くの豊かな陸地が造られてきた。特に明治三〇年代に行われた郡築新地の干拓は、一〇四六ヘクタールの土地を干拓する一大事業であった。この郡築新地の北側に位置するのが県営南新地で、その規模は五七〇ヘクタールである。

県営南新地は、八代郡の八千把・千丁・文政の三カ村の沖合に位置し、明治四十四年（一九一一）に県営事業として計画された干拓地である。この事業は、県有財産の増加と土地造成、食料自給の向上を目的に、大正七年（一九一八）から四カ年計画で進められた。しかし、堤防の決壊などの問題で事業が遅れ、大正十四年にようやく完了した。

県営で新たに造成された南新地干拓地の経営は、当時の熊本県政にとって緊急かつ重要な課題であり、失敗が許されない状況にあった。そこで、熊本県知事の中川健藏は、県内で農業研究者や教育者として高い評価を得ていた人物に南新地の経営を託した。その人物が松田喜一である。

## ■松田喜一の思いを具現化

松田喜一〈図2-6-1〉は、明治二〇年（一八八七）に熊本県宇城市松橋町で生まれ、熊本県立農業学校（現熊本県立熊本農業高等学校）で河村九淵に師事し、卒業後、同校の助手を務めた。同年に農商務省農事試験場九州支場の助手に転じ、その後は熊本県立農業試験場に勤務し、県技手や県技師として日本各地を巡りながら農業研究に従事した。

その研究成果である「松田式麦作法」は、公表後わずか三～四年で熊本県内に広まり、松田喜一の名は県内で広く知られるようになった。大正七年（一九一八）に日本農友会を結成し、熊本市内の公会堂で行った発表会には七〇〇〇名もの出席者が集まり、その人気はカリスマ的であった。同じ年に雑誌『農友』を発行し、農業の知識を広める活動にも取り組んだ[1]。しかし、県の試験場職員としての活動には限界を感じていた。「農業は論より証拠だ。実地で指導しなければ農民は納得しない。そのためには自分が農場を持ち、そこに農家の後継者を集めて、直接指導しなければ駄目だ[2]」と考えた松田は、大正九年（一九二〇）に肥後農友会実習所〈図2-6-2〉を黒石原（現西合志町）に設置し、さらに阿蘇郡色見村（現高森町）に分場を開設して、自らの手で農民を指導する場と機会を設けた。

しかし、この実習所での農業は困難を極めた。陸稲の育成を火山灰台地で試みたが失敗が続き、大正十三年には財産を差し押さえられるほどで、松田にとっては人生最大の危機であった。そのような時に持ちかけられたのが、県営南新地での嘱託の仕事であった。中川健藏の意思を継いだ佐竹義文知事から就任要請を受けたが、松田は一度辞退した。しかし、周囲の勧めや県民からの強い要請もあり、最終的には受諾し、干拓地での

図2-6-2　黒石原に設置された肥後農友会実習所（鈴木喬「松田喜一」『くまもとの風』熊本県広報課、1990年4月より）

図2-6-1　松田喜一（『昭和の農聖松田喜一先生』松田喜一先生銅像保存会、1971年より）

農業経営を指導することとなった。

松田は、知事に対して経営に協力する際に意見書を提出している。[3]この意見書には、松田が理想とする農村の姿が窺える。

新地経営については、「一、集約的小農経営による地力の向上を図る　二、民力を充実するほど地力も向上する、三、副業が興隆すれば必ず地代が向上する　四、畑地を適当に配合すれば田地の価格が騰貴する」と指摘する。

松田は、農民の地力の向上を最優先し、副業を推奨している。そのことが安定した経営に必要であると指摘する。生活にひまがあると余計な出費がかさむが、ひまのない家庭では無駄な金銭の浪費がない。最も繁栄する農村は、収入が多い農村ではなく、ひまのない農村であるという。副業を進める理由も、ひまのない農村を築き上げるためであると説いている。

意見書の最後には、「要は人の問題です。学者にあらず議論家にあらず、とにかく努力奮闘する人、奮闘精進せずにはいられない人。結局事業はすべて天才ある経験家の真剣な努力にまたなければ成功は期しがたいのです」と結び、移住者の人柄や姿勢、意気込みといった開拓精神の重要性を強調している。

## 2 移住者による理想農村の創生

### ■ 倍率一〇倍以上の移住

大正十五年（一九二六）一月に一部竣工した一九七町歩の南新地で第一期移住者の募

集が開始された。五〇〇戸の募集があり、それを七〇に厳選し、戸主に移住承認の通達が発送された。昭和二年（一九二七）に残りの三〇〇町歩が完了したため、同年一月に第二期移住者の募集を実施し、そこでは一〇〇戸の募集に対して、八五一戸の希望者が殺到したという。審査の結果、九六戸に移住を承認し、一期と合わせて計一六六戸が決定された。

では、どのような人物が移住者として入植したのだろうか。入植者の募集条件には、家族同伴で永住の意思を持ち、産業組合資金二五〇円を支出できることが挙げられている。この組合資金からも分かるように、ある程度の財産を持っていることが第一の条件であった。第二期募集では、これらの条件があるにもかかわらず、応募者が八〇〇戸以上となったことは想定を超えていたという。

入植者選考は、まず警察の調査と内申調査によって三〇〇名程度に絞り、その後、県当局が個別訪問で面接を行って、入植者を決定した。開拓精神の有無や素養を確認するためであった。言葉巧みな誘導で、入植意思を翻させるような誘導尋問を行って入植意思を確認し、確固たる意思と覚悟を持たないものは入植できなかった。

この厳正なる審査を通過した入植者の出身地をみると、第一期移住者、第二期移住者共に全員が熊本県内で、特に干拓地近辺の八代郡からの入植者が多かった。資金力や開拓精神に加えて、土地勘や干拓経験のある人が選ばれていたのであろう。

これほどの移住希望者が殺到した理由はなぜだろうか。当時の小作制度は、いくら働いても土地を増やせず、作物の出来に関係なく小作料が一定で、負担が大きかった。南新地では、多くの土地が与えられ、入植後に退村者がいた場合、その土地を購入でき、土地を増やすことができる魅力があった。実際、第二次入植者の記録をみると、一町八反の土地割当から、一七年後には七反余り増加している。そして第二期募集では、応募総数が第一期の約二倍に膨れ上がっていることも見逃せない。これは、第一期入植者の成果が悪くない成果をあげていたこと、同じ村から入植した先輩らの話しを聞いて希望を持ったこと、そして何より松田喜一の理想農村建設という偉大な目標に惹かれてのことだった。松田が遺した言葉に「農魂を養い、農法、農技を磨き、理想農場を建設して、左に積善、右に生産の子々孫々に栄え行く理想の農家を樹立せよ[4]」がある。理想の農家の営む農業が理想農業であり、これらの農家が集って理想農村を建設することができるということをうたっている。このように、入植の動機は、新天地で新しい人生を切り開いて行こうという開拓精神と共に、理想の農村づくりという二つの大きな目標のためといえるだろう。

## ■理想農村の十カ条

南新地の理想の農村づくりは、松田を中心に新地開墾に情熱を注ぐ入植者によって進められた。理想農村に対して、松田は入植者らと熟議して、十カ条の申合せをした[5]。

一、教育勅語の御趣旨を奉体し、各自の徳義心を重んずること。
二、共同一致して共存共栄の実を挙げるため、左の設備並びに事業を行う。
（1）部落毎に、公会堂・共同作業場・託児所・共同浴場・警鐘台を設置すること。
（2）産業組合を中心として経済的共同作業をなすこと。
（3）別項の方法により、共有財産を造成し、社会奉仕・非常時に際する準備互助救護公費支弁をなすこと。
（4）各自の住宅は客間を済し台所の完備に努むること。

三、政争により互に反目することは厳重にこれを戒め、選挙日に限り各自の主義を以て理想選挙を行うこと。
四、一村の興隆も村民の幸福も悉く各自の修養にまたなければならぬ。故に子弟の教養と共に成人教育に最も力を用うること。
五、身体の健康は幸福の基であるから、深く衛生に注意すること。
六、礼儀を重んじ、約束を守り、義務の履行に力むること。
七、規律を正しく時間を励行し、暇なき農村を建設すること。
八、単純な飲食を主とする娯楽を慎み、高尚な趣味を涵養すること。
九、質素を旨とし虚礼を廃し、名誉心に駆られ社会の風俗秩序を乱すような行為を最も戒むべきこと。
十、感謝的生活を送ること。殊に地主たる県民諸君並びに県当局に対し、感謝の意を表すること。

このように、理想農村を構築するためには、第一に移住者の道徳心を挙げ、人づくりが基本であるという方針を示している。注目されるのは、二番目の項目で共同建造物の建設や住宅などのハード面に言及する点である。共存共栄を目指すには、地域社会のための設備や事業を整備・推進することが不可欠であると捉えていることが窺える。地域の発展と住民の幸福は、個々の自己修養と教育の充実によるものであり、健康を保つための衛生面の徹底、礼節や働き方、趣味や娯楽というように農村生活や人格に至るまで細かく方向性を示すことで、一致団結して理想農村の創設を目指した。

## 3 共同建造物を活かした農村計画

### ■郷土色の強い移住家屋

では、共存共栄を可能とするための施設とは、具体的にどのような建物であったのだろうか。干拓地に建設された建物について詳しくみていきたい。

まず入植者の移住家屋をみてみよう。南新地では、これまでにみてきた県営による移住家屋とは異なり、建設やその形式が入植者に委ねられた。県は移住者に奨励金四〇〇円を補助する形で実施され、大正十五年（一九二六）～昭和十年（一九三五）に一三〇戸が国の移住奨励の交付を受けて建築された。この戸数は、退村者を除いた移住戸数一三三戸のほぼ全戸に当たる。その様相は、農林省耕地課技師の板井申生が雑誌[6]に掲載した四戸の平面と一戸の古写真から知ることができる。

四戸は建坪が一七・〇五～三九・二五坪と幅広く、一戸は二階建で一階に土間・居間・炊事場、二階に寝室を設けるが〈図2-6-3〉、ほか三戸は平屋の整形四間取で、前面に仏壇を備えた客間を設け、その背面側に寝室の部屋を配置し、土間の脇に炊事場、味噌部屋等を置く〈図2-6-4〉。このうち、整形四間取や前面の客間、背面の部屋については、八代郡周辺の近世民家〈図2-6-5〉にみられる特徴であり、これらの移住家屋の床上部は、在郷の近世民家の形式を引き継いで建てられたことがわかる。

熊本県内の近世民家の特徴として、寄棟造の四間取を中心に、球磨郡の曲屋や菊池郡の二棟造、そして佐賀県でみられるコの字屋根でくど造風の民家が存在することが指摘されている[7]。県営南新地干拓地の当時の様相については、「家の作り方、屋根のふき方

図2-6-3　2階建て移住家屋外観・平面図（「海面干拓の新農村（続き）」『郷土―研究と教育―』第四号、1931年2月より）

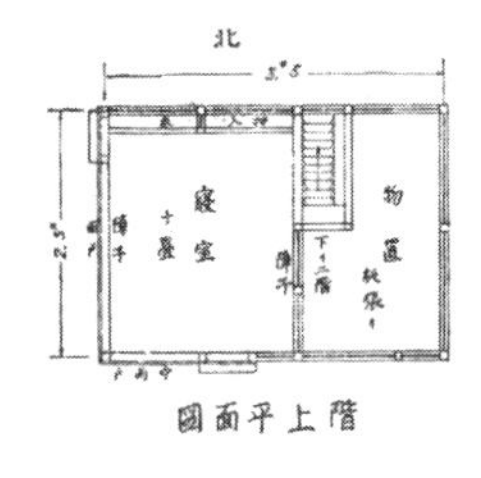


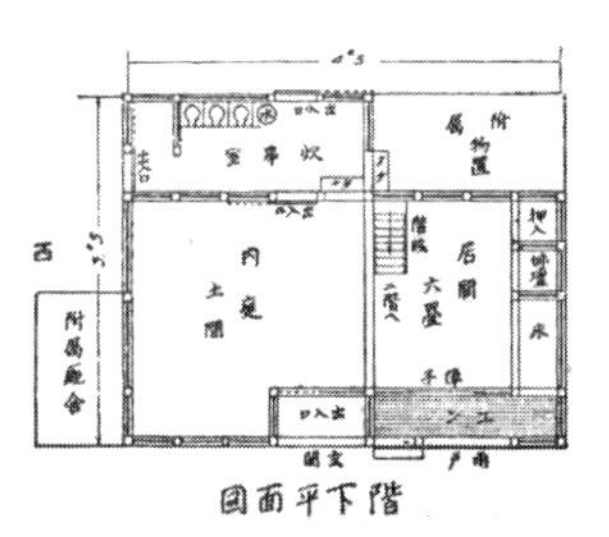

に出身の各郡村の特徴をあらわし、それぞれ趣きがちがって家屋展覧会の光景をみせた」と記されている。また、昭和十九年九月の屋久島台風時の被害を伝える古写真から、寄棟造や入母屋造の屋根を持つ平屋建や二階建の民家が建っていた様子がわかる〈図2-6-6〉。同じ形式の建物が整然と建ち並ぶ他の開墾地とは異なり、地域色を残す多様な住宅の景色が広がっていたことが特徴である。

一方で、移住家屋四戸の共通点は、「台所の完備に力むこと」という松田の指導に基づき、約二坪の炊事場を土間と区画して設ける点と、厩舎を別棟とする点である。設備方針には「各家屋の客室を廃し、部落公会堂を設置し、共同客室となし」と記されているが、四戸中三戸に客間が設けられ、この方針が徹底されなかったことが窺える。

板井の記事によると、昭和四年までに移住奨励の交付を受けた四三戸は、「木

図2-6-4　平屋建て移住家屋平面図兼配置図3棟（「海面干拓の新農村（続き）」『郷土―研究と教育―』第四号、1931年2月より作成）

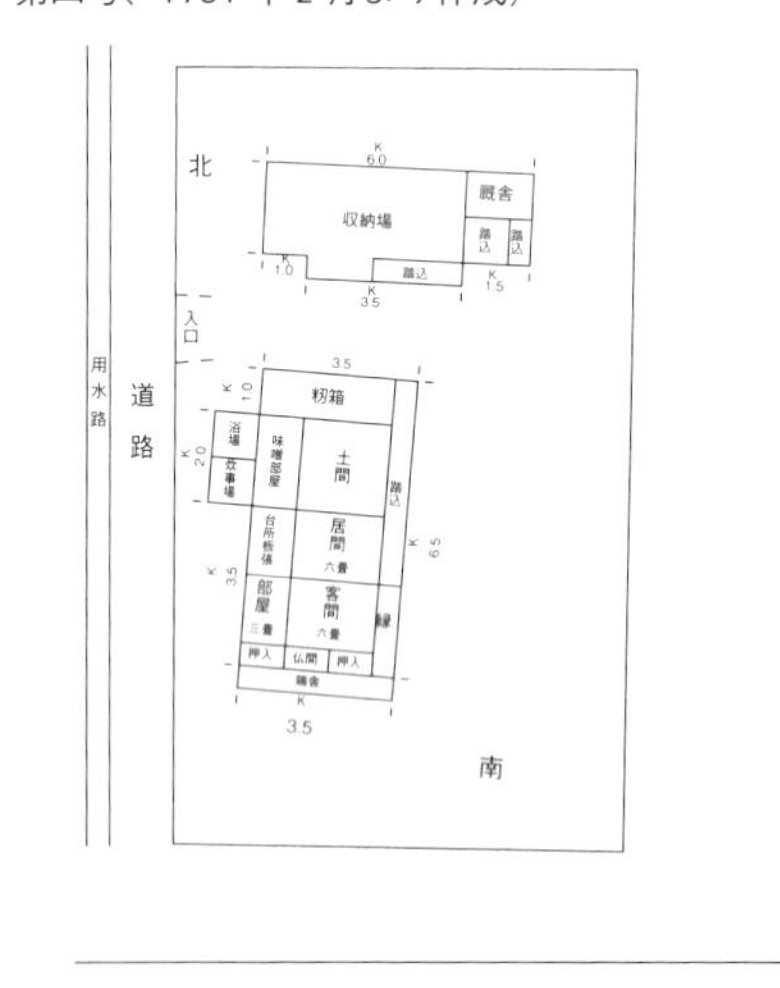


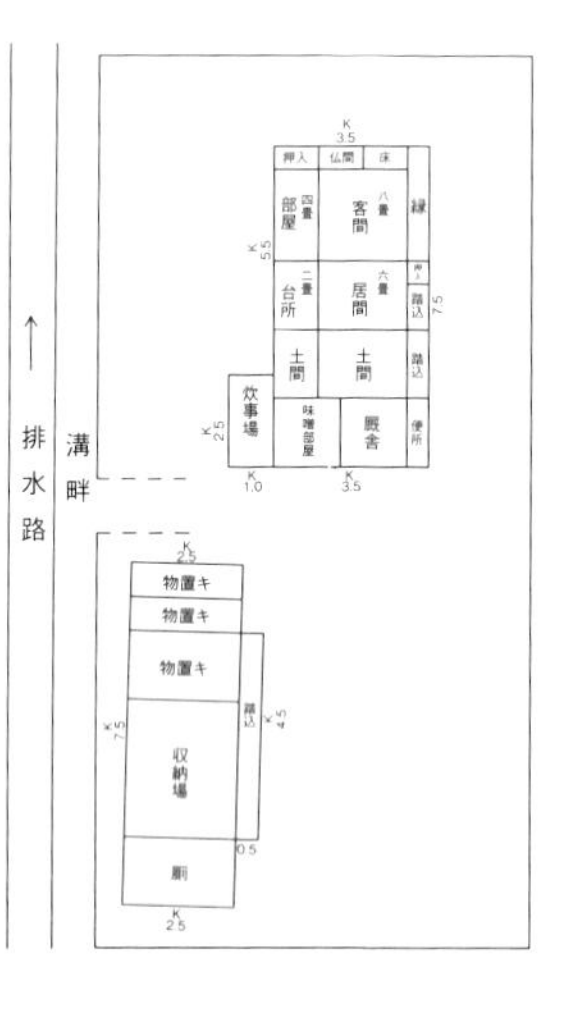


道路

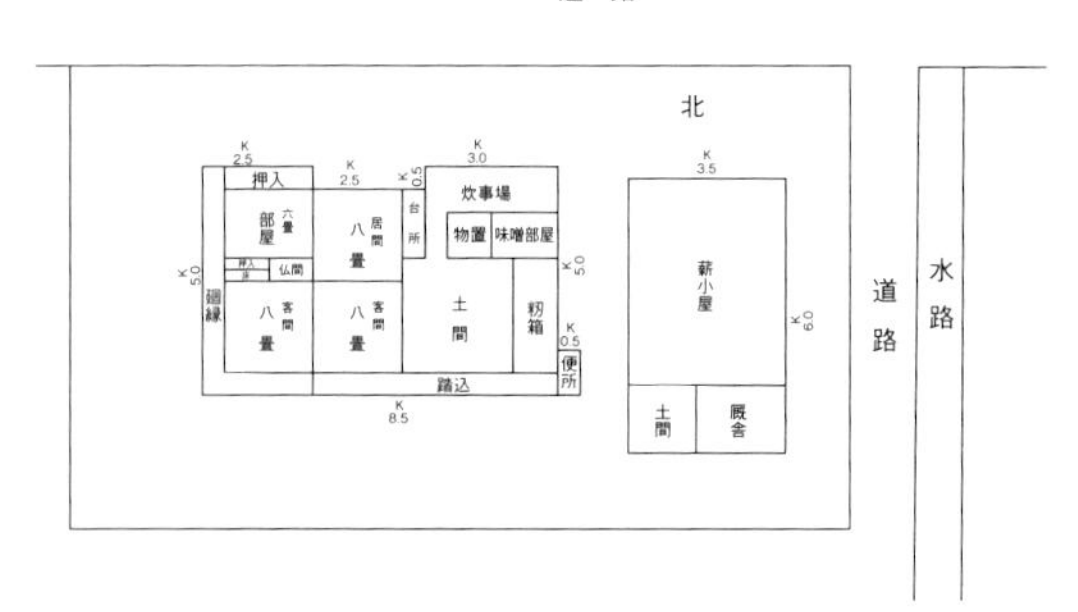

造瓦葺が半数以上」で、「間数は八室で建坪が三十七坪、建築費千四百二十四円」を平均とし、「地方普通農家に比し遜色ない」と評されており、家族同伴での入植を前提に、当初から相当の規模で建設されたと考えられる。

なお、松田は自身が執筆した書籍(8)の中の「理想農場」の章において、住宅の土間に関する詳細な記述を残している。彼によれば、住宅には一坪半の土間があれば十分であり、事務室兼応接間を設けることが必要であると述べている。そこにはテーブルや椅子、黒板を置き、農場の図面や年中行事、肥料表等を掲げるべきで、恩人の書や写真も掲げてよいという。参考書等も備えて農業計画や事務整理、読書を行う場所とし、来客時には土足のまま接待してよい。土間が百姓の大本営であり、土間一つで百姓が何千倍と楽しくなる場であると強調し、平面図に表れない土間空間の向上をうたっている。

## ■共同建造物で安全安心の村づくり

次に共同建造物についてみてみよう。熊本県営南新地干拓地では、大正十五年（一九二六）～昭和八年（一九三三）までの間、少なくとも計一六棟の建物が移住奨励の交付を受けて建築され(9)、いずれも県が建設した〈表2-6-1〉。ただし維持管理はそれぞれ異なり、事務所兼集会所・共同宿泊所・農作物収納舎・樋門番舎・格納庫・渡船小屋については県が管理し、寺院・神社については各法人団体が、小学校・隔離病棟については地元村が担った。

最初に補助金を受けて建築されたのは、大正十五年の樋門番舎二棟である。樋門番舎は樋門番人の居住施設で、南新地第一、第二樋門の監視を行うことで、堤防の決壊等の大きな災害に備えるために設置された。このことから、移住者の安全確保を目的とした

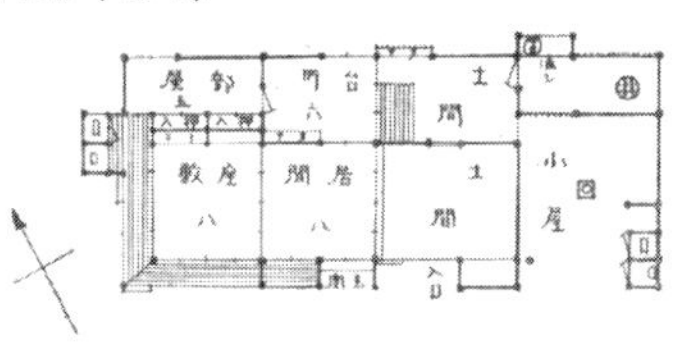

図2-6-5　八代郡の近世民家平面図（石原憲治『日本農民建築第一輯』聚楽社、1935年より）

図2-6-6　様々な屋根の造りがみられる移住家屋　昭和19年屋久島台風被害時（昭和郷土誌編纂協議会編『昭和郷土誌』八代市昭和出張所、1975年より）

共同建造物が最初に建設されたといえる。

その後、同年八月に事務所兼集会所と、それに直交する向きで農作物収納舎〈図2-6-7〉、さらに小学校が建てられた。事務所兼集会所は、周辺地区を含む県営新地の農業経営に関する事務所として昭和六年三月まで利用され、移住民の各種会合に用いる集会所としても利用された。その後は昭和村役場に一室を貸出し、昭和七年四月から昭和村信用販売購買利用組合へ貸し出された。この建物は、平面図や古写真等が残っている〈図2-6-8〉。建物は、木造平屋建て切妻造瓦葺で、梁間四間、桁行一四・五間である。前面側には入口を設け、背面側に物置と便所が突き出ている。建物右手の小使室や宿直室は、棟を一段低くした別棟とするものの、壁を下見板張りとし、大きな開口部と腰窓を連続する外観が共通しており、近代的な特徴をもつ。

また、これに直交する場所には木造平屋建ての切妻造トタン葺の農作物収納舎が建てられている。昭和四年から一部が昭和村信用販売購買組合事務所に利用されたが、翌年に収納舎が新たに建築されたことで、建物全部が前記販売購買利用組合に貸与され、倉庫に用途が変更された。

特筆すべきは、小学校〈図2-6-9〉の建設が移住の開始と同時に行われたことである。これは、家族同伴の入植を条件としたという理由もあるが、八代湾周辺の干拓地では、耕地整理と同時に小学校を建設することが一般的であったことも要因であろう。南新地の南側に位置する郡築新地（現八代市）でも、移住開始まもなく小学校が建てられ、南新地北側の北新地干拓でも文政小学校が建築されている。また、農村経営の安定に伴い子どもが激増したことで、拡充可能な教

表2-6-1　共同建造物一覧

| 建物名 | 屋根形式 | 規模（坪） | 建築費 | 竣工 |
|---|---|---|---|---|
| 樋門番舎（2棟） | 木造セメント瓦葺 | 14 | 1861円12銭 | 大正15年 |
| 事務所兼集会所 | 木造瓦葺 | 66.5 | 5900円 | 大正15年8月 |
| 農作物収納舎 | 木造トタン葺 | 20 | 1160円79銭 | 大正15年8月 |
| 小学校 | 木造石綿スレート葺 | 89 | 8431円20銭 | 大正15年8月 |
| 共同宿泊所1棟 | 木造セメント瓦葺 | 29.5 | 2464円46銭 | 昭和2年3月 |
| 共同宿泊所（3棟） | 木造セメント瓦葺 | 19.7 | 5034円42銭 | 昭和2年3月 |
| 格納庫（2棟） | 木造トタン葺 | 4 | 339円 | 昭和3年3月 |
| 神社 | 木造神明造り | 13.75 | 2207円 | 昭和3年3月 |
| 渡船小屋 | 木造浅野スレート波形板葺 | 6 | 865円06銭 | 昭和4年3月 |
| 寺院 | 本堂木造石綿スレート一文字葺・庫裏木造瓦葺 | 33.15 | 9666円 | 昭和4年3月 |
| 収納舎 | 木造石綿スレート一文字葺 | 50 | 3000円 | 昭和5年3月 |
| 隔離病棟 | | | | 昭和7年まで |

図 2-6-7　農作物収納舎（写真左　『開墾地移住ニ関スル調査 第三輯』農林省農務局、1938 年より）

図 2-6-8　事務所兼集会所　入口前（『開墾地移住ニ関スル調査 第二輯』農林省農務局、1934 年より）外観全景・平面図（『開墾地移住状況調査』農林省農務局、1927 年より）

入口前

外観全景

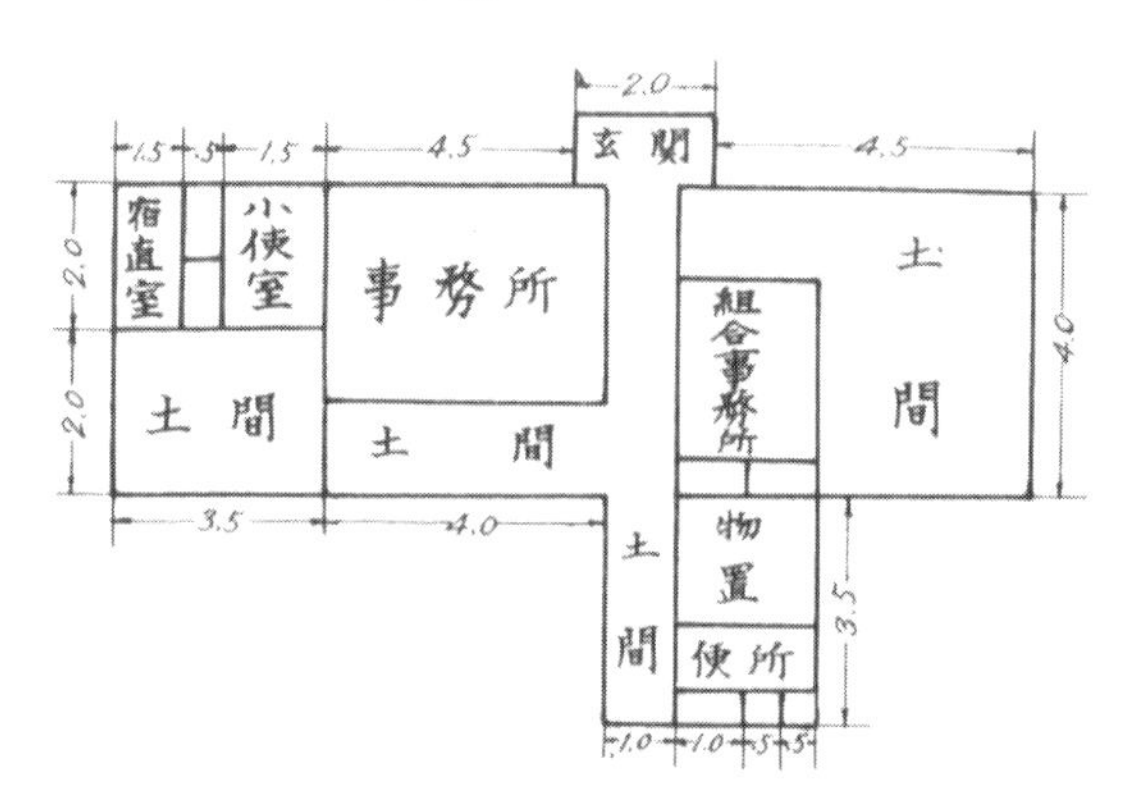


平面図

育施設が求められた。開校当初の分教場時は、四四人を一学級にする単級組織で、校舎は教室二室とその他二室の小規模なものであった。まるで寺子屋のように板の間に膝を曲げ、本を膝にのせて学習する形式であった。その後、子供の増加に伴って三度の増築が行われ、古写真からは正面左手側、桁行方向に規模を拡大していったことが確認できる。なお、校訓は「恩を忘れずよく学べ、体を大事によく遊べ、まごころこめてよく働け[10]」で、農村の十カ条と合致し、次世代の育成が展開された。

共同建造物を移築して転用する例も興味深い。南新地では、昭和二年に四棟の共同宿泊所が建設され、移住家屋が建設されるまで仮住まいとして利用された。その後、第一期二期の入植者の本住まいや仮住まいが完成すると、これらの宿舎は県史員の宿舎として使用された。南新地の造営が完了した昭和七年、四棟の共同宿泊所を北新地に移転させ、南新地と北新地の両方の農業経営に対する指導監督をする県史員の宿舎として再利用されている。入植初期の役目を終えた建物を再利用しながら、経営の安定を図る建物として使い続けられた。

以上のように南新地では、農作物収納舎や事務所兼集会所、共同宿泊所など、共同建造物を建設する主目的である農業経営の合理化や安定を図る施設が建設された。その後は、昭和三年に神社（松田神社）が建てられ、翌年には南新地住民の葬送、供養、法会などを目的に寺院（圓成寺）が建築された。この二棟は現在再建されているものの、場所や形は変わっていないという〈図2-6-10〉。昭和四年三月に建設された渡船小屋は、南新地と郡築村の間に当時橋がないため、使用されていた。昭和七年までに、隔離病棟も建設されている。移住奨励以外では、『開墾地移住ニ関スル調査 第一輯』（農林省農務局、一九三〇年）に「今後建築セントスル分」として収納倉庫・共同作業場四棟・託

図2-6-9　小学校　左：分教場時（『開墾地移住状況調査』農林省農務局、1927年より）・右：増築後（『開墾地移住ニ関スル調査 第三輯』農林省農務局、1938年より）

児所四棟・共同浴場四棟・公会堂一棟・収納倉庫一棟、火葬場が挙げられ、当初の経営方針に掲げた部落ごとの共同施設の実現が計画されている。このうち託児所は寺院内に一カ所開設され、昭和九年に朝日新聞社社会事業団から優良な保育事業として表彰を受けたが、[11]他施設の実現は不明である。

同干拓地は、二度堤防が決壊している。昭和十七年には堤防地盤に対する施工に欠陥があったため、高潮の水が浸透して支えきれずに決壊し、建物の殆どが流された。昭和十九年には屋久島台風によって堤防が決壊し、残っていた当初の建物は、ほぼ全て建替えられた。

## ■計画的に造られた共存共栄村

県営南新地の農村集落は、松田の考えをもとに大正十四年（一九二五）から計画的に造営された〈図2-6-11〉。まず、東西南北に幹線道路を造り、八つの集落に分けて移住家屋が建設された。宅地は三反、田は一町八反を基準とする農地配分が行われ、宅地は抽選で決定し、第一期は「日進」「会通」「共栄」の三集落、第二期は「明徴」「創造」「養正」「奨順」「同仁」の五集落に分けて移住した。耕地は生産力調査を行って土地に等級を定め、宅地との近さを考慮して耕地を分配し、それを宅地同様抽選で平等に配当した。

共同建造物の建設位置が判明する七棟の立地をみると、樋門番舎と格納庫は第一第二樋門の近くに位置し、渡船小屋は郡築村につながる水無川付近に建てられた。これらの施設以外の共同建造物は、南新地のほぼ中央部にまとまって建設された。移住家屋をまとめて塊村形式に配置し、共同建造物を中心部に集中させた点について松田は「道路、

図2-6-10
昭和神社（平成30年撮影。昭和19年以降に再建）

水路の設置、電燈の取付等の便宜あること」「集団部落の中央に部落自体において、あるいは県費の補助を受けて各種の共同目的施設をなし、事業能率の増進、経営費の節約、生活改善、精神的慰安等の実益を挙げ、共存共栄の生活をなさしむること」を理由として挙げている。

以上のように熊本県営南新地は、共同建造物を中心部に集約して建設し、事務所兼集会場に加え、小学校や神社、寺院などの地域コミュニティの核となる施設を設置して、開墾地区内に地域生活を支える拠点が形成された。県営南新地では、共同精神を高めて、農業経営に従事するという共存共栄を理念に掲げた新農村の創成を目指すための方策として共同建造物が建設され、指導者松田喜一の強い意向によって建設と利用促進が行われている。松田が唱えた理想の農村像として今回取り上げなかったが、自書では余暇の過ごし方や趣味、遠方から訪れた客の対応など、驚くほどのこと細かさで、農民のあるべき姿を提示している。開墾は、土地を深く掘り返す、天地返しを行い、海底の粘土質で覆う作業を行うもので、この作業の余りの苦しさに途中から逃げ出す者も多かったという。このように先人たちの苦労の上に県営南新地の土地は成り立っている。実際に調査に訪れた際には、対応した方々が皆一様に笑顔で、自分たちの村について語っていた。土の上で過ごすことのできる幸せと誇りを感じられる大地であった。

図 2-6-11　移住家屋と共同建造物の配置

(1) 松田喜一先生伝記編纂委員会編『昭和の農聖松田喜一先生』松田喜一先生銅像保存会、一九七二年。
(2) 鈴木喬「松田喜一」『くまもとの風』熊本県広報課、一九九〇年四月。
(3) 昭和郷土誌編纂協議会編『昭和郷土誌』八代市昭和出張所、一九七五年。
(4) 同前。
(5) 同前。
(6) 板井申生「海面干拓の新農村（続き）」『郷土―研究と教育―』第四号、一九三一年二月。
(7)『昭和45年度熊本県民家調査緊急調査概報』熊本県教育委員会、一九七一年。
(8) 松田喜一『農魂と農法―農魂の巻』日本農友会出版部、一九四八年。
(9)『開墾地移住ニ関スル調査 第三輯』農林省農務局、一九三八年。
(10) 注3『昭和郷土誌』。
(11) 同前。

# 第7章　地区を超えた住宅改善の成果
## ——兵庫県小東野耕地整理組合・西光寺野耕地整理組合

### 1 兵庫県の近代開墾

これまでみてきた開墾地移住奨励制度の実績は、県による差が大きい。第1部第2章でみたように、国の補助金の交付は東北・九州で高く、長野県・愛知県など中部地方がこれに次ぐが、北陸・近畿・四国は非常に少ない。特に近畿地方は、大阪府・滋賀県では開墾地移住奨励規程を定めていない時期が長く、和歌山県も昭和八年（一九三三）に制定が遅れ、実績としても補助金交付は移住家屋一三戸のみだった[1]。

その近畿圏にあって突出した存在が兵庫県である。兵庫県は、日本一のため池の数で知られる灌漑王国で、特に県南地方は降水量が少ない瀬戸内気候と台地が多い地形から、古くは七世紀から灌漑用のため池や水路が造られ、農地が拓かれてきた[2]。近代にもその動きは継続し、開墾助成法の出願は昭和十六年時点で全国三位の二六二地区、約三万八〇〇〇町歩に及んだ[3]。この実績を反映して開墾地移住奨励制度の取り組みも早く、大正十年（一九二一）に規程を制定、昭和十二年までに六六地区三一八戸が国の補助金を得ている[4]。ただし、地区数に対して戸数が少なく、小規模な開墾地が多かったといえる。

本章で取り上げる小東野耕地整理組合（現神戸市西区神出町）と西光寺野耕地整理組合（現姫路市・福崎町）は、共に移住奨励制度の創設以前から開墾事業が進められ、長期に補助を受けた地区である。小東野は西を加古川、東を明石川、北を美嚢川に囲まれたいなみ野台地に位置し、河川より土地が高いため水に恵まれなかったが、明治二十四年（一八九一）のイギリス陸軍少将ヘンリー・S・パーマーの指導による淡河川疏水の完成と、大正八年の山田川疏水完成によって開墾が進んだ(5)。同様に西光寺野も、神崎郡の五カ村にまたがる細長い台地で、明治末期からの近代技術による大規模な水利事業により耕地化された(6)。

いずれも、開墾地移住奨励制度の申請書類が耕地整理組合を通して現代に伝えられている。同じ県内の複数の地区で書類が現存することは稀で、二つの地区を通して兵庫県の移住家屋の変化をみてみたい。

## 2　華僑による開墾地の小作人住宅からの変貌

### ■呉錦堂の小東野開墾

小東野の開墾は、明治四十一年（一九〇八）に中国人貿易商・呉錦堂が約一四〇町歩の土地を取得したことに始まる(7)。

呉錦堂は、安政二年（一八五五）に中国・浙江省に生まれ、明治十八年に来日、行商から始め、穀物・綿花等の中国への輸出を基盤に関西財界で急成長した。明治二十三年から神戸を本拠地とし、明治三十七年に日本に帰化した。明治三十九年には三井物産から鐘紡の株四万株余りを取得して、重役に就いたことでも知られる。[8] 明石市舞子ヶ浜に現存する八角三層の「移情閣」は、明治末から営んだ「松海別荘」に、自らの還暦を記念して大正四年（一九一五）に建設したものである〈図2-7-1〉。この松海別荘には大正二年に孫文も訪れ、神戸の中国人や政・財界有志による歓迎会が開かれた。[9] 呉錦堂は、近代神戸の在日中国人の中心的存在であり、まさに立志伝中の人物だったのである。

その呉錦堂の業績のひとつが小東野の開墾である。明治四十二年に一人施行の耕地整理事業として兵庫県の認可を受けた。[10]「一人施行」とは、地主自身が開墾事業を行うもので、当時呉錦堂は鐘紡の株取引で大損した後だったが、事業予算一四万円強は全て自費で賄う計画だった。

実際の事業は、いなみ野台地の水利改善のため山田川から台地上に引水する山田川疏水幹線開通[11]を待って、大正五年から着手された。呉錦堂は、開墾作業のために本国から二〇人余りの中国人を呼び寄せ、近くにバラックの家を建てて住まわせたという。幅一〇尺（約三メートル）を超える農道は当時としては破格で、のちに農機具や収穫物の自動車による運搬に役立った。当初は果樹園とする計画だったが、立地が稲作に適することから変更、用水の確保のため大正六年に山田川疏水に近い宮ヶ谷に新たな池を築造した。

開墾地としての準備が整うと中国人を帰国させ、大正七年から入植を開始、地元の神出村などから二一戸を受け入れた。入植者は小作として一反当たり三円（のち五円）で開墾に従事し、大正十五年には五〇町歩、昭和五年（一九三〇）には六〇町歩が水田化している。[12]

大正十五年一月に呉錦堂が没すると、小東野の土地は長男の呉啓藩に継承されたが、

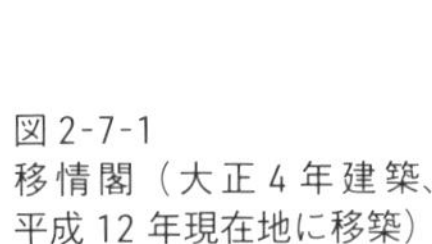

図2-7-1
移情閣（大正4年建築、平成12年現在地に移築）

数年後に神戸の貿易商・加藤岩五郎に売却された。しかし、呉錦堂による開墾の功績は後世にも言い伝えられ、宮ヶ谷池を「呉錦堂池」と改称、昭和三十二年には地元に顕彰碑が建設されている。[13]

## ■ 最小限住宅からの改善

小東野耕地整理組合では、開墾助成法が制定された大正八年（一九一九）以降その適用を受け、さらに開墾地移住奨励制度ができた大正九年から移住家屋一五戸が補助を受けた。[14] 申請書類は、不採用も合わせて二一戸分が神出村役場文書として残り、現在神戸市西区役所が所管している。[15]

これらの書類によると、小東野では大正七年の入植開始当時、呉錦堂が費用を出して二二戸の移住家屋を建設し、移住者すなわち小作人に無償貸与していた。大正九年以降に開墾地移住奨励の補助金が交付された一五戸は、申請書に「小作人自身ニテ建設ス」とあるように、原則として移住者が建設したが、その費用は事業者である呉錦堂が賄ったという。[16] 宅地として一戸当たり間口一二間半・奥行一二間の一五〇坪の土地が支給され、呉錦堂に地代を支払った。[17] 配置図[18]をみると、大小のため池が点在する中に格子状に農道が通され、北側の地区を中心に移住家屋（小作人家屋と記載）が点在する〈図2-7-2〉。この地区のみ道路が西に二〇度ほど傾いて通されているのは、既存のため池を避けたためだろう。

また、昭和二年の『開墾地移住状況調査[19]』によると、地主と小作人

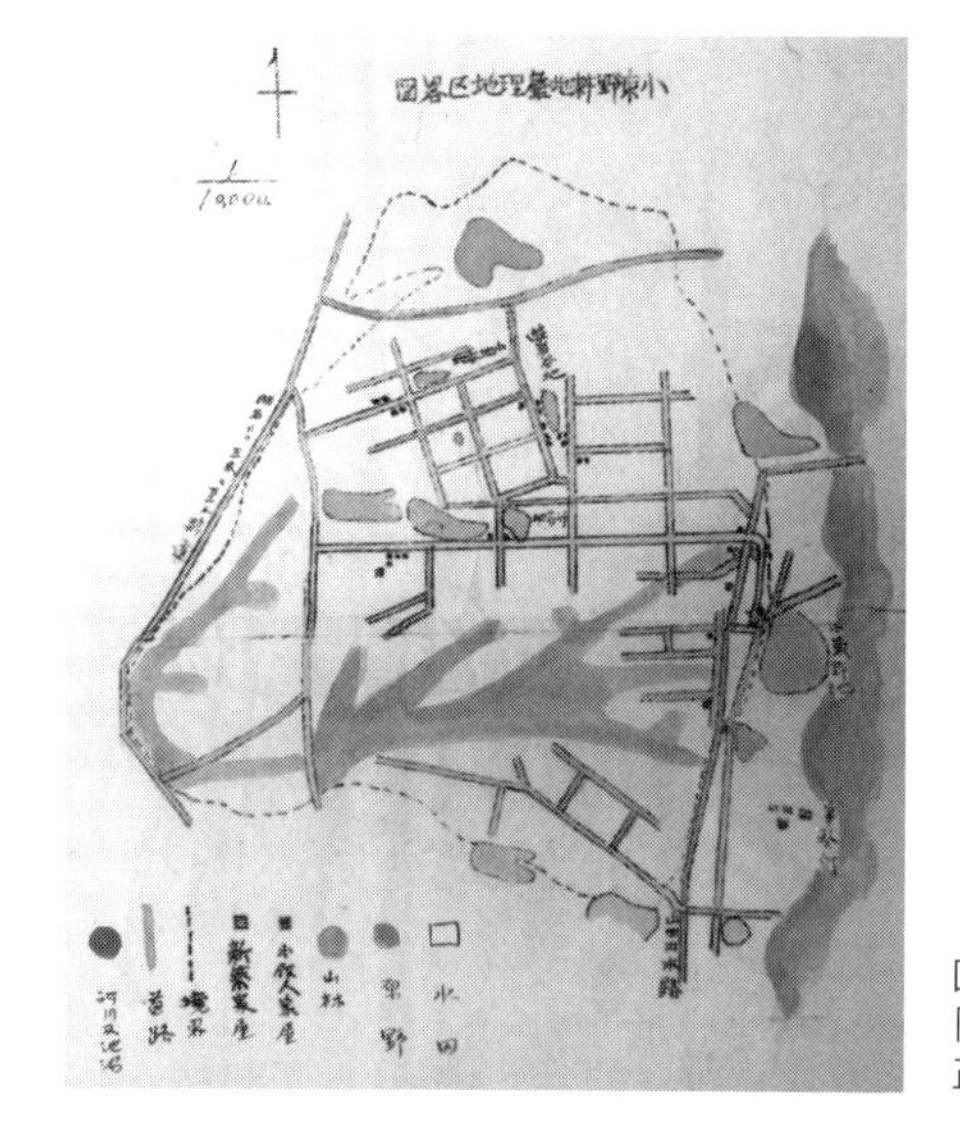


図 2-7-2
「小東野耕地整理地区略図」（神出村役場「大正十二年起 耕地整理ニ関スル書類」神戸市）

および小作人同士の親睦をはかるため「倶楽部」と呼ぶ共同建造物を設けたといい、木造二階建てで広い厨房を付属した二〇〇坪余りの平面が掲載されている〈図2-7-3〉。大正四年という建設年代は入植開始時期より早く、疑問はあるものの、同書では移住者が「同志会」を組織して相互の親睦を図っていたという記録もあって、相互扶助の体制が作られていたことが窺える。

申請書類で興味深いのは、大正十三年までは交付された補助金が八〇円や九三円、一〇七円など一定ではない点で、これは認可通知に「補助金額ハ実検査ノ上査定ス」と注記されているように、建築費をもとに県が個別に算定したためとみられる。しかし、事務が煩雑だったためか、大正十四年以降は二〇〇円に統一されていて、実態に踏まえて運用を改善した過程がわかる。

申請書類から移住家屋をみると、大正十三年までは一件を除き藁葺や麦押葺で、大正十五年に出された『耕地拡張改良事業要覧 第二次』に掲載された写真[20]〈図2-7-4〉でも藁葺屋根に瓦葺の庇を廻らした移住家屋を見ることができる。この住宅は建坪二四・五坪とあり、堂々とした外観だが、申請書では八畳または六畳と四畳の二室に土間のみの平面が六件あり、一二～一五坪と規模が小さい〈図2-7-5〉。呉啓藩の名で建設された貸家三件も二室の平面で、さらに小さい一室のみの住宅も三件ある。入植開始時に呉錦堂が用意した移住家屋は、藁葺の平家で建坪一五坪ほどだったと伝えられる[21]から、この二間取の平面が移住奨励制度以前からの小作人住宅の定型だったのだろう。この規模でもほぼ全て床の間を持つ点に、最小限の平面ながら造作が整った文化的な住宅であったことを窺わせる。

しかし、大正十四年以降は貸家を含めて全て瓦葺になり、平面も整形四間取が登場す

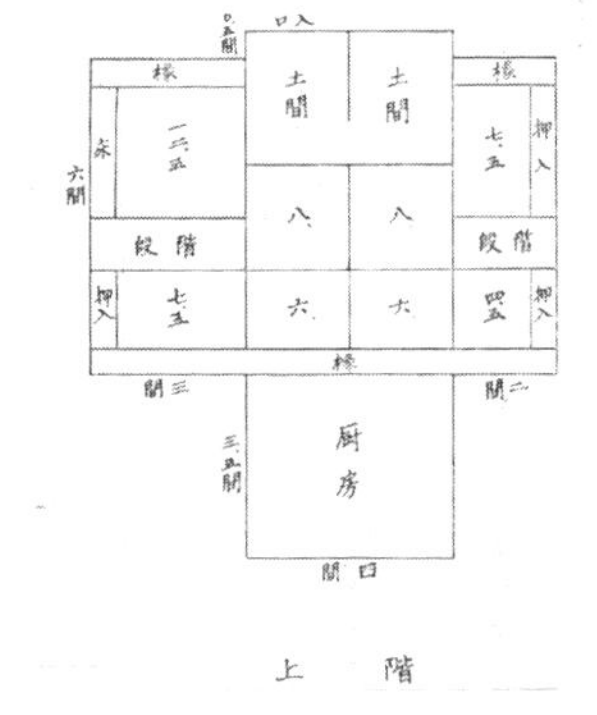


図2-7-3
小東野耕地整理組合「倶楽部」（農林省農務局編『開墾地移住状況調査』農林省農務局、1927年より）

図2-7-4　小東野耕地整理組合 移住家屋（農林省農務局編『耕地拡張改良事業要覧 第二次』農林省農務局、1926年より）

る〈図2-7-6〉。さらに、昭和四年以降は全て二階建てで、作業用の土間とは別に玄関を持つ平面が現れ、建坪も二〇坪を超える。土間は、炊事場を下屋で突き出すか、または壁などで囲って区画しており、これは土や埃から炊事空間を守る衛生上の観点によるものだった。

小東野の移住家屋は、呉錦堂が用意した藁葺・二間取の小作人住宅から、瓦葺で二階や玄関を持つ近代住宅に変貌したといえる。

## 3 地区を超えて継続される住宅改善

この小東野の移住家屋の変化は、西に四〇キロほど離れた西光寺野耕地整理組合でもみることができる。

### ■西光寺野の灌漑と開墾

西光寺野は、神崎郡田原・船津・八千種・山田・豊富の五カ村（現姫路市・福崎町）にまたがる南北約八キロメートルの細長い台地である。県北部の生野銀山とその積出港である飾磨津（しかまつ）（現姫路港）を結ぶ通称「銀の馬車道」が通ることから、銀山の近代化の影響を受けた。小東野と同様、近接する市川とその支流の平田川より土地が高く、水を得にくいことから大部分が原野のままだったが、明治四十五年（一九一二）に耕地整理組合を設立、総延長約八・八キロメートルの疏水路を計画し、大正四年（一九一五）に完成した(22)。

この疏水路は、八カ所の煉瓦造の水路トンネルや、七カ所の水路橋、サイフォン工事

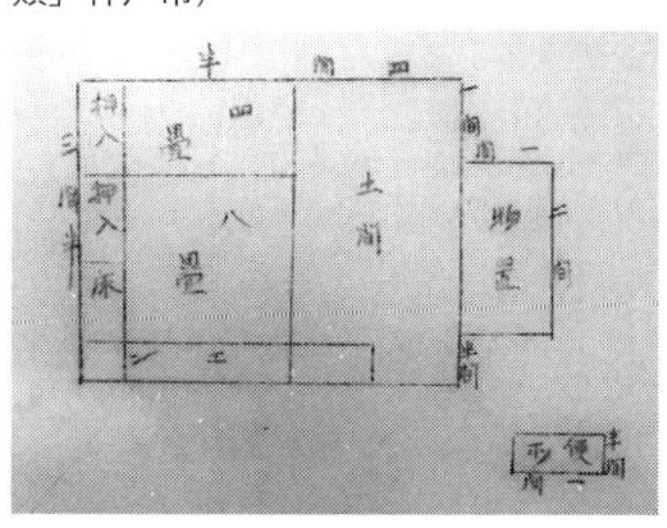

図2-7-5　小東野耕地整理組合 大正15年度移住家屋（神出村役場「大正十五年度昭和元年度 耕地整理二関スル書類」神戸市）

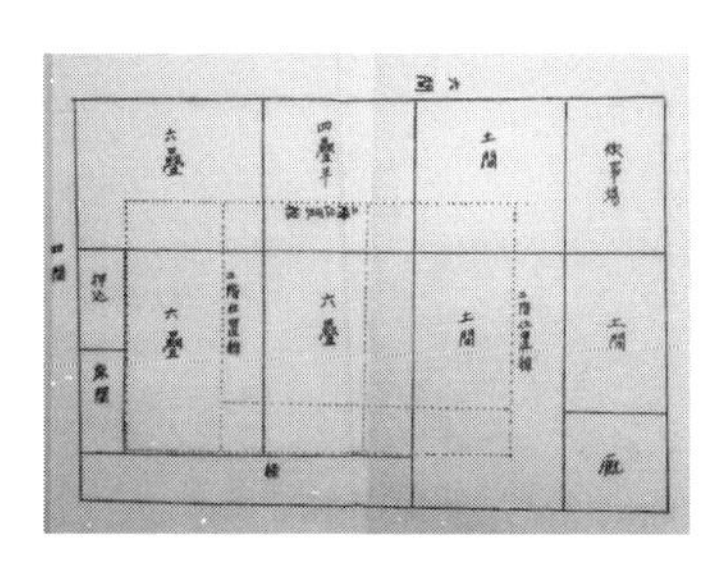

図2-7-6　小東野耕地整理組合 昭和4年度移住家屋（神出村役場「昭和四年度 耕地整理関係書類」神戸市）

など近代技術を駆使した複雑な計画で、同時に北浦谷池・桜上池・桜下池・奥池を新たに築造、既存の旧長池と旧左衛門池を統合して長池を建設した〈図2-7-7、8〉。工事は北から南へと進み、完成後もさらに用水を確保するため、奥池の拡張と西光池の新設が大正十年から昭和五年（一九三〇）まで続けられている。[23] 現在もこの西光寺野を上空からみると、多くのため池が南北に連なる姿をみることができ、令和六年（二〇二四）に「世界かんがい施設遺産」に登録された。

西光寺野耕地整理組合は、農商務省（農林省）の記録によると、大正十年から昭和十一年の一六年間で移住家屋五五戸が国の開墾地移住奨励を受けている。[24] 疏水路の建設

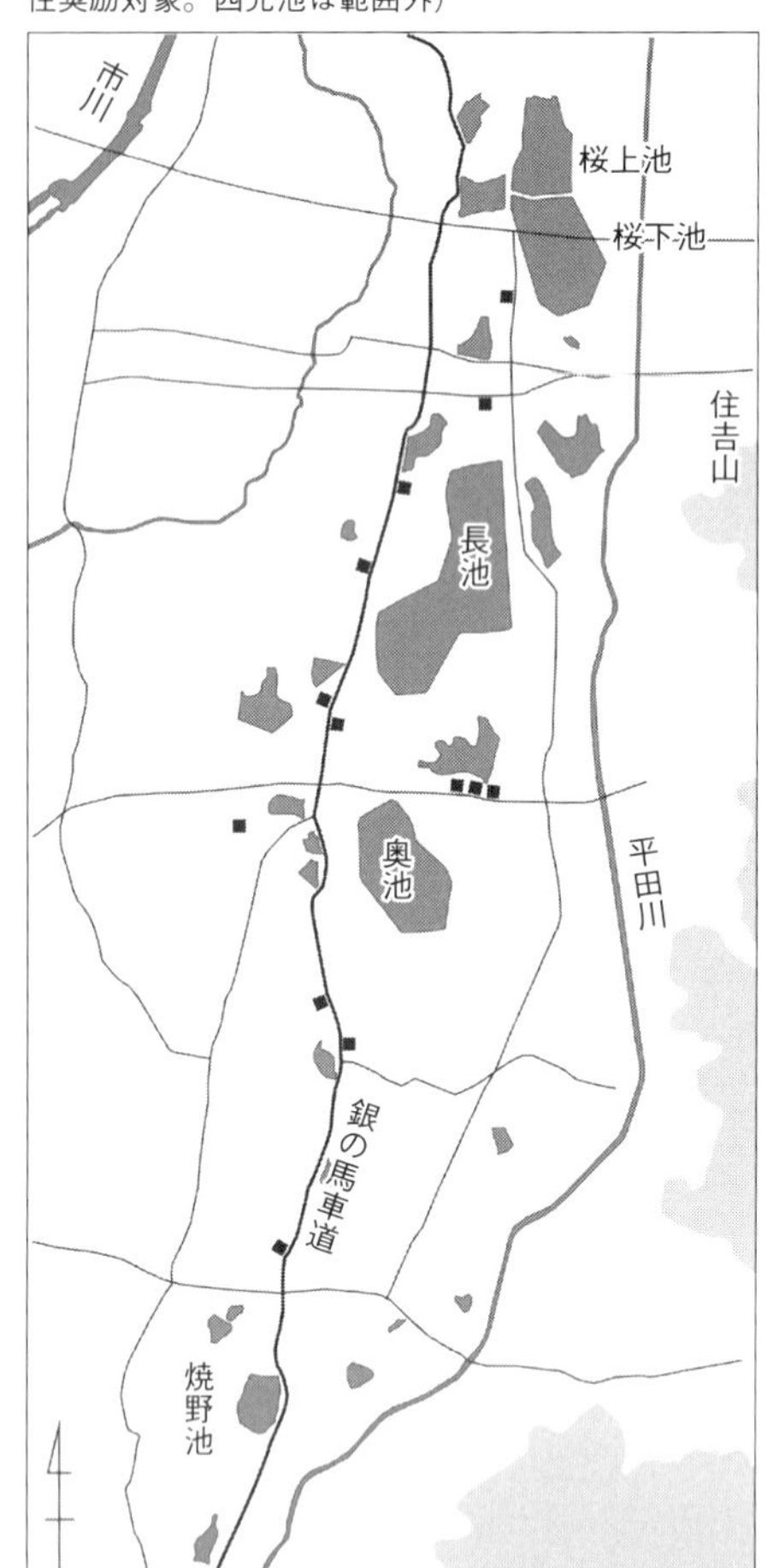


図2-7-7　西光寺野耕地整理組合　配置図（■は移住奨励対象。西光池は範囲外）

図2-7-8
「兵庫県西光寺野耕地整理組合開墾後ノ全景」（西光寺野土地改良区事務所所蔵）

以前の写真[25]をみると〈図2-7-9〉、「銀の馬車道」沿いに瓦葺や茅葺の家屋が連なる。一方、後述の開墾地移住奨励申請書類から住所がわかる移住家屋の位置をプロットしてみると、台地の南北に広く点在する。申請図面でも「姫路生野間県道」つまり「銀の馬車道」に面した家が少なくないことから、入植者のみで新たに集落を形成するのではなく、既存の集落に混在して移住家屋を設けたと考えられる。

共同建造物では、昭和三年に神社、昭和四年に煙草乾燥所一棟が開墾地移住奨励の補助を受けている。[26]この神社とは、地区最大の長池の西岸に浮かぶ小島に大正十四年に祀られた弁財天社を指すとみられる（後世に建て替え）〈図2-7-10〉。昭和二年の『開墾地移住状況調査』[27]によると「土著者（ママ）信仰上成績良好、追テ倶楽部モ建設スル予定」とあり、既存の農家の信仰も厚く、小東野のような住人の親睦施設を計画していた。一方煙草乾燥所は、前掲の『開墾地移住状況調査』では一〇棟挙げられ、うち六棟が大正八年の建築であって、「開墾地以外ノ者トノ共同施設ナリ」とある。この年、西光寺野では神崎郡煙草耕作組合を設立して本格的に煙草栽培を始めたが、大正末期には下火になったという。[28]

西光寺野では、開墾による入植者と既存の農家が共存してコミュニティを形成したといえる。

## ■開墾地移住奨励の実状と移住家屋の画一化

西光寺野耕地整理組合の開墾地移住奨励申請書類は、組合を継承した西光寺野土地改良区の事務所が所蔵している。[29]ただし残念なことに、現存するのは昭和八年（一九三三）以降のみである。この調査で驚いたことは、この間の申請書類は四七通あるものの、申

図2-7-9　「兵庫県西光寺野耕地整理組合 開墾以前ノ全景」（西光寺野土地改良区事務所所蔵）

図2-7-10　現在の長池（中央の小島が弁財天社）

請者は一九人で、複数年度に渡って繰り返し申請した人が多いことである。しかも、実際に移住奨励補助を受けられたのはこのうち九人だけで、残る一〇人は何度も申請しながら採用されなかったことになる。第1部第2章でみたように、農林省の開墾地移住奨励の実予算は昭和五年頃から段階的に削減され、申請数に対する交付率も昭和五年には最盛期の約五割、昭和一〇年には二割以下まで急落した。その予算縮小の影響が、西光寺野耕地整理組合を直撃したことがわかる。

　移住家屋をみると、申請書類では一九件のうち二件を除き全て瓦葺で、二階建てが十一件と多い。「銀の馬車道」に面する例では妻側に出入り口を設けるものもみられ、町場的である。規模はほぼ二〇坪以上、平面は整形四間取で側面側に床の間・仏壇・押入を一列に並べる点、土間を二室、四室に分割する点が画一的で、小東野耕地整理組合の昭和四年以降の移住家屋の平面と非常に近い〈図2-7-11〉。昭和三年の『耕地拡張改良事業要覧 第三次』に掲載された移住家屋の写真[30]では、藁葺の平屋だから〈図2-7-12〉、小東野と同様、昭和四、五年以降に屋根材や平面が変わったことになる。

　昭和初期を画期とした移住家屋の瓦葺の採用、二階建化や平面の均一化は、第2部第5章の長野県常盤村中部耕地整理組合でもみた通りである。兵庫県内の離れた位置にある二つの開墾地で、ほぼ同時期に類似する形態に移行したのは、国や県による指導の証左といえるだろう。

（小沢朝江）

（1）農林省農政局編『耕地拡張改良事業要覧 第十六次』農林省農政局、一九四一年、一五〇―一五三頁。
（2）『淡河川・山田川疏水開発の軌跡をたどる いなみ野台地を潤す水の路 淡河川・山田川疏水記録誌』いなみ野ため池ミュージアムほか、二〇一〇年。

図2-7-12　西光寺野耕地整理組合 移住家屋（農林省農務局編『耕地擴張改良事業要覧 第三次』農林省農政局、1928年より）

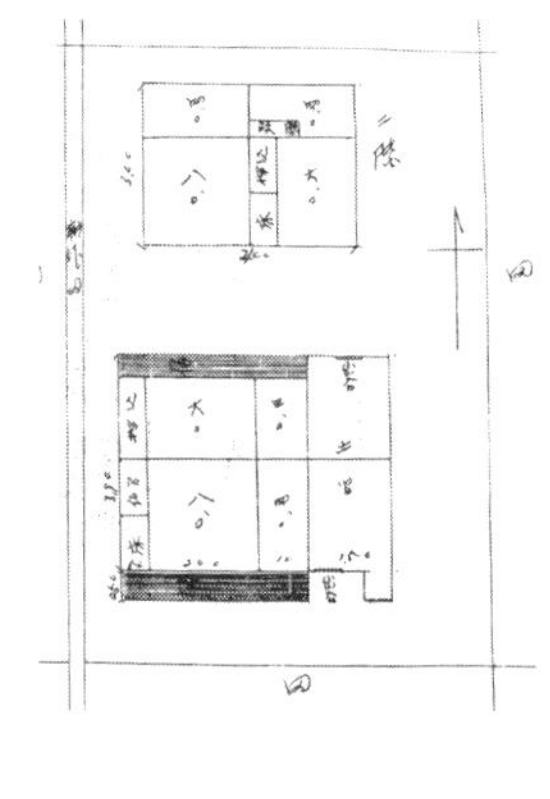

図2-7-11
西光寺野耕地整理組合　昭和八年度移住家屋（西光寺野土地改良区事務所所蔵）

(3) 注1『耕地拡張改良事業要覧 第十六次』一三四—一三五頁。
(4) 農林省農務局編『開墾地移住ニ関スル調査 第三輯』農林省農務局、一九三八年、七三—七五頁。
(5) 注2『淡河川・山田川疏水開発の軌跡をたどる』一七—四〇頁。
(6) 兵庫県史編集委員会編『兵庫県百年史』一九六七年、三六六—三六七、六九二—六九三頁。
(7) 呉錦堂による小束野開墾については、川辺賢武「呉錦堂と神出小束野開拓」『歴史と神戸 神戸を中心とした兵庫県郷土研究誌』一巻二—二号、神戸史学会、一九六二年十一月、六—一二頁、落合重信・有井基「呉錦堂と神出小束野開拓」『神戸史話』創元社、一九六七年、一六九—一七三頁など。
(8) 呉錦堂については、「呉錦堂」『歴史と神戸 神戸を中心とした兵庫県郷土研究誌』四巻一—一六号、神戸史学会、一九六五年二月。
(9) 中村哲夫『移情閣遺聞—孫文と呉錦堂』阿吽社、一九九〇年。
(10) 注7「呉錦堂と神出小束野開拓」。
(11) 注2『淡河川・山田川疏水開発の軌跡をたどる』一七—四〇頁。
(12) 注7「呉錦堂と神出小束野開拓」。
(13) 注2に同じ。
(14) 注4『開墾地移住ニ関スル調査 第三輯』。
(15) 神出村役場文書、神戸市西区役所所管。
(16) 農林省農務局編『開墾地移住状況調査』農林省農務局、一九二七年、一八五—一九三頁。「家屋ハ事業者ノ建築ニカカリ無料ニテ之ヲ貸与シ宅地ハ一反歩玄米三斗ノ割合ニテ貸与ス」とある。
(17) 注16『開墾地移住状況調査』。
(18) 「小束野耕地整理地区略図」神出村役場文書、神戸市西区役所所管。
(19) 注16『開墾地移住状況調査』。
(20) 農林省農務局編『耕地拡張改良事業要覧 第二次』農林省農務局、一九二七年、口絵一二頁。
(21) 注7「呉錦堂と神出小束野開拓」。
(22) 注6に同じ。
(23) 牛尾三郎ほか二名「西光寺野開墾事業工区一覧図について」『かたりべ 第十一集』福崎ふるさとを語りつぐ会、一九九一年、四—五頁。
(24) 注4『開墾地移住ニ関スル調査 第三輯』。
(25) 「兵庫県西光寺野耕地整理組合 開墾以前ノ全景 其一」西光寺野土地改良区事務所所蔵。
(26) 注4『開墾地移住ニ関スル調査 第三輯』。
(27) 注16『開墾地移住状況調査』七九—八〇頁。
(28) 牛尾三郎・牛尾憲正・松岡勝美「西光寺野開墾事業のその後」『かたりべ 第十一集』福崎ふるさとを語りつぐ会、一九九一年、六—一二頁。
(29) 兵庫県西光寺野耕地整理組合史料、西光寺野土地改良区事務所所蔵。簿冊の表紙は無く、年代は申請書類の年月日で判断した。
(30) 農林省農務局編『耕地拡張改良事業要覧 第三次』農林省農政局、一九二八年、口絵一四頁。

# 第8章 今和次郎・竹内芳太郎設計による「理想的農家住宅」の実現――茨城県新興農場

## 1 「理想部落」実現のための「理想的農家住宅」

### ■茨城県が目指した「理想部落」

茨城県新興農場〈図2－8－1〉は、昭和八年（一九三三）に東茨城郡石崎村（現茨城町上石崎）に設置された県営による開墾地である。第1章で取り上げた山形県営萩野開墾地などと並んで戦前より先進的な農業経営で知られた地である。当時から『アサヒグラフ』や農業雑誌などで取り上げられ、さらには、原節子が主演を務めた昭和十二年公開の映画『新しき土』のロケ地に使われるなど[1]、知名度・注目度共に非常に高かった。

この新興農場が注目された背景には、農業の機械化や作業の共同化による農業経営の改革〈図2－8－2〉と合わせてもうひとつ大きな理由があった。それは、新興農場の移住家屋の設計を、戦前から農村住宅改善を牽引した今和次郎〈図2－8－3〉が担当したことである。当時において、農村建築ましてや農村住宅を建築家・デザイナーが設計することは非常に稀なことであり、当時の雑誌に、「建築界の権威、早稲田大学教授今和次郎氏が、特にこの農村に適する様に設計した[2]」などと大々的に紹介された。

まず、茨城県新興農場の計画の経緯からみていこう。

新興農場の計画[3]は、東茨城郡常盤村（現水戸市）の農場経営者・橘孝三郎が、昭和六年三月に県に対して「理想部落新興農場創設案」を提出したことに始まる。橘は、農本主義の思想家として知られ、昭和四年に農民組織として「愛郷会」を結成し、昭和六年には農村勤労学校「愛郷塾」を設立した人物で、「理想部落新興農場創設案」は愛郷会の活動の一環で作成された。新興農場は、農業経営の共同化・合理化を理念として計画されたが、昭和六年十一月の県会では却下された。しかし、翌年六月に着任した内務部長・中村安次郎の発案により、自作農創設事業として農林課が取り上げて再度県会に提出し、昭和七年九月三十日に県の予算化が成立し、事業資金四万四千円が配当された。

新興農場では、農業の合理的経営の実現により、農村不況を打開し、さらには一般農民に対して模範を示すことが目指された[4]。設置趣旨によると、「食事栄養ノ改善」「理想的農家住宅、畜舎、納屋ノ建設」「冠婚葬祭ノ改善」など農村の住生活の改善も目標に掲げられた。つまり、生活と経営の双方の理想実現を以って「理想部落」の完成を目指したのである。

この事業の実務を担当したのは、茨城県農林技師の深作雄太郎と戸島寛であった。新興農場の計画は、当初は県内二カ所に三〇町歩・各一〇戸とされたが、農林省水戸営林局に国有林の用地交渉をした結果、昭和七年十二月に石崎

図 2-8-1　茨城県新興農場（『アサヒグラフ』朝日新聞社、1935 年 10 月 2 日 所収）

図 2-8-3　今和次郎（工学院大学学術情報センター工手の泉所蔵）

図 2-8-2　機械を導入した開墾の様子（茨城県立歴史館所蔵）

村の九九町歩の一カ所に決定し、戸数も三〇戸に変更された。これと平行して、同年九月から入植者の募集を開始、県立農学校長等に推薦を呼びかけ、応募者七九名から三〇名を選考した。

入植者は、まず昭和八年一月から日本国民高等学校[5]（現日本農業実践学園）で基礎講習を受け、三月二八日より新興農場へ入場した。入場時は合宿所に入り、そこで二年間の共同生活が行われた。途中、病気等による二名の退場者が出たものの、残る二八名は昭和十年三月十一日に合同結婚式を執り行い、妻帯の身となって移住家屋に入居した。全二八戸は七戸宛四部落で構成され〈図2-8-4〉、個別の農業経営を行いつつ、耕作や販売・購入等の共同経営が実践された。

## ■茨城県農林技師の日記にみる建設経緯

事業を担当した深作雄太郎〈図2-8-5〉は、茨城県で農林技師として従事していた日々の事柄を日記に残していた（以下、『深作日記』と呼ぶ[6]）。この『深作日記』から、新興農場の建物の計画および建設に関する内容を抽出すると、次の通りである。

昭和七年　十一月　二日　戸島氏と新興農場建物の件で相談す。

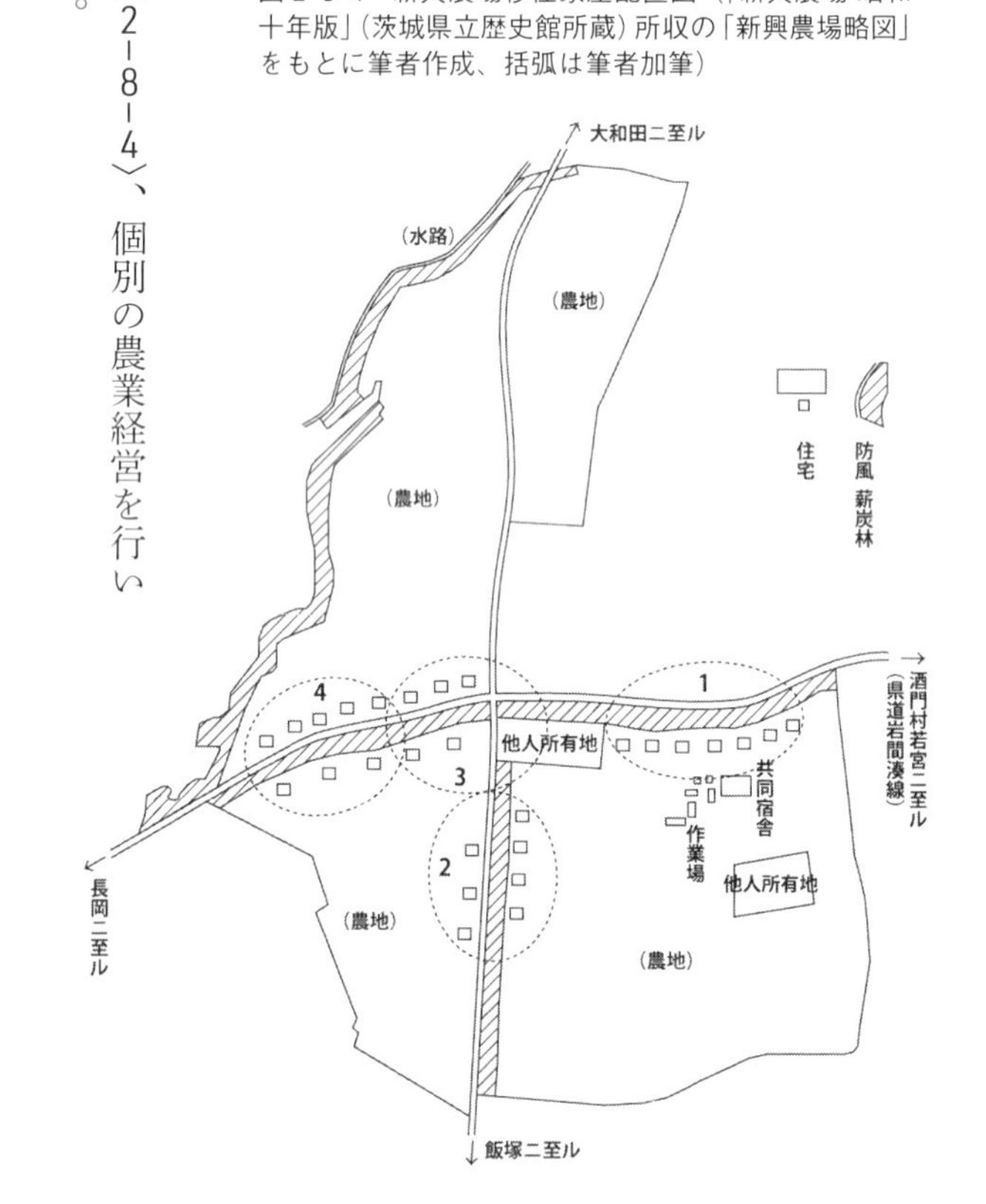


図2-8-4　新興農場移住家屋配置図（「新興農場 昭和十年版」（茨城県立歴史館所蔵）所収の「新興農場略図」をもとに筆者作成、括弧は筆者加筆）

昭和八年　一月二十五日　戸島氏と建築工事を相談す（土木課長）。

二月二十四日　課長、芦川、戸島氏等と一緒に新興農場に行き、建物の地割をなして帰る。

三月　十三日　戸島氏と一緒に自働車で若宮を廻りて新興農場に行き、便所と物置との建前をなす。

三月　十四日　泥濘の中を新興農場行。本館の棟上を終はる。

四月　二十日　建築の請渡しなりとて戸島氏色々調べる。

昭和九年　九月　五日　農林省に行き、耕地課坂井申生技師に就き詳細打合はす。（中略）建築面は地方色に等、世間なれた議論なり。

十月二十二日　県庁では新興住宅の研究。

二十三日　高田馬場から早大に建築科教室で今先生を待つ間、間取り図の謄写をなす。午後0時半、今さんに遇ふて依頼す。

十二月　八日　久しく待望の農家設計届く。

十日　戸島氏設計をもって農場に行く。便所、湯殿等修正してきりつめる。

十九日　新興農場の地鎮祭、地割、大工への割つけ等に出席して夕景帰宅。

昭和十年　二月二十六日　戸島氏と新興農場行。住家分配の抽籤をして帰る。

ここで「本館」と呼ぶ建物は、合宿所を指す。県の設計による建物で、平屋建・セメント瓦葺で、梁間六間・桁行一二・五間の規模を有し、一〇畳の居室六室と共同食堂・炊事場・浴室から成る。合宿所は、昭和七年（一九三二）十一月から建物の計画が始め

図2-8-5
深作雄太郎（『ある茨城県農政史：農林技師・深作雄太郎日記』森田美比編集・解説、昌平社、1980年所収）

られ、翌年二月二十四日に「建物の地割」、三月十日に「本館の棟上」と進み、四月二十日に「建築の請渡し」がされた。この合宿所は移住家屋が竣工した後、昭和十一年四月に農場中央付近に曳家され、共同作業場兼公民館に転用された[7]。なお、この建物は現在でも「新興公民館」として使い続けられ〈図2-8-6〉、さらに昭和十三年に伊勢神宮より分祀して設立された「新興神社」〈図2-8-7〉も現存している。

## ■今和次郎に移住家屋の設計を依頼

移住家屋の計画経緯を『深作日記』からみていこう。

移住家屋の設計は、入植翌年の昭和九年（一九三四）十月二十二日に「県庁では新興住宅の研究」とあるのが最初である。翌二十三日に「早大に建築科教室で今先生を待つ」「今さんに遇ふて依頼す」とあり、この「今先生」「今さん」とは、当時早稲田大学建築学科の教授を務めていた今和次郎のことである。深作自身が今に直接設計を依頼し、その一カ月半後の十二月八日に深作のもとに設計図が届いたという。

今和次郎[8]は、青森県弘前市出身で、東京美術学校図案科を経て、明治四十五年（一九一二）に早稲田大学建築学科助手として佐藤功一に師弟した。大正六年（一九一七）に古民家の保存を目的とした「白茅会」に参加し、そこで当時農商務省の農政課長で後に農林大臣に就く石黒忠篤と出会う。この出会いから、石黒の紹介で大正八年より農商務省嘱託として全国の農村住宅の調査に当り、その後も農商務省の委託で開墾地移住家屋の調査に従事した。今が新興農場の移住家屋の設計を依頼された昭和九年当時は、早稲田大学で教鞭を執る傍ら、昭和八年に山形県新庄市に設立された農林省の研究機関である積雪地方農村経済調査所の委託で山形県最上郡鮭川村の農村住宅調査に従事していた

図2-8-6「新興公民館」

図2-8-7「新興神社」

頃にあたる。

一方、深作雄太郎[9]は、東茨城郡千波村出身で、東京帝国大学農科大学農学実科を卒業、千葉県多古町立農学校長・福島県農会技手を経て明治四十五年に茨城県農林技師に着任した。深作は、石黒忠篤と共に昭和二年創立の日本国民高等学校の理事を務めていたことから石黒と知己があった。新興農場の国有林払下げについても石黒に相談しており、さらに移住家屋の設計に先立つ昭和九年四月三日には石黒が新興農場を視察・激励に来訪していた。深作は、今和次郎と直接的な面識はなかったとみられるが、石黒らの紹介を得て、農村住宅の調査・研究の実績を持つ今に設計を依頼したものと考えられる。

移住家屋は、設計図が到着した二日後の昭和九年十二月十日に戸島が設計図を農場に持参し、「便所、湯殿等」の一部を修正した。翌日から戸島は大工と工事打合せを開始し、同月十九日に地鎮祭を執り行い、入植者らが地固めや基礎のセメント流しの作業に当り、翌年一月二日に最初の一棟が上棟した。その後、抽選で住宅の場所を決め、三月十一日に合同結婚式を執り行い〈図2-8-8〉、各戸ごとに夫婦での居住が開始された。

移住家屋の建設費用については、土地購入費・農具購入費等と合わせて県が貸付け、五カ年据置の後、二十年賦で償還する計画とされた。当時の工事請負時の「見積明細書」[10]によると、一戸当り一〇七一・三五円であった。新興農場では、二八戸のうち一二戸（昭和十年度三戸、昭和十一年度五戸、昭和十二年度四戸）が開墾地移住奨励制度の奨励金の交付を受けた[11]。茨城県の奨励規程[12]をみると、建坪二〇坪以上かつ建築費一〇〇〇円以上を条件に、四〇〇円以内の奨励金の交付が定められている。規模・建築費共に条件を満たしており、適用された一二戸はこれが利用された。

図2-8-8
合同結婚式の様子（『新興農場関係綴』（茨城県立歴史館所蔵）所収の新聞切り抜きより）

# 2 今和次郎・竹内芳太郎が設計した移住家屋

## ■県と設計者の双方に残された移住家屋の設計史料

続いて、当時の史料を用いて移住家屋の計画や設計趣旨をみていきたい。新興農場は、県側と設計者側の双方に当時の移住家屋の設計に関する史料が残されている点で非常に稀有な例といえる。これら史料が保存・継承されてきたことにより、これまで知られていなかった今和次郎の設計作品として新興農場の移住家屋が明らかになったのである。

移住家屋の設計に関する史料は、県側は茨城県立歴史館[13]に、設計者側は工学院大学学術情報センター工手の泉の今和次郎コレクション[14]にそれぞれ保管されており、いずれも移住家屋を「従業員住宅」と呼ぶ点が共通する。まず、県側の史料をみると、「建築案」と呼ぶ文書史料と図面二種が残されている。

『新興農場関係綴』所収（茨城県立歴史館所蔵）

- 「新興農場従業員住宅建築案」（年月日等記載なし、以下「建築案」）
- 「新興農場従業員住宅設計図」（年月日等記載なし、以下「県設計図」）
- 「開墾地移住奨励申請平面図」（四枚）

「建築案」〈表2-8-1〉は、作成者・年月日の記載はないが、文体から茨城県作成の設計仕様書である。設計図と合わせてみると、平面構成や各部屋の用途がよく対応していることが確認できる。「県設計図」〈図2-8-9〉は、図中に「今和次郎氏、竹内芳太郎氏設計」と記され、設計者自身が作成したものではなく、県が今和次郎の原図を謄写印刷し、配布・説明に用いた図面とみられる。余白部分には、面積計算とみられる手書きのメモが残され、先述の通り『深作日記』には、設計図到着後に戸島が設計図を農場に持っていき水廻りの設計変更を行っており、その際に用いた図面の可能性が高い。残る「開墾地移住奨励申請平面図」〈図2-8-10〉は、農林省の開墾地移住奨励申請用の図面控えで、四枚はいずれも同一平面で、「県設計図」と比べると、風呂場・薪炭部屋が削除され、建坪が二坪縮小されている。この図面は、昭和十二年（一九三七）度に奨励を受けた四戸分の申請図面で、移住家屋は昭和十年一～三月の竣工であるため、建設後に申請が行われたことがわかる。

一方の、設計者側の史料には、移住家屋の原図および設計趣旨を説明した文書、「略図」と呼ぶ配置図の三点が残されている。

『新興農場住宅』（工学院大学学術情報センター工手の泉所蔵）

- 「新興農場従業員住宅設計図」（昭和九年十二月四日、今和次郎・竹内芳太郎、以下「原図」）
- 「茨城県新興農場従業員住宅設計説明書」（今和次郎・竹内芳太郎、以下「設計説明書」）
- 「新興農場略図」（年月日等記載なし）

「原図」〈図2-8-11〉は、青焼きの図面で、作成日は昭和九年十二月四日、設計者は今和次郎・竹内芳太郎と明記される〈図2-8-12〉。この作成日は、新興農場に図面が届いた昭和九年十二月

表2-8-1　「新興農場従業員住宅建築案」（茨城県立歴史館所蔵）

一、住宅ノ様式ハ新興ノ青年農村部落ニ相應シキモノトシ新味アリテ華美ニ流レズ質實ノ風ヲ現ハシ実用ニ適スルモノナルコト
二、居宅及附属建物設備等一切ヲ合シ建築費八百円乃至千円位ノモノトナスコト
三、建築ノ様式ハ平屋和風建トナスコト
四、居宅ノ坪数ハ二十坪乃至二十四坪程度ノモノトナシ藁竹細工其他簡単ナル作業ヲナシ得ル土間式ノ部分ヲ含ムコト
五、以上ノ他稲扱、籾摺等ノ作業ヲナシ又ハ収穫物ノ収納、肥料、農具ノ置場等ニ当ツルベキ十五坪位ノ簡単ナル小屋ヲ別ニ建テルコト
六、居宅ノ屋根ハ瓦葺、小屋ハトタン又ハ樹皮葺トナスコト
七、居宅ノ出入口ハ家族勝手口及来客出入口トナシ来客出入口ハ簡単ナル玄関ノ様式トナスコト
八、居宅ニハ五-六坪ノ土間式ノ部屋ヲ設ケ食事、新聞閲覧、手紙書キ、簡単ナル應接、等ニ跣足ノマゝ出来ル様ニナスコト（時間的ニハ此ノ部屋ハ最モ多ク使用サレ家族生活ノ中心トモナル）
九、右ノ他、土間式ノ簡単ナル屋内作業場ヲ設クルコト
一〇、炊事場、風呂場ハ跣足ノマゝ使用シ得ル位置ヲ取リ且ツ本屋ト仕切リヲナスコト
一一、井戸ハ炊事場、風呂場ノ附近ニ置キ、ポンプ式トナシ簡単ナル屋根ヲ設ケテ洗場トナスコト
一二、居宅以外ニ設クル小屋ハ簡単ナル建物トナシ内部ノ仕切ヲナサズ必要ニ應ジテハ一部ヲ厩舎ニモ使用シ得ルモノナルコト

八日の四日前にあたり、日付が整合する。「設計説明書」〈表2-8-2〉は、原図に対する設計趣旨の説明書で、冒頭に「間取ハ大体ニ於テ茨城県農林課案ニ準拠」と記され、これは茨城県が作成した設計仕様書の「建築案」を指すものとみられる。さらに、「設計説明書」に「配置ハ農林課案ヲ採リ」とあるが、「建築案」に配置の言及はなく、別に配置図の存在が示唆され、「新興農場略図」が茨城県の提示した配置案にあたるとみられる。この図には、直交する道路に沿って宅地を配置する計画が描かれ、この計画を

図2-8-9　「新興農場従業員住宅設計図」（茨城県立歴史館所蔵）

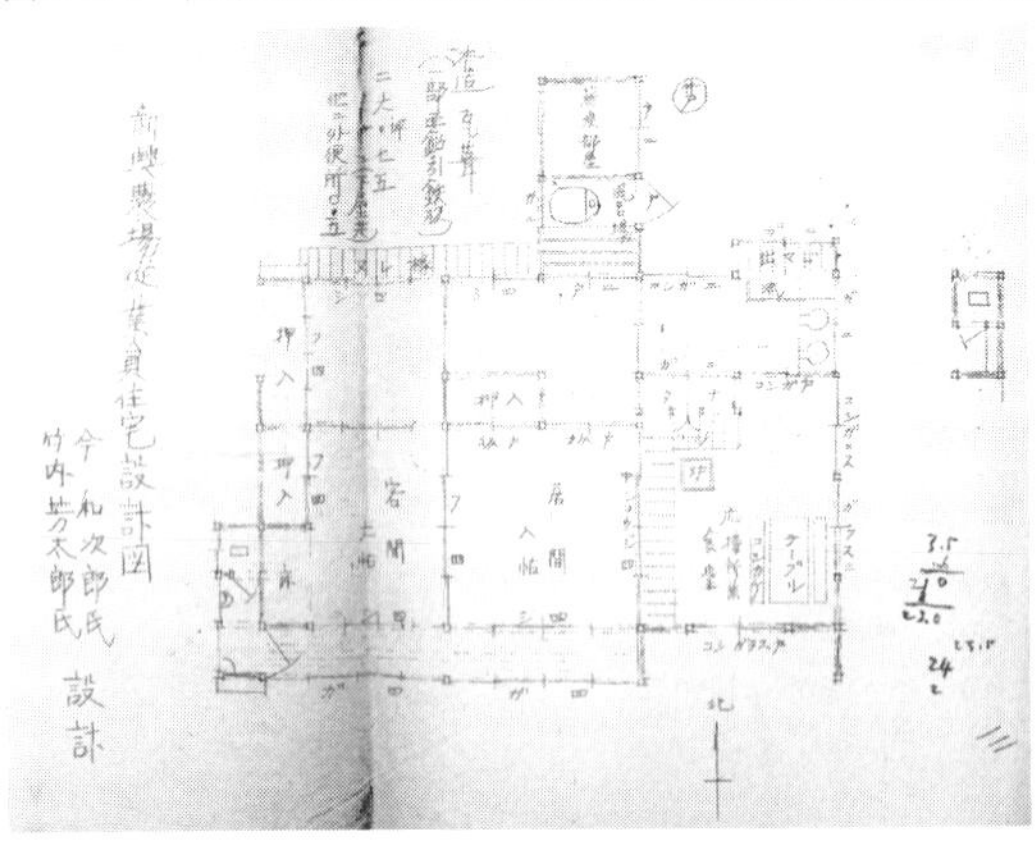


図2-8-10　「開墾地移住奨励申請平面図」（茨城県立歴史館所蔵、個人情報保護の観点から氏名は白塗りとした）

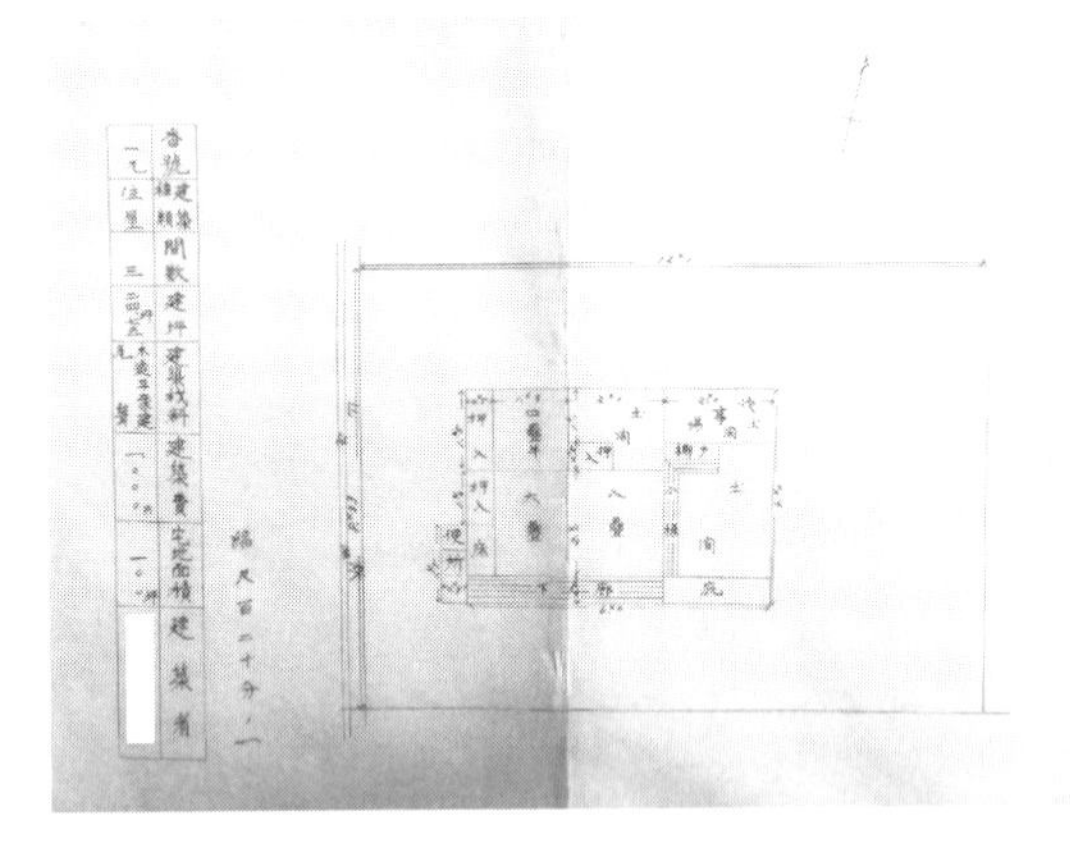

図2-8-12　「新興農場従業員住宅設計図」図面タイトル（工学院大学学術情報センター工手の泉 今和次郎コレクション所蔵）

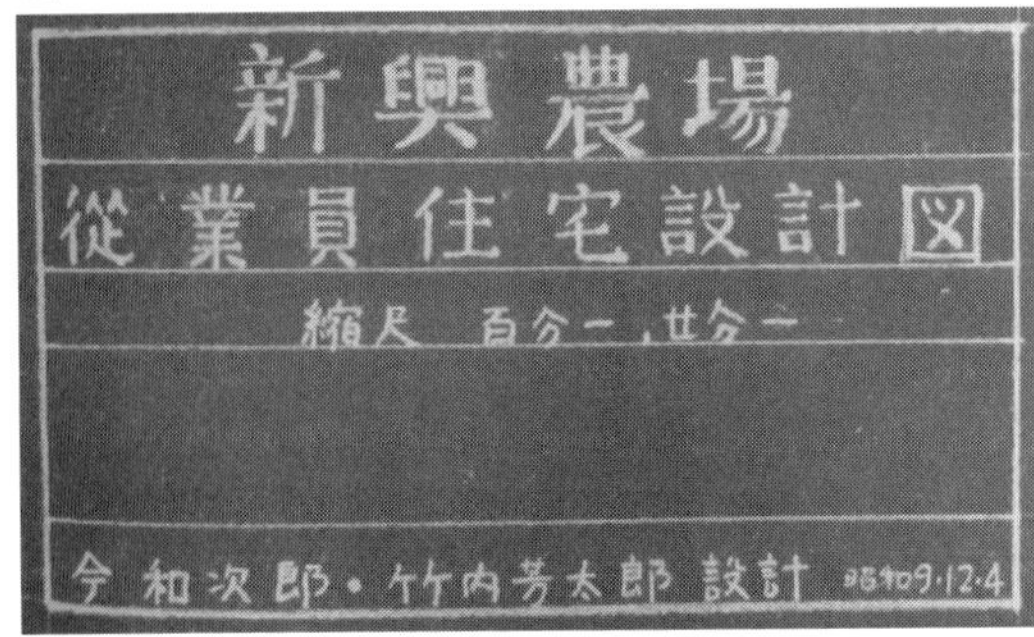

図2-8-11　「新興農場従業員住宅設計図」（工学院大学学術情報センター工手の泉 今和次郎コレクション所蔵）

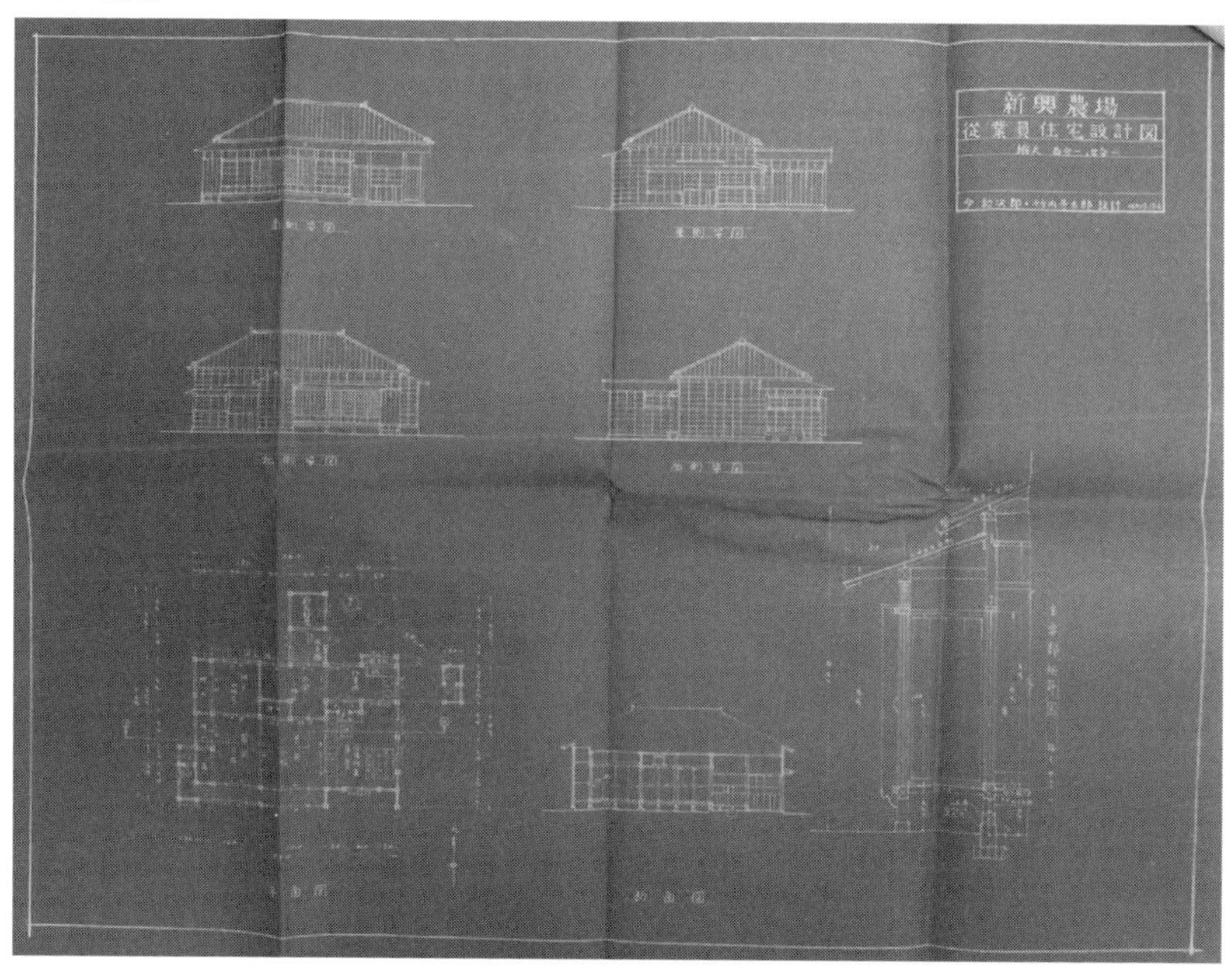


表2-8-2　「茨城県新興農場従業員住宅設計説明書」（同上）

一、木造瓦葺（一部亜鉛引鉄板葺）　二六・七五坪（下屋共）
他ニ外便所〇・五坪
間取ハ大体ニ於テ茨城縣農林課案ニ準據シタルモ特ニ異リタル点ヲ挙グレバ
一、配置ハ農林課案ヲ採リタリ
二、土間ノ応接所兼食堂ハ主旨ニ従ヒ家族生活ノ根據地トシテ利用面積ニ充分ノ余裕アラシムルタメ卓ノ配置ヲ一隅ニトリ交通ニ便ナラシメ坪數ヲ拡張ス
炉ノ利用ヲ考慮シ腰掛ヲ二方ニトリ且ツ背後ノ棚ハ之ヲ戸棚トシ一部分ニ「ハッチ」ヲ設ケ食後食器ノ仕末ニ便ナラシメ又来客ノ際ノ茶ナドノ給仕ニモ之ヲ利用ス但シ戸棚ノ主要部分ハ炊事場ニ面スルモノトス
三、炊事場ハ之ヲ応接所ノタメニ一坪ヲ更ニ割愛シ殆ンド最小限度ニ近キ面積トシタリ之ハ将来裏出入口ヨリ井戸ヘカケテ屋根ヲ葺下スヿヲ予定シ之ヲ炊事場ノ延長ト見做シタルタメ二坪ノ炊事場トシ別ニ北側ニ出窓ヲ設ケ茲ニ食器ノ乾棚ヲ設ケ空間利用ノ補ヒトセリ
四、居間ノ北ノ土間ハ将来一室トシテ使用サル、ヿヲ予想シ採光通風ノタメ北側ニ一間ノ開口部ヲ設ケタリ
但シ土間ノ床ガ「コンクリート」叩キナル場合将来之ニ床ヲ張ル際ハ其上ニ二三寸厚ニ土砂ヲ敷均サレレバ濕気ヲ呼ブ虞アルヲ以テ注意スル要アリ
五、薪炭部屋ハ前記土間ノ開口ノタメト更ニ風呂場及ビ炊事場ヘノ利用関係ヲ考慮シ風呂場ノ北ニ接續セシメタリ
六、応接所土間ノ南出入口ハ庇トセズ下屋ノ屋根ヲ延長セシメタリ之ハ干物ノ応急ノ置場トモナリ従来非常ニ便利ニ且ツ有効ニ利用サレタル部分ナリ
七、建具ニ余リ多ク硝子ヲ使用スルヿハ硝子ノ特性ヲ過大ニ考ヘ却ツテ其欠点ヲ多ク感ゼシムル虞アルヲ以テ適宜ニ使用シ之ニ代フルニ在来ノモノヲ以テセリ
八、屋外便所ノ位置ハ適宜ナルモ井戸トノ巨离ハ必ズ三間以上トスルヿハ衛生上注意スベキ点ナリ
九、本設計ハ南北ニ通ズル道路ノ西側ニ配置スル時ハ好適ナルモ東側ニ置ク時ハ出入ニ多少不便ナリ入口ノ土間ノ部分ハ家族生活ノ本據トシテ方位、採光等ヨリ殆ンド位置トシテ動カシ難ク無理ニ日常生活ニ不便ヲ感ゼシメテ迄間取ノ変更ヲ要セズ寧ロ宅地割ニ際シ南北二戸宛ノ間ニ通路ヲ設クレバ左程出入ニハ不便ナラズ但シ南北ニ正シク道路ガ設ケラレズ多少偏レル場合ハ道路ニ對シ左右均齊ノ間取トスルヿヲ得ラル、ヲ以テ実際現場ノ状況ニ昭シ各戸ノ配置ヲ決定スルガ妥当ナリト思考ス
以上
設計者　今和次郎　竹内芳太郎

踏まえて今・竹内は設計したとみられる。

## ■ 設計者に名を連ねた竹内芳太郎

これら史料によると、今和次郎と共に弟子の竹内芳太郎〈図2-8-13〉が設計者として名を連ねる。つまり、二人の協同設計作品であることを意味している。

竹内芳太郎[15]は、大正六年（一九一七）に早稲田大学へ入学し、そこで今和次郎に師事し民家研究の指導を受けた。大学卒業後は、東京市営繕課や三協土木設計事務所にて設計業務に従事したが、以降は一貫して農山漁村の住宅改善のための調査研究にあたった。新興農場の移住家屋を設計した昭和九年（一九三四）当時は、武蔵高等工科学校[16]の講師を務める傍ら、今と共に農林省積雪地方農村経済調査所の委託で郷倉・共同作業場の調査・設計にあたっていた。また、婦人之友社・自由学園の主催する東北六県のセツルメント事業の現地指導なども担当していた。

竹内が昭和二十三年に刊行した『帰農者住居[17]』には、茨城県新興農場への言及がある。

入植の当初、同志三〇名の青年達が、最初共同宿舎をつくつて、こゝに共同の生活をしつゝ仕事を始めた。勿論経営も協同であつた。かくて数年後個人経営に移ろうとする際に、揃つて結婚し、初めて個人家屋を建設したのである。その頃になると、経営の方にも生活の上にも相当な経験を積み、将来への抱負なり自己の力量なりにも自信が出て来てはいたが、住宅は同一の形式で揃えることにした。設計については各自充分なる検討をし、誰にも納得いくものが出来上つた。

この記述からも、竹内自身が設計へ直接的に関与したことがわかる。

図2-8-13　今和次郎と竹内芳太郎（工学院大学学術情報センター工手の泉 今和次郎・竹内芳太郎コレクション所蔵）

## ■土間を家族生活の中心とする

続いて、具体の設計案をみていこう。

今・竹内の設計案〈図2-8-14〜16〉は、木造平屋、建坪二六・七五坪・別棟外便所〇・五坪で、屋根は寄棟・瓦葺、下屋は亜鉛鉄板葺で計画された。平面は整形四間取で、上

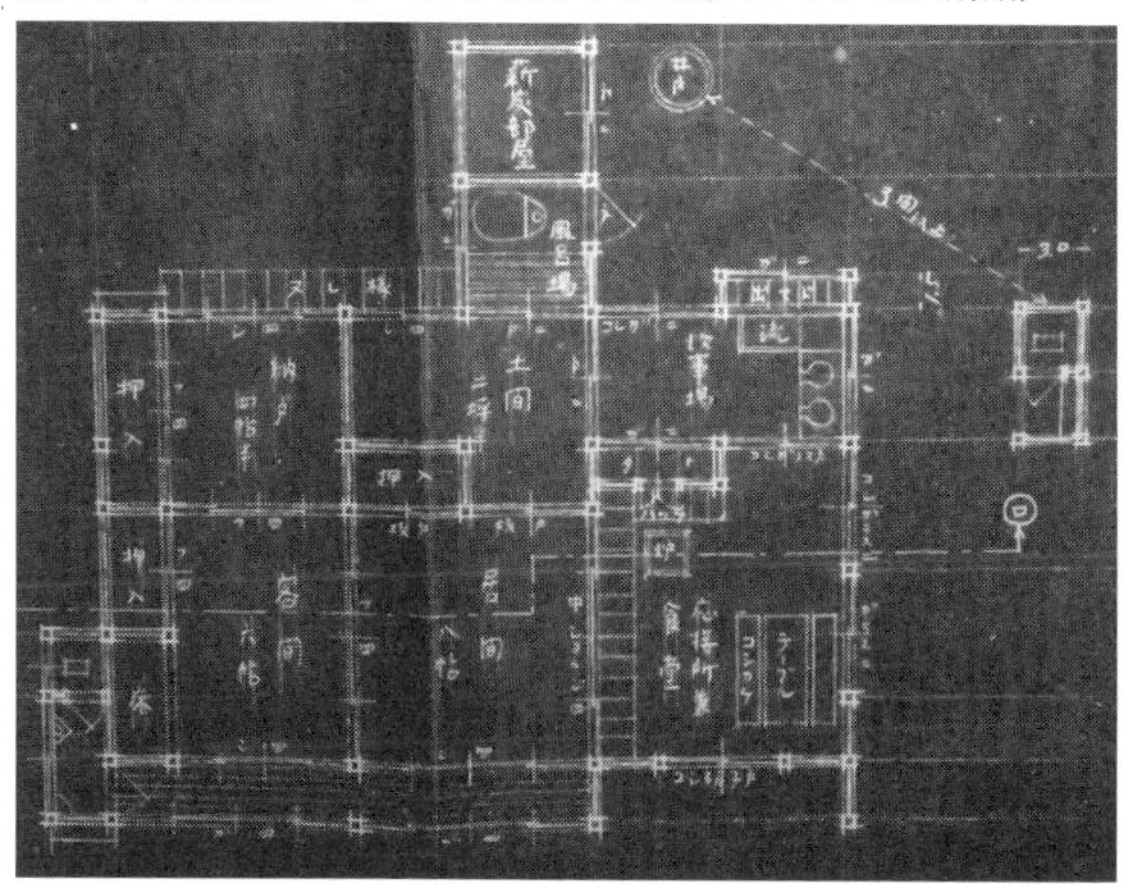

図2-8-14　「茨城県新興農場従業員住宅設計説明書」平面図（工学院大学学術情報センター工手の泉 今和次郎コレクション所蔵）

図2-8-15　「茨城県新興農場従業員住宅設計説明書」立面図（同上）

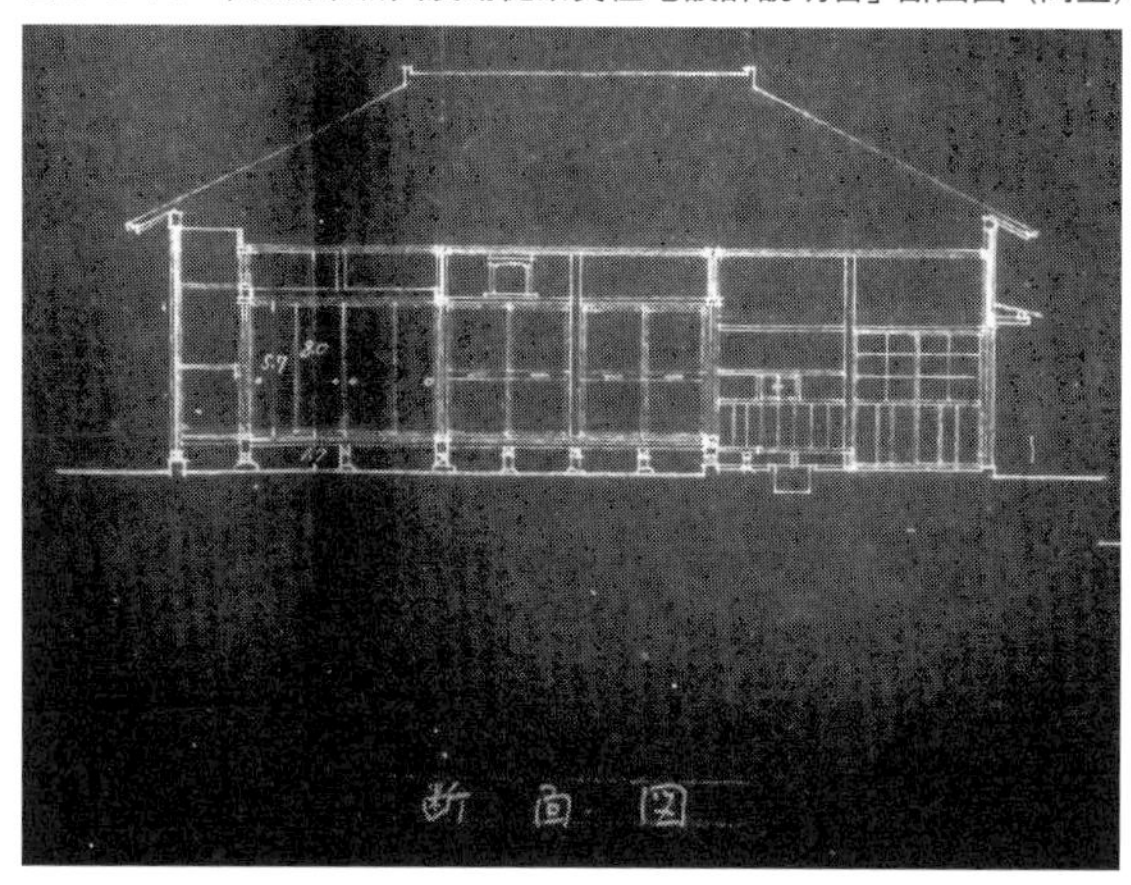


図2-8-16　「茨城県新興農場従業員住宅設計説明書」断面図（同上）

手にトコを備えた六畳の「客間」と四畳半の「納戸」、下手前に八畳の「居間」を置き、床上の居室はこの三室からなる。玄関土間を「応接所兼食堂」と呼び、奥に土間の「炊事場」を区画して置き、その脇の下手奥は二坪半の「土間」で、背面側に「風呂場」「薪炭部屋」を突き出す形式をとる。

この設計案で、土間を「応接所兼食堂」とする点が特徴的で、炉や腰掛のほかに戸棚や卓・椅子も計画された。今和次郎の農村住宅改善の象徴的な提案である土間に設けた卓・椅子と共通する〈図2-8-17〉。しかし、新興農場の土間の用法は、「県仕様書」で「土間式ノ部屋ヲ設ケ食事、新聞閲覧、手紙書キ、簡単ナル応接、等ニ跣足ノマヽ出来ル様ニナスコト」と、土間を家族生活の中心と位置づける県側の要望によるもので、今・竹内はその趣旨に従ったという。ただ、実際には革新的なこの提案が県独自の発案とは考えにくく、『深作日記』に深作が今に設計を依頼した際に「間取り図の謄写」をしていることから、県は今の従前の設計図を参考としたことが考えられる。その上で今・竹内は、より実用的にするために「応接所兼食堂」を拡張し、その分「炊事場」を最小限に縮小し、狭小さを補うため出窓を設けて空間の有効利用を図った。さらに、炉も利用しやすいように腰掛を二方向に設け、「応接所兼食堂」と「炊事場」境には両面から利用できる「ハッチ」式の戸棚を設置するなどの工夫を加えた。

この設計案でもうひとつ特徴的な点がある。それは、通常の整形四間取では床上である下手奥を「土間」とする点である。これは、「県仕様書」にある「藁竹細工其他簡単ナル作業ヲナシ得ル土間式ノ部分」「土間式ノ簡単ナル屋内作業場」に対応した計画とみられる。今・竹内は、この土間を将来は居室として使用することを想定し、採光・通風のための開口を設けたという。この将来の改造を想定した計画は「炊事場」も同様で、

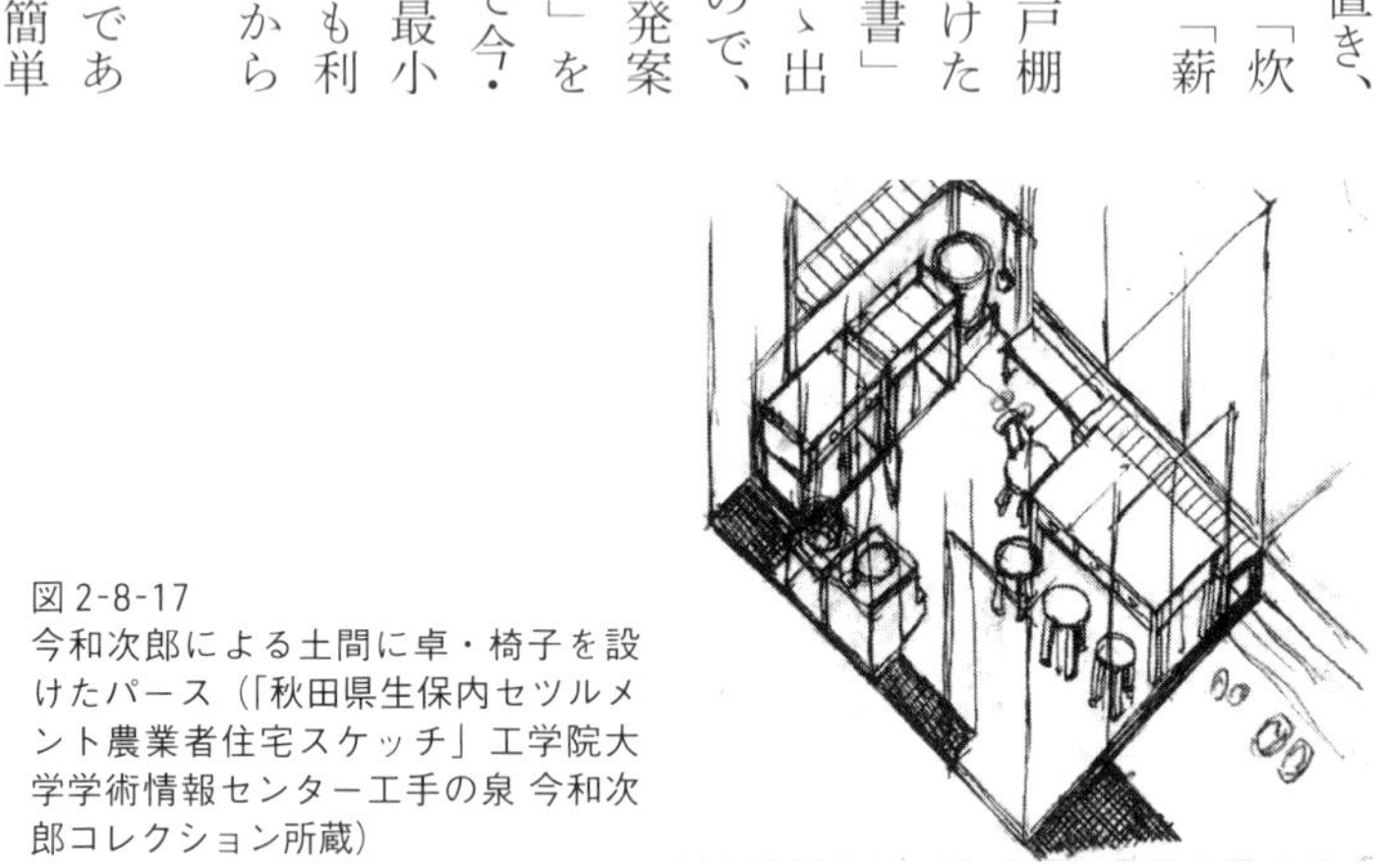

図2-8-17
今和次郎による土間に卓・椅子を設けたパース（「秋田県生保内セツルメント農業者住宅スケッチ」工学院大学学術情報センター工手の泉 今和次郎コレクション所蔵）

最小限の計画としたため、ゆくゆくは井戸のある背面側へ屋根を付けて拡張することを見込んで計画した。

このように、今・竹内は「県仕様書」に基づいて、土間を家族生活の中心として卓・椅子を採用し、下手奥に屋内作業に用いるための土間を設けた。さらには、生活と家事の動線や使い勝手に配慮し、屋内作業場と炊事場・食堂との区画や給排水の離隔などの衛生面を徹底する工夫を講じた。また、開墾地という入植後の生活の変化が容易に予見される居住環境下において、増改築を前提として増改築を許容した設計を行ったのであった。

## ■地域性を重視した農林技師・板井申生の異見

農林省は、新興農場の移住家屋の設計案に対して助言を行っていた。茨城県立歴史館所蔵の『新興農場関係綴』には、移住家屋の設計に関して茨城県担当技師の深作雄太郎と農林省の担当官・板井申生との実際の往復書簡が残されている。この記録は、農林省が移住家屋に対して具体に改善指導を実施していたことを裏付ける貴重な史料といえよう。

板井申生[18]は、明治十八年（一八八五）に大分県の士族に生まれ、大正二年（一九一三）に東京農大高等科を卒業後、大正五年に農商務省に勤め、農商務技手となった。大正十二年から農林省開墾課に在籍、大正十四年からは「土地利用及開墾奨励ニ関スル事務」を担当した。昭和二年（一九二七）に技師に昇格、昭和十六年二月まで農林技師として従事した。昭和九年当時は耕地課の技師で、深作は同年九月五日に農林省に赴いて板井と打合せを行い、「建築面は地方色に等、世間なれた議論」をしたと記している。

深作と板井の往復書簡の中で、昭和九年十二月十九日付の板井から深作に宛てたものをみると、板井は「今氏設計移住家屋ニ対スル批評」と題して、今・竹内の設計案に対する批評を次のように述べている。

一、応接所兼食堂ヲ土間ニ設ケ「飯卓腰掛」ヲ備付ケルコトハ中農階級程度ノ者ノ農村生活上実際適切ナル設備ナルヤ考慮ヲ要ス
二、物置土間（普通居間トナルヘキ所）トスルコトハ農村生活上不便ナラサルヤ家庭上最モ使用度数ノ多キ所ナリト認メラル
三、居間（普通来客ノ応接間ニシテ重要ナル所）ハ応接間ニ改ムル方生活上便利ナラスヤ
四、薪炭部屋及便所ヲ特ニ設クル必要アリヤ母屋又附属屋ノ附属ニテ可ナラスヤ
五、文化住宅ト称シテ地方固有ノ住宅ヲ無視シ徒ニ改造スルコトハ考ヘモノナリ。従来成績ニ依レハ失敗ニ終レリ数百年ノ歴史ヲ有スル地方固有ノ住宅ハ外観的（設計者ノ考察）ニテ改メス主観的（移住者ノ考察）ニテ考察スルヲ可ナリト認ム

すなわち板井は、土間を「応接所兼食堂」として卓・椅子を備えた点、下手奥を「物置土間」とした点は農村生活する上で不便とし、本来下手奥は「居間」とすべきであり、逆に下手前の「居間」は来客のための応接間であるべきと述べる。さらに、「数百年ノ歴史ヲ有スル」「地方固有ノ住宅ヲ無視シ徒ニ改造スルコト」は避けるべきで、「外観的（設計者ノ考察）」ではなく「主観的（移住者ノ考察）」に考え直すべきと強く批判した。その上で、実際の建築工事に着手する際は再考するよう促したが、実際には既に工事に着手しており、この指摘への対応は講じられなかった。

この板井の「地方固有ノ住宅」を尊重する姿勢は、深作が農林省を訪問した際にも、板井は「建築面は地方色に」と語っていることからも裏付けられる。第1部第1章で述べた通り、農林省では大正九〜昭和三年度に開墾地移住奨励金を交付した開墾地に対して、周辺農家との比較調査を行うよう各府県に要請しており[19]、その調査結果を受けて、昭和四年に「開墾地移住奨励ニ関スル注意事項ノ件[20]」を通達した。この通達の中で、移住家屋は「地方普通農家ニ準シ最新考案ヲ加ヘタル設計」と指導した。板井の指摘は、この農林省の方針に沿ったものであり、地域色を継承しつつ改善を加えることを推奨していたといえる。

## 3 移住家屋での新しい暮らし

### ■ 雑誌・新聞等で「模範住宅」として紹介

それでは、実際に建設された移住家屋の様相をみていこう。

新興農場の移住家屋〈図2-8-18〉は、当時より婦人誌『婦女界[21]』（昭和十年九月）や写真誌『アサヒグラフ』（昭和十年十月二日[22]）、農業誌『農業世界』（昭和二十五年七月[23]）農村家庭誌『家の光』（昭和十二年三月[24]）などで取り上げられ、写真や図面を付して紹介された〈図2-8-19〉。当時の関心度の高さが窺い知れる。このうち、『婦女界』の記事を取り上げて、実際の様相を探りたい。

「水戸郊外の新興農場を見て」『婦女界』昭和十年（一九三五）九月号

硝子張りの模範住宅

図 2-8-18
新興農場移住家屋（『修練農場・漁村修練場』農林省経済更生部、1935 年 10 月所収）

> この家は建築界の権威、早稲田大学教授今和次郎氏が、特にこの農村に適する様に設計した、折紙つきの農村向模範住宅です。玄関のガラス戸を開けると、そこが四坪程のコンクリートの土間になつていて、テーブルが一つおいてあります。これが土足の時の応接間であり、食堂であり、書斎でもあるのです。その北側に台所と物置があります。座敷は八畳と、床付の六畳（客間）と寝室の四畳半です。従来の農村住宅とひどく趣を異にしている点は、非常にガラスが多く用ひていることで、これは相当賛否両論もあるのですが、能力といふ立前から言へば、ガラスの方がどれだけ紙よりも優れているか、それはいふまでもありません。尤も今和次郎氏の考へとしては、従来の農村住宅の欠点たる「暗さ」の改善を、ガラスに依つて補つたに過ぎないのですが、茅葺と紙に長い伝統を持つ悠長な農村は、何かと能力主義に反感を持つものと見えます。

これによると、移住家屋を「農村向模範住宅」と呼び、従来の暗い農村住宅とは一線を画した画期的な設計と紹介された。硝子を多用した明るい室内空間が実現し、土間にテーブルを置いたことで、食事や応接のほかに書斎としても機能していた。『アサヒグラフ』の記事によれば、「二十八戸が全部ハンコで押した様に同一」とされ、同じ設計で全二八棟が建設されたことが分かる。また、台所は「温室のように明るくしてあるところに、設計者の心づかひが含まれてゐる」と炊事作業をする婦人の様子を収めた写真を付して紹介し、衛生的で快適な暮らしぶりの実現が確認できる〈図2-8-20〜22〉。また、卓には収納用の引き出しを備え、ハッチ式の戸棚も合わせて、従来の煩雑で不衛生な生活環境から脱却し、整理整頓された様子が窺える。

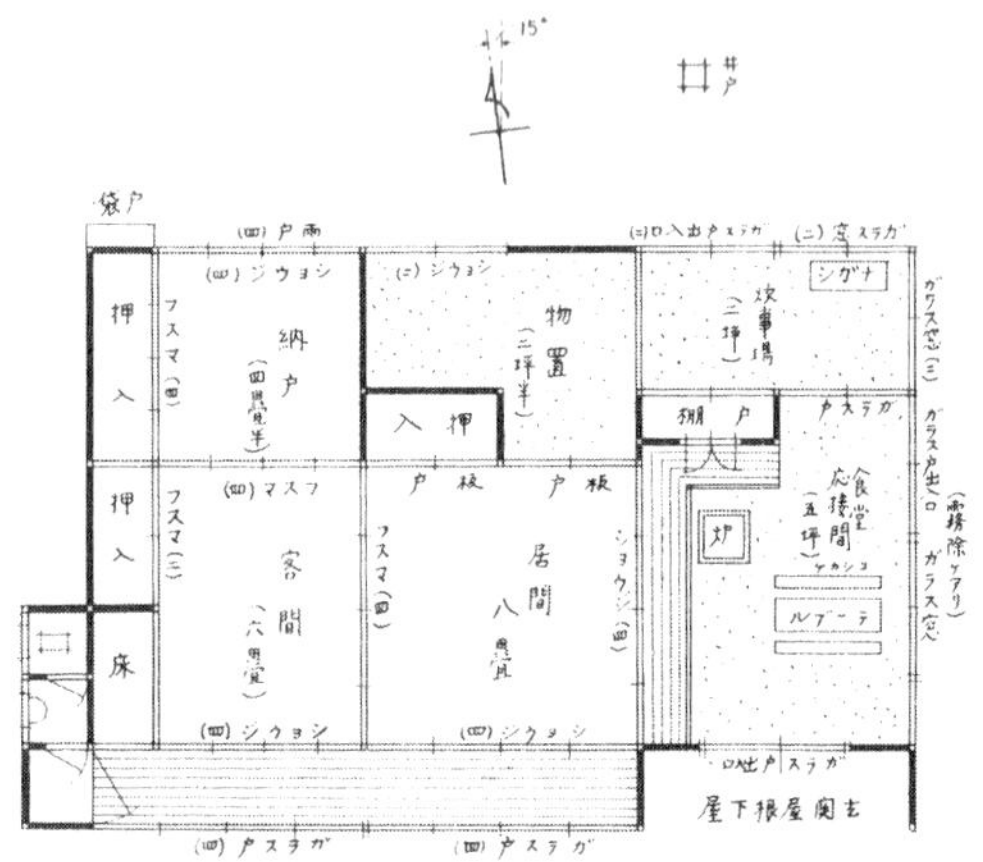


図2-8-19
新興農場移住家屋　平面図
（『アサヒグラフ』朝日新聞社、1935年10月2日 所収（朝日新聞記事クロスサーチより））

建設された移住家屋は、「原図」と比べると、風呂場・薪炭部屋と外便所、さらには炊事場の出窓と北側の「ヌレ縁」が取り止められ、この内容は農林省の移住奨励申請書類の図面（「開墾地移住奨励申請平面図」）にも反映されている。

図 2-8-20　土間の卓・椅子での食事風景（『アサヒグラフ』朝日新聞社、1935 年 10 月 2 日 所収（朝日新聞記事クロスサーチより））

図 2-8-21　硝子窓による明るい居室（同上）

図 2-8-22　立式流しを備える炊事場（同上）

## ■増改築を加えながら柔軟に住まう

さて、この移住家屋は、今・竹内の設計趣旨の通り増改築を前提として設計されたが、実際に後年にはどのような住まい方がなされたのだろうか。

竹内は、新興農場の後年の姿を自著『帰農者住居』に「約二十年後ノ現況」〈図2-8-23〉と題して紹介している。「十数年後の今日では多少づゝの変更や模様替はある」とし、今・竹内の見込み通りに、背面側に炊事場と風呂場が四坪半増築され、当初の「炊事場」は「食事場」へ、下手奥の「土間」は居室に改造されている。さらに、農林省開拓研究所が昭和二十三年度に新興農場の建物の状況を調べた報告書[25]でも、「台所が狭く感ぜられ多くの農家が拡張した」とし、竣工翌年には平均二・六九坪の増築が行われたことが報告されており、入植早々に増築が実施された。また、先にみた『農業世界』の記事からも、下手奥の土間の屋内作業場が床上に改造されたことが窺えるほか、当初設置されなかった風呂場が増築されていた。

新興農場の移住家屋は、令和五年（二〇二三）時点で二八戸中五戸が現存している。このうち三戸は今なお居住に供されており、これは柔軟な増改築を許容した設計だったことが大きく影響していると考えられる。

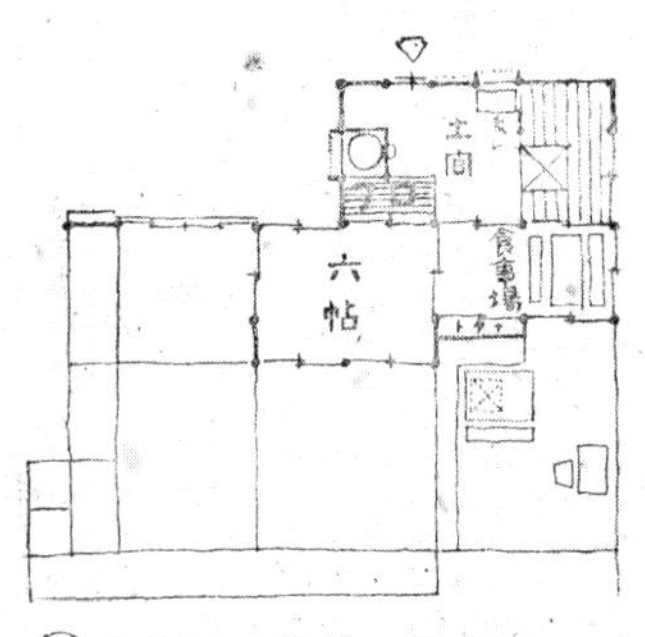


図2-8-23
新興農場移住家屋の改造後の平面図（『帰農者住居』竹内芳太郎著、相模書房、1948年所収）

# 4 今和次郎・竹内芳太郎の設計作品としての位置づけ

## ■戦前で唯一の恒久的な農村住宅の設計

今和次郎・竹内芳太郎にとって、新興農場の移住家屋の設計はどのような意味を持ったのだろうか。

まず今和次郎の経歴と設計活動からみていく。

今の農村住宅改善の取り組みをみると、大正八年（一九一九）頃から農村住宅の調査を開始し、大正十二年に生活改善同盟会の住宅改善調査委員に就任した頃から農村住宅の住生活改善への取り組みに乗り出した。同年の関東大震災を受けて、神奈川県農会の依頼で被災農家調査と設計案の作成に取り組み、大正十四年に「農村住宅参考図案」（大矢信雄と協働）を農会報[26]に発表している。昭和九年（一九三四）には農林省積雪地方農村経済調査所から「農家家屋改善設計例」作成の委託を受け、昭和十〜十六年には同潤会・東北更新会による東北地方農山漁村住宅改善調査委員会の委員を務め、気候区に分けた標準住宅設計一二例を提示した。

これらの設計活動を踏まえ、新興農場移住家屋の設計案をみると、「農村住宅参考図案」一五種の中の「参考図7」〈図2-8-24〉とよく共通することがわかる。新興農場は、規模が梁間・桁行共に半間小さいものの、整形四間取で床・押入を妻側に集める点や縁側の配置、玄関庇に下屋を用いる点など平面がよく一致し、外観の仕様も酷似す

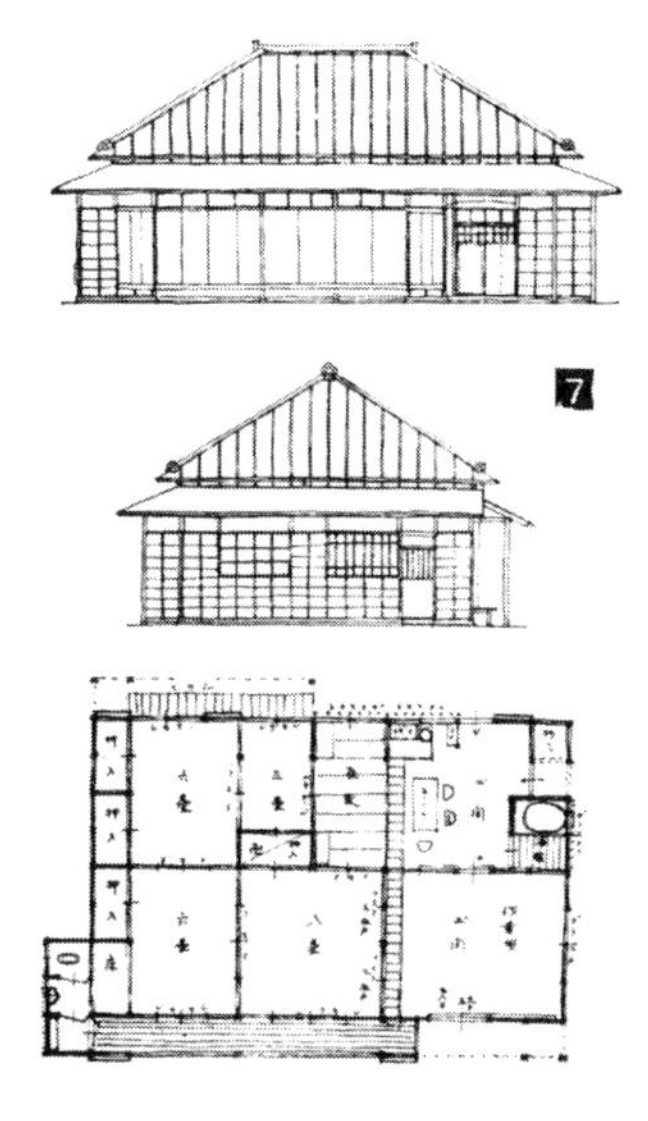


図 2-8-24
「農村住宅参考図案」参考図 7（『神奈川県農会報第 200 号』神奈川県農会、1925 年 4 月 所収）

る。今の特徴的な提案とされる土間の卓・椅子の提案はこの「農村住宅参考図案」が最初とみられており、[27]先の深作が今に設計を依頼した際に謄写したとされる「間取り図」は、この「参考図7」だった可能性が高いといえる。ただし、「参考図7」では卓・椅子を土間の奥の炊事場に置いて板の間と連続した食事の場とするのに対し、新興農場では土間の前面側を広くとって、ここに卓・椅子を置いて食事以外の応接等にも用いる点が異なった。今は、開墾地の住宅として、生産や家事において利用頻度が高い「土間」の空間を最大限に生かしたのである。

また今が戦前に手掛けた農村住宅の実作としては、昭和九年の「秋田県立修錬農場農家住宅・職員住宅」（今・竹内協同設計）、昭和十年の「生保内セツルメント付属農家家屋」〈図2-8-25〉、昭和十二年の「積雪地方農村経済調査所雪国試験家屋」〈図2-8-26〉が知られている。これらに共通するのは、いずれも住宅改善の普及・啓発の模範あるいは実験を目的に建設したということである。つまり、新興農場の移住家屋こそ、実際に農民が住まい、かつ恒久的な農村住宅であり、今にとって最初の実作であったといえる。

## ■増改築を想定した設計手法の応用

次に、竹内芳太郎の経歴と設計活動からみていく。

竹内が農村住宅の調査・研究に本格的に関与したのは、今と協同であたった昭和九年（一九三四）の農林省積雪地方農村経済調査所の委託業務が最初とみられる。同年に今が出版した『農村家屋の改善』[28]の執筆に協力し、昭和十一年からは同潤会嘱託技師として東北地方農山漁村住宅改善調査を担当、その後、昭和十六年からは新設の農地開発営

図2-8-26 「積雪地方農村経済調査所雪国試験家屋」（「まづ農家の改善」『アサヒグラフ』1939年2月8日所収（朝日新聞記事クロスサーチより））

図2-8-25 「生保内セツルメント付属農家家屋」（『東北セツルメントの記録』全国友の会中央部、1989年所収）

団興農部建築課長として開拓地の建築設計業務に従事した。

新興農場の移住家屋は、計画段階から「将来」の増改築を考慮して設計されたが、この設計思想は、竹内が『帰農者住居』で記した「伸び行く農家への構想」と題する一文にもみられる。

　農家の住宅は都会のものと違つてその機能が決して単純でないことは、これまでも度々述べて来た通りである。生活の消費面、享楽の面並に休養の場所であつて欲しいというのが、都会住宅の設計目標であるが、それは職場を住生活から切り離してゆける生活方式であるからである。ところが農家の生活はそれでは済まない。（中略）

　開拓者の場合になると、最初からそんな経営に入ることは、まづ資力も労力も許さない。第一最も重要な要素であるところの地力がそれ迄熟していない。だから新百姓なら新百姓なりに生産に応じた生活、資力に似合つた住宅からつゝましやかに出発し、だんだんと経営も手広くなり、家族もふえ、更に資力も少しずつ豊かになるにつれて一人前の農家になる。これに歩調を合せて、住宅も一歩一歩拡張して

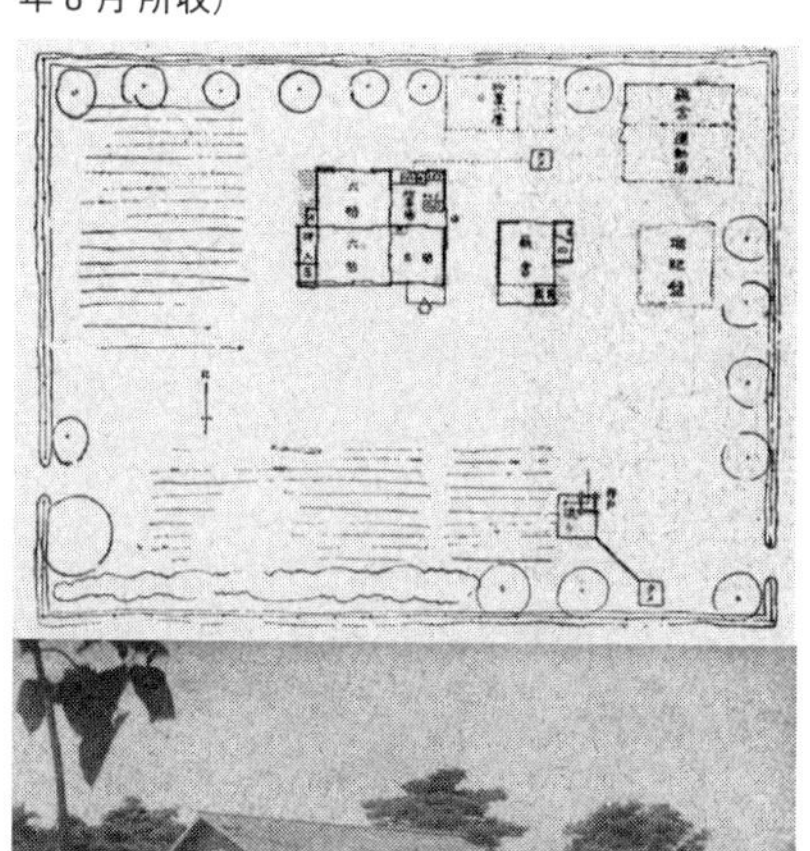

図 2-8-27　茨城県茨城郡鯉淵村農地開発営団地区「移住家屋（B）」上：配置平面図、下：外観写真（「開墾地の移住家屋（茨城県茨城郡鯉淵村農地開発営団地区）」『建築世界』1943年8月所収）

図 2-8-28　茨城県茨城郡鯉淵村農地開発営団地区「移住家屋（A）」上：配置平面図、下：外観写真（同右）

ゆけたらというところにねらいを置いたのが、所謂「伸び行く農家」の着想である。

竹内は、この「伸び行く農家」を「融通のきく住宅」とも呼び、特に開拓者の住宅にはこの設計思想が重要であることを説いた。実際に、後年の設計活動においてそれを具現化させている。竹内が農地開発営団時代に携わった「茨城県茨城郡鯉淵村農地開発営団地区」の移住家屋の設計において、設計段階から拡張後の姿も図面化して雑誌に掲載したのである〈図2-8-27、28〉。『建築世界』昭和十八年八月号に発表されたこの移住家屋は、入植時のものと「第一次の伸び方を終つた家屋」の二種が図面および写真付きで紹介している。この移住家屋では、移住者の入植当初の住居の費用を抑えるため「伸びる家屋」という構想の下に最小限の住宅を設計したと説明される。

この可変性に考慮した設計は、職住を切り離すことができない農村住宅ならではの設計思想であり、竹内にとってその原点が新興農場の移住家屋だったといえるだろう。

（野村渉）

（1）瀬川裕司『『新しき土』の真実』平凡社、二〇一七年。
（2）「二十八組の若夫婦の力で築かれつゝある水戸郊外の新興農場を見て」『婦女界』五二（四）、婦女界社、一九三五年九月、三三四―三四一頁。
（3）新興農場の計画は、記念誌として刊行された『茨城県新興農場創設五十周年記念誌 五十年のあゆみ』（新興農場創設五十周年記念事業記念誌編集委員会、一九八三年）や、茨城県担当技師である深作雄太郎の日記『ある茨城県農政史：農林技師・深作雄太郎日記』（森田美比編集・解説、昌平社、一九八〇年）などに詳しい。
（4）「新興農場 昭和十年版」（茨城県、一九三五年、四頁、茨城県立歴史館所蔵）に設置趣旨が示されている。
（5）日本国民高等学校は、農村中堅人物の養成を目的にデンマークのフォルケフォイスコーレをモデルとし、昭和二年に茨城県宍戸村（現友部町）に設立された特殊教育機関である。初代校長には、「満洲開拓の父」として知られる加藤完治が就任した。設立にあたっては、農商務省の石黒忠篤、東京帝国大学教授の那須皓、愛知県立農林学校長の山崎延吉などが中心となった。現在は、日本農業実践学園として引き継がれている。

（6）深作雄太郎は生涯に亘って日記を書き残しており、注3『ある茨城県農政史：農林技師・深作雄太郎日記』として刊行されている。

（7）合宿所は、移住家屋への入植に伴い昭和十一年四月に農場中央付近に移設され、共同作業場兼公民館に転用された。

（8）今和次郎の経歴は、工学院大学学術情報センター工手の泉 今和次郎コレクションが所蔵する本人直筆の履歴書に基づく。

（9）深作雄太郎の経歴は、注3『ある茨城県農政史』に基づく。

（10）注3『茨城県新興農場創設五十周年記念誌 五十年のあゆみ』（六五頁）所収。

（11）『開墾地移住ニ関スル調査 第三輯』（農林省農務局編、一九三八年、四二―四四頁）による。ただし、「開拓農家の成長に関する研究（第二報）―茨城県新興農場に於ける農業経営の発展―」（『開拓資料』所収、農林省開拓研究所、一九四九年十一月、農林水産関連試験研究機関所蔵）に収録される一九三三―一九三五年分の農場経営の収支表によれば、収入として昭和十年に「建築奨励 八〇〇〇（円）」と記される。一戸当りの開墾地移住奨励の交付額は四〇〇円以内とされるため、最大二〇戸分の額に相当し、『開墾地移住ニ関スル調査 第三輯』による実績と相違する。一九三五年以降の収支は不明だが、建設年に県側が先に八〇〇〇円を奨励金として支給し、それを二八戸分で分けたとすれば、一戸当り約二八五円の補助を受けたことになるが、実態は不明である。

（12）『開墾地移住ニ関スル調査 第二輯』農林省農務局、一九三三年、一二―一三頁。

（13）県側の史料は、茨城県立歴史館に『新興農場関係綴』として整理・保管される。

（14）設計者側の史料は、工学院大学学術情報センター工手の泉が所蔵する「今和次郎コレクション」に『新興農場住宅』と題して整理・保管されている。今和次郎コレクションでは、今和次郎の蔵書や、民家や考現学等のフィールドワークによる調査資料・スケッチ・野帖・図面・写真等の膨大な諸資料が保管されている。

（15）竹内芳太郎の経歴は、工学院大学学術情報センター工手の泉 竹内芳太郎コレクションが所蔵する本人直筆の履歴書および自著『年輪の記：ある建築家の自画像』（相模書房、一九七八年）に基づく。

（16）後の武蔵工業大学である。

（17）竹内芳太郎『帰農者住居』相模書房、一九四八年。

（18）板井申生の経歴は、『人事興信録 第十三版 上』（人事興信所、一九四一年）などに基づく。

（19）『開墾地移住ニ関スル調査 第一輯』農林省農務局、一九三〇年、一九五―一九六頁。

（20）注12『開墾地移住ニ関スル調査 第二輯』（一二―一三頁）所収。

（21）注2に同じ。

（22）「荒地に汗を富と化す茨城県新興農場」『アサヒグラフ』六二一号、朝日新聞社、一九三五年一〇月、二四―五頁（朝日新聞記事クロスサーチより）。

（23）丸山義二「経営の合理化をめざす人々―新興農場に小室秀俊氏を訪ねて―」『農業世界』四五（八）、一九五〇年七月、八〇―八二頁。

（24）「改良農家住宅のねらひ所（茨城県新興農場参観記）」『家の光』第一三巻第三号、産業組合中央会、一九三七年三月。

（25）「開拓農家の成長に関する研究（第二報）―茨城県新興農場に於ける農業経営の発展」『開拓資料』農林省開拓研究所、一九四九年一一月、一―二七頁（農林水産関連試験研究機関所蔵）。

（26）『神奈川県農会報 第二〇〇号』神奈川県農会、一九二五年四月。

（27）小沢朝江・野村渉「神奈川県農会「農村住宅参考図按」（1925）の作成経緯と設計案の特徴」日本建築学会技術報告集二九（七二）、二〇二三年六月、一〇八六―一〇九一頁。
（28）今和次郎『農村家屋の改善』日本評論社、一九三三年。

# 第3部

# 農村住宅改善の普及啓発を担う

第1章

# 農村指導者教育が担った住宅改善の普及

## 1 住宅改善と農村指導者養成

### ■農村における住宅改善の困難さ

広域な農村に対して、行政はどのように住宅改善を普及させたのだろうか。

都市部の住宅改善は、大正期から文部省や住宅改良会・生活改善同盟会等の諸団体により、雑誌や書籍などの情報媒体を用いた広報や、『家庭博覧会』（大正四年、主催：国民新聞社）や『生活改善展覧会』（大正八年、主催：文部省）などの多数の来場者に向けた啓蒙活動を展開し、中流階級を皮切りに広範囲に普及を加速させていったことがよく知られている(1)。これに対して、農村部ではどうだろうか。都市部に比べ、雑誌の購読者数は圧倒的に少なく、ましてや交通の便も悪い地方農村では、博覧会などの催しはごくごく一部の層の関心に留まる。かつ、保守的傾向が強い農民に対しては、一方的な普及や啓発活動では効果は見込めない。

それに対して、農村住宅改善の嚆矢(こうし)的な取り組みとして、昭和十年（一九三五）から東北更新会・同潤会が実施した東北地方農山漁村住宅改善調査が知られる(2)。この調査では、一般農民に対して改善住宅案の懸賞募集を実施し、さらに家を建てる大工を集めて講習会を開催、東北地方という特殊な気候区に応じた標準設計案を作成・提示するなど、都市部とは異なるアプローチで調査研究と普及啓発を実践したのである。しかしながら、この取り組みは第二次世界大戦の情勢によって、広域的な波及効果を得るまでには至らなかったことが指摘されている[3]。

ところが、東北地方農山漁村住宅改善調査に先行して、昭和初期に農村住宅改善の普及啓発を担った取り組みがある。それは、農林省が主導した「農村中堅人物養成施設」における住生活の改善に関する直接的な指導・教育である。この聞きなれない「農村中堅人物」とは、「農民道場」「修練農場」あるいは「国民高等学校」などとも呼ばれ、いわゆる農村の指導的立場・リーダーとなる人材を意味し、地方農村の農業経営から生活に至るまでの改革・改良を担う存在を指す。

昭和初期に朝日新聞政治部長を務めたジャーナリストの関口泰は、『教育国策の諸問題』[4]において、この施設を実見した上で、「農民道場の教育は、開墾地新営と併行して、真の価値を現しより大なる効果を収めることを示してゐる」と述べた。要するに、開墾施策と農村指導者養成の連携した運営を示唆したのである。これを踏まえて、開墾施策と両輪で住宅改善の普及啓発を担った「農村中堅人物養成施設」を取り上げて、その実態をみていこう。

## ■農山漁村経済更生運動による「農村中堅人物養成施設」の設置

日本の農村指導者教育[5]は、明治三十七年（一九〇四）に矢作栄蔵がデンマークのフォルケホイスコーレを日本で紹介したことを契機とし、大正二年（一九一三）に矢作の勧めで那須皓（しろし）がホルマンの『国民高等学校と農民文明』を翻訳出版したことが、日本へ導入される直接的なきっかけとなった。デンマークでは「民衆の大学」とも呼ばれ、勤労青年を主対象とした成人教育機関を指すが、日本では農村の中堅人物の養成を目的とした。日本では、矢作の教え子である藤井武が大正四年に設立した山形県立自治講習所〈図3−1−1〉が嚆矢的存在であり、初代所長には「満洲開拓の父」と呼ばれる加藤完治が就任した。加藤による実践的な拓殖教育は高く評価され、大正以降には地方自治体や農会等も設置に乗り出したのである。

この農村中堅人物の養成に対する国の動きをみると[6]、施策として取り上げたのは第一次世界大戦後の昭和恐慌を発端とする。当初、教育施設という名目から文部省が設置・運営を管轄したが、昭和初期に農林省が農山漁村経済更生運動[7]の施策のひとつとして農村指導者教育施設の設置支援に乗り出したことを契機に、農林省へと運営主体が移管された。当時の農林次官・石黒忠篤は、農村中堅人物の育成こそが農村の経済的・精神的更生に直結するとの考えで「農村中堅人物養成施設」の設置を強く提唱し、昭和九年（一九三四）に「農山漁村中堅人物養成施設補助金」を創設し、全国的な設置を進めた。

農山漁村中堅人物養成施設補助金は、初年度の助成対象は一二施設で計画されるも、各県からの設置希望が続出したため、二〇施設に引上げられ、一〇万円の予算で実施された。昭和十四年時点では二九府県・三八施設だった[8]が、昭和十七年には三八府県・五〇施設[9]に拡大し、全国の約八割の府県の設置に上った〈図3−1−2〉。

当時設置された多くの施設は、戦時体制の深化に伴って移民訓練施設が併設されていった。戦後は「経営伝習農場」などと名称が改められ[10]、それらの一部は現在でも農業大学校や農業高校などが後身となって引き継がれている。

図3-1-1　山形県立自治講習所（『思い出の写真でつづる創立八十周年記念誌』上山農業高等学校、1992年）

## ■実習教育のための施設設備

この農村中堅人物養成は、一般的な座学中心の学校教育とは大きく異なる。その教育は、皇国思想に基づく徹底した心身鍛錬、集約農業的な小定員寄宿学校、師弟が起居寝食と勤労を共にする師弟同行教育など、実習に特化した教育方針を採る点が特異である[11]。

当時の「農村中堅人物養成施設計画」（昭和九年[12]）をみると、次のように記されている。

三、養成方針

自ラ農業経営ニ従事シ而モ克ク自村民ノ儀表トナリ自村民ト共ニ自村更生ノ中堅トナリテ活動スルニ必要ナル農民精神ノ体得、農業労働ノ体験、隣保共助ト協同ノ精神ノ涵養、農家農村経営ノ実習ヲ為サシメ以テ農村ノ中堅人物タルヘキ農民ヲ養成セントス

四、施設

右ノ方針ニ従ヒ徹底セル実習的訓練ヲ為サシムルカ為ニ収容者全部ヲシテ必ス一定面積ノ農場を担当セシムルニ充分ナル農場（未開墾地ヲ可トス）ノ外家畜、家禽、加工場、農業用器具、機械、其ノ他ノ設備ヲ為スト共ニ収容者全部ヲシテ共同自炊生活ヲ為シ朝夕農家生活ノ実習

図 3-1-2　農山漁村中堅人物養成施設分布図（『農山漁村修練場施設要覧』農業報国連盟、1942 年）

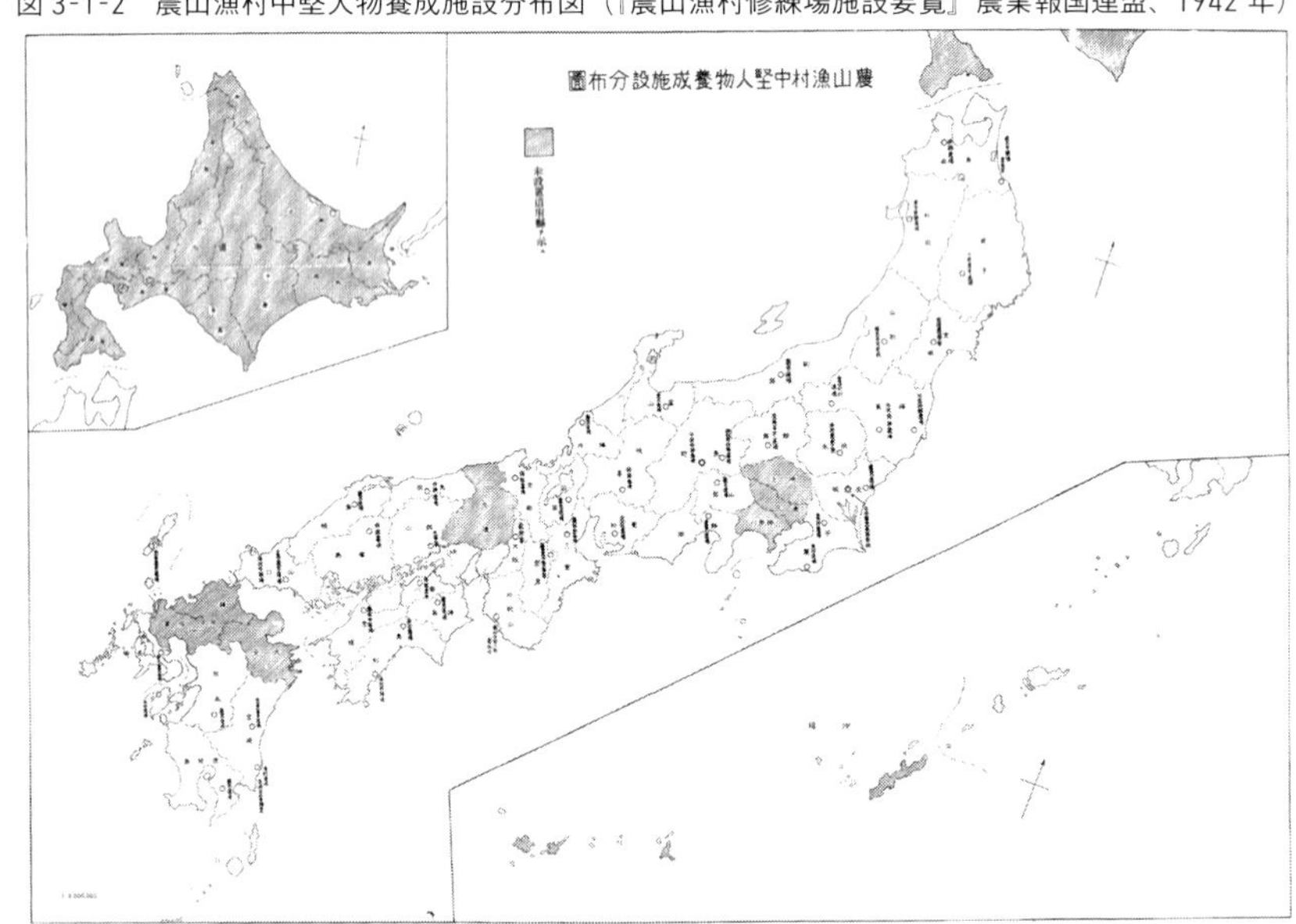

的訓練ヲ行ハシムルニ必要ナル農家ニ似寄リタル宿舎ヲ設ケ其レニハ養蚕ヲモ為シ得ルモノタラシムルコトトス

五、養成人員及養成期間

五十名内外トス

一年乃至二年トス

六、入所者資格

農家ノ青壮年ニシテ将来必ス自家ノ農業経営ニ従事スル等必ス農村ノ人トナルコトヲ条件トシ且自村更生ノ中堅タルヘキ人物タルコトヲ要ス此ノ意味ニ於テ村民ノ衆望ヲ負ヒ村又ハ経済更生委員会等ノ推薦ニ係ルモノタルコトヲ必要トス

このように、農林省は農業経営・農家経営・拓殖教育など実習的訓練を主とする方針を提示した。具体的に、山形県立自治講習所の後身で昭和八年（一九三三）創立の山形県立国民高等学校を例にみると、一～二年の修錬期間は、職員と修錬生は共同生活を通じた修錬を実施し、入場資格には一定期間の農業経験と市町村長・小学校長・農会長・青年団長等の推薦が必要とされていた。[13] つまり、各町村の選ばれた優良な農民のみが入場資格を有した。修錬生の募集にあたっては、各市町村や農会などを通じて情報が拡散されたほか、戦前期に農家向けに刊行した雑誌『家の光』にも各県の施設の募集案内が掲載されるなど[14]、広域的な周知も図られた。

また施設は、実習的訓練を主としたことから、実習地となる農場・家畜舎・農業倉庫等の農業設備のほか、修練生が居住する宿舎が必須であった。注目できるのは、施設の方針において、実際的な農家生活の中での訓練指導を行うために、宿舎は「農家ニ似寄リタル」[15]ものとされた点である。かつ、農村更生の上で住環境や生活の改善は特に重要視され、「生活改善」が修練生に対する教育内容に盛り込まれたことを踏まえれば、宿舎に対しても「住宅改善」の要素が求められたと考えられる。

そこで、各校の施設に注目してみると、場内に「標準農家」などと呼ぶ住宅改善のモデルとも取れる建物を設置した施設が複数存在しているのである。この「標準農家」などと呼ばれる建物こそ、「農家ニ似寄リタル宿舎」を体現したものとみられる。（以下、これらを〈模範農家〉と総称）

以下、場内に〈模範農家〉を建設した山形県立国民高等学校、岩手県立六原青年道場、富山県農民道場、秋田県立青年修練農場の四校を取り上げ、個別に〈模範農家〉の計画と用法からその実態をみていきたい。

## 2 山形県立国民高等学校の「標準農家」

### ■県の住宅改善の取り組みとして紹介

山形県立国民高等学校[16]〈図3-1-3〉は、先述の通り、山形県立自治講習所を前身とし、上ノ山農学校と実業教育養成所が合併して昭和八年（一九三三）四月に創立された。後述の岩手県立六原青年道場と共に、農林省の農村中堅人物養成施設補助事業以前に開設された先駆的な存在であり、農林省による全国への設置支援のモデルとされた。施設は、山形県南村山郡上ノ山町大字北町弁天（現上山市弁天）の旧上ノ山農学校の校地および校舎を転用し、さらに北町久保手原（現上山市）に渡辺久右衛門が開設した果樹園「百花園」も農場用地として取得して開設された。

山形県立国民高等学校の「標準農家」については、当時の山形県学務部長を務めた関口勳が、昭和十一年一月に開催された東北地方農山漁村住宅改善調査の委員会において、同県における従前の住宅改善の取り組みとして次のように紹介した[17]。

昭和八年四月に山形県立国民高等学校が設立致されました。従来から山形県自治講習所と謂ふ名前で以て存在して居りました一種の農民道場でありますけれども、之が昭和八年四月に国民高等学校と組織を変更致し内容を充実致しました。其の際に大きな寄宿舎を立てます代りに、標準農家の住宅と考へられます建物を十五戸造りまして、生徒を夫々に分宿致させ所謂道場的な訓練を行ふことになりました。其の際に同時に、生徒の入ります住宅を大体標準農家として設計致しまして、一般の其所に入つて参ります者並に参観に参ります者に、将来住むべき農家の模範を現実に於て見せるやうに拵(こしら)へた訳でございます。

「標準農家」は、修練生が居住する宿舎として一五戸を建設し、これを一般に対して農家の見本として参観にも供したと説明される。この委員会で山形県が配布した資料[18]にはさらに詳しく、「標準農家」は「本県中流農家ノ改良住宅」として設計し、一戸約一五〇〇円で、各戸には当時の山形県の平均耕地面積約一町歩と納屋・畜舎・堆肥舎・農具・家具を附属して農家の体裁を備えたという。つまり、住宅改善の模範である「標準農家」で実際的な農家の営みを具現化して住生活の改善の体得を目指したのである。

山形県立国民高等学校が発行した当時の史料[19]によると、「標準農家」は昭和九年十一月三十日に落成し、一五戸は甲種一〇戸・乙種五戸の二種が建設された。その後、昭和十一年の学則改正後には甲種二戸・乙種五戸となり、新たに新塾舎六戸が建設されて計十三戸となった[20]。規模は、甲種が主屋二三坪・納屋一五坪、乙種が主屋二五・二五坪・

図 3-1-3　山形県立国民高等学校（『思い出の写真でつづる創立八十周年記念誌』上山農業高等学校、1992 年）

納屋一四・五坪、新塾舎が主屋二八・二五坪・納屋一二坪で、新塾舎は甲・乙種に比べて主屋を拡張し納屋を縮小した。このうち、史料から建物の様相が把握できる甲・乙種についてみていく。

甲・乙種と呼ばれる「標準農家」は、いずれも切妻造・金属板葺で、漆喰壁に腰は下見板張りとし、附属屋は別棟として渡り廊下で連絡する〈図3-1-4～7〉。主屋は、いずれも整形四間取平面で、正面に縁を附し、土間の一角に板敷の台所を設け、床上と土間の双方から風呂に接続する点が共通する。ただし、甲種は座敷を上手前面に置き、神棚・押入を妻側にまとめるのに対し、乙種は座敷を上手奥に配し、背面側に床・押入を置き、下手境を神棚と押入で区切る点が異なる。この相違について、「甲

図 3-1-4　山形県立国民高等学校「標準農家」甲種（『昭和十三年三月 修了記念帖』山形県立国民高等学校、1938 年、山形県立上山明新館高等学校蔵）

図 3-1-5　山形県立国民高等学校「標準農家」乙種（同右）

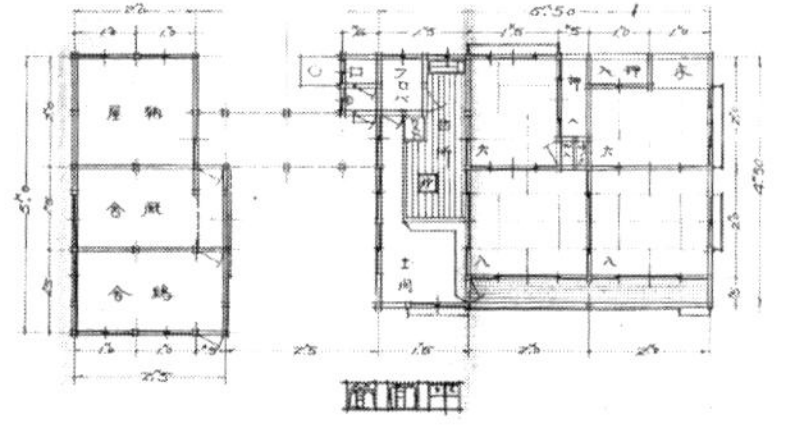
図 3-1-6　山形県立国民高等学校「標準農家」甲種塾舎設計図（「東北地方農山漁村住宅改善調査委員会議事資料 山形」工学院大学学術情報センター工手の泉 今和次郎コレクション）

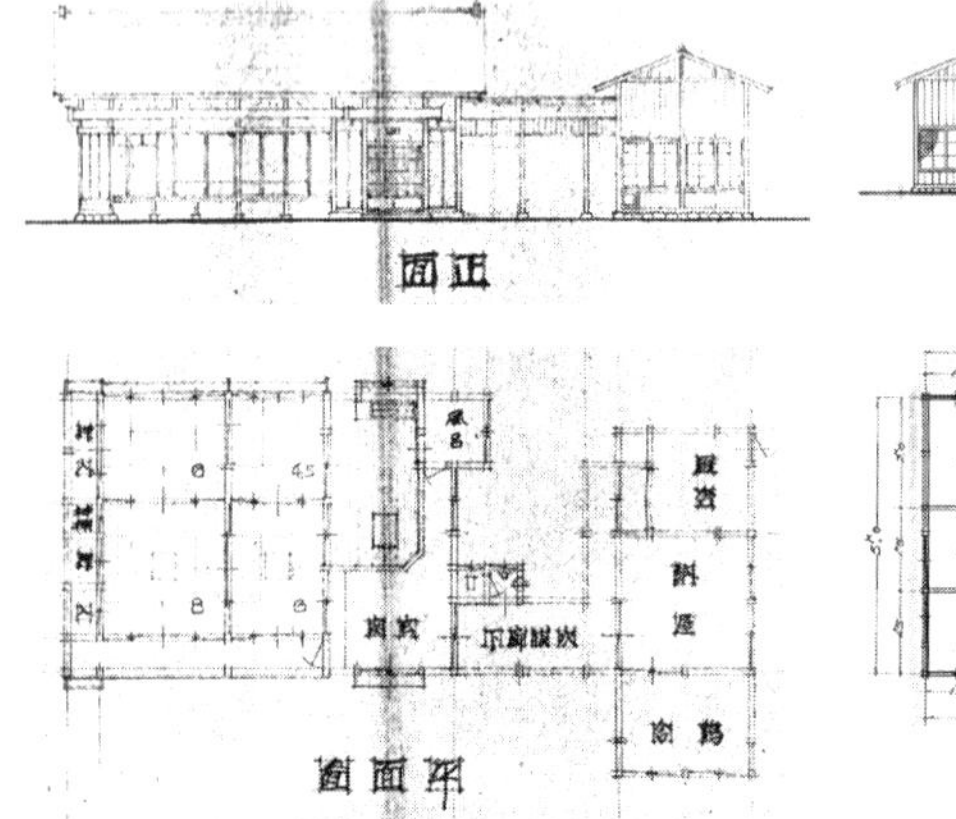
図 3-1-7　山形県立国民高等学校「標準農家」乙種塾舎設計図（同右）

種ハ農林省ノ農家住宅案ヲ参考トセルモノ、乙種ハ本県当局案[21]」と説明されるように、県案と農林省案で作成されたためであった。現に、甲種の平面は、農林省耕地課が昭和五年に作成した「開墾地移住家屋及全附属家設計図例」〈図3-1-8〉に近似し、一方の乙種は最上地方の民家平面と近似した。

## ■ 寄宿生活の意見聴取とモデル提示

「標準農家」での寄宿生活はどのようなものであったか。「標準農家」は、「塾舎」とも呼ばれ、入学した修錬生は合同の寄宿舎で基礎訓練を受けた後、ここで寄宿生活を行った〈図3-1-9、10〉。一戸に修錬生一〇名で居住し、各戸に戸長・副戸長各一名、家畜・炊事当番各一名を割り当て、戸長を中心に一戸の農家経営を体現した[22]。さらに、一戸で一家族、二〜三戸と職員住宅一戸を合わせて一部落とし、校内に全五部落を設けた〈図3-1-11〜14〉。部落単位での共同生活を通じて、農村経営から生活改善を包括的に実践させたのだ。

「標準農家」に居住した修錬生には、「住居後希望並改善ニ関スル意見[23]」〈表3-1-1〉の提出も義務付けられていた。「標準農家」として住宅改善のモデルを示すと同時に、

図3-1-9　塾舎生活の様子（『思い出の写真でつづる創立八十周年記念誌』上山農業高等学校、1992年）

図3-1-10　塾舎生活の様子（同上）

図3-1-8　「開墾地移住家屋及全附属家設計図例」（『開墾地移住ニ関スル調査 第二輯』農林省農務局、1934年）

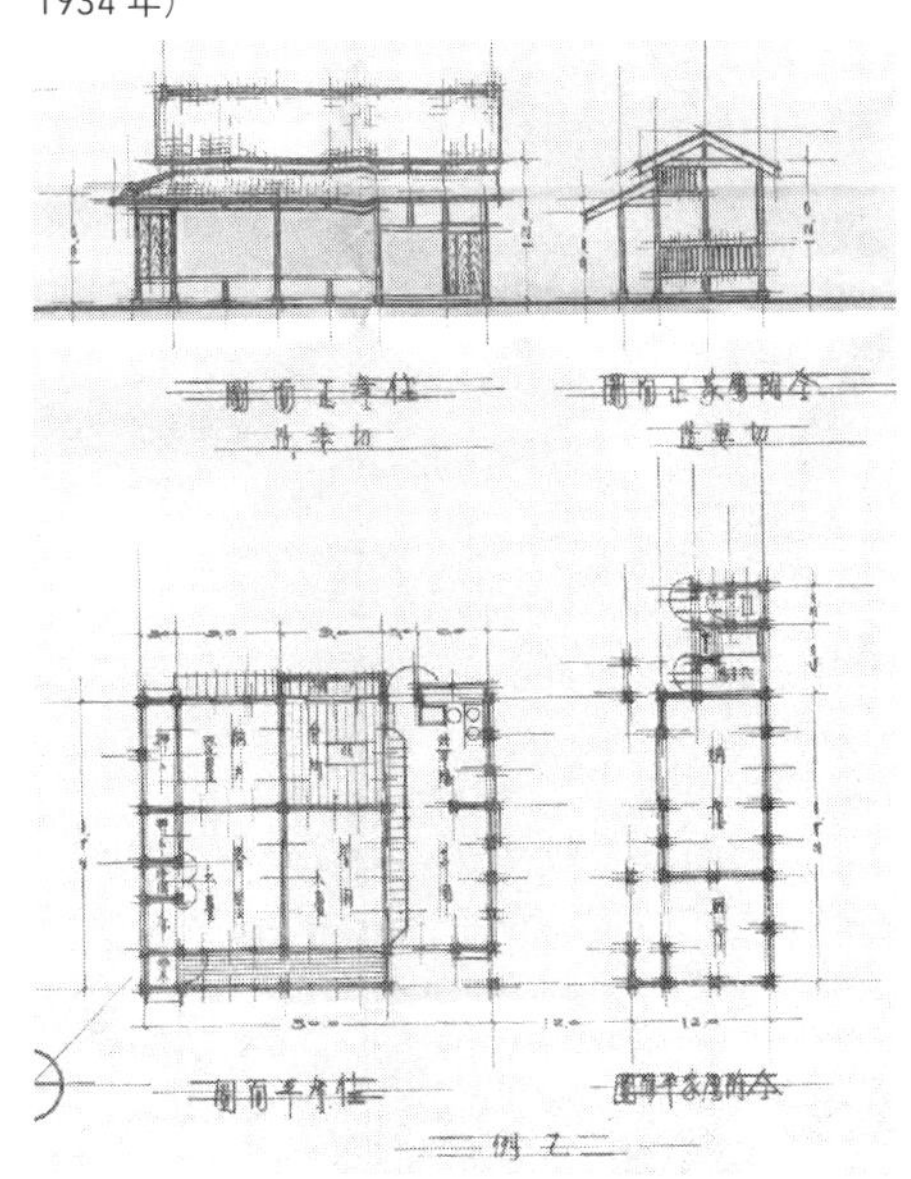

実際の居住を通して調査研究にも供する狙いがあったのである。提出された意見をみると、台所では「煙出シヲ造ルコト」「土間ヲコンクリートニスルコト」「戸棚ヲ設クルコト」「竈ヲ流場ニ接近セシムルコト」「流シノ傾斜ヲモウ少シ強クスルコト」などが挙げられ、排気や収納の設置、衛生的な仕様や炊事器具の配置など指摘が具体的である。また、座敷では「押入ヲ増スコト」「裏側ニ板戸ヲ設クルコト」、納屋では「塾舎ヨリ納屋ニ通ズル廊下ヲ設ケルコト」などが挙げられ、実体験に基づくことで居住性や能率性、不便さなどの意見が的確である。さらに、「神棚ヲ床ノ間ニ移スコト（乙）」「薪置場ヲ設クルコト（乙）」「便所ノ位置ヲ改メ外ヨリ入口ヲ設クルコト（甲）」などのように、二種の異なる部分に対する指摘もあり、それぞれを比較検証していることが窺える。つまり、寄宿生活は居住実験の側面を有しており、これをもとにさらなる住宅改善を意図したとみられ、新塾舎は甲・乙種の改良型であった可能性が高い。

また「標準農家」は、一般の人々に対して「将来住むべき農家の模範」を公開することで普及啓発に用いられた。修錬生の在校当時の思い出の記録[24]が残されている。

> 創立当時とて毎日の参観者が現在の数倍を数へてゐた。（中略）兎に角第一塾舎に真先に来る。最初の中こそ綺麗にしてゐたが、仕事も忙しくなつてくる。然かも主として開墾

表 3-1-1　「住居後希望竝改善ニ関スル意見」（「東北地方農山漁村住宅改善調査委員会議事資料山形」工学院大学学術情報センター工手の泉 今和次郎コレクション）

**住居後希望竝改善ニ関スル意見**
（特ニ（甲）又ハ（乙）トアルハ甲又ハ乙號塾舎ニ於テ改善スベキ点ヲ示ス）

甲乙塾舎ノ改善ヲ要スベキ点
イ、台所
　煙出シヲ造ルコト。
　爐ヲ大キクスルコト、且ツ鈎ヲ設クルコト。
　周囲ニ「トタン」ヲ設クルコト。
　土間ヲコンクリートニスルコト。
　戸棚ヲ設クルコト。
　竈ヲ流場ニ接近セシムルコト。
　流シノ傾斜ヲモウ少シ強クスルコト。
　台所土間ヲ三尺巾ニ廣メルコト。
　蔬菜貯蔵一室ヲ設ケルコト。
ロ、便所
　便所ノ位置ヲ改メ外ヨリ入口ヲ設クルコト。（甲）
　便所ノ汲出口ヲ大キクスルコト。
　必ズシモ改良便所タルヲ要セズ。
　小便所ヲ「コンクリート」ニスルコト。（乙）
　掃除水ノ流レルヤウニスルコト。
ハ、肥料溜ヲ設クルコト。
ニ、座敷
　床付ノ座敷ヲ一間設クルコト。
　押入ヲ増スコト。
　八疊間ノ押入ノ中央ノ柱ヲ取除クコト。
　裏側ニ板戸ヲ設クルコト。
ホ、養蚕室兼用ノ場合設備
　爐ノ設備、換気装置。
ヘ、一座敷ニ炬燵ヲ設クルコト。
　神棚ヲ床ノ間ニ移スコト。（乙）
　戸ヲ設ケテ六疊間ニ通ラレル樣ニスルコト。
ト、納屋
　納屋ヲ三間ニ二間位ニ廣メルコト。
　薪置場ヲ設クルコト。（乙）
　納屋ハ全部二階ニシ、且ツ板敷トシ土間ヲ「コンクリート」ニスルコト。
　塾舎ヨリ納屋ニ通ズル廊下ヲ設クルコト。
チ、畜舎
　裏側ニ戸ヲ設クルコト。
　裏口ノ近クニ堆肥場ヲ設クルコト。
リ、鶏舎
　保温、換気、装置ヲ完備スルコト。
　排水ノ装置。
　土間ヲタ、キニスルコト。

図 3-1-11　山形県立国民高等学校 第一部落（『思い出の写真でつづる創立八十周年記念誌』上山農業高等学校、1992 年）

図 3-1-12　山形県立国民高等学校 第二部落（『昭和十三年三月 修了記念帖』山形県立国民高等学校、1938 年 3 月、山形県立上山明新館高等学校資料室所蔵）

図 3-1-13　山形県立国民高等学校 第三部落（『思い出の写真でつづる創立八十周年記念誌』上山農業高等学校、1992 年）

図 3-1-14　山形県立国民高等学校 第四部落（『昭和十三年三月 修了記念帖』山形県立国民高等学校、1938 年 3 月、山形県立上山明新館高等学校資料室所蔵）

だ。綿の如く疲れて昼休してゐる時に入つて来られる故たまつたものでない

このように、注目度の高さから、多くの参観者が来場した様子が窺える。

## ■山形県営萩野開墾地との関連性

さらに、山形県立国民高等学校の「標準農家」は、農林省の開墾地移住奨励制度が適用され、[25]一五戸中三戸に対して奨励金が交付された点が注目される。開墾地移住奨励制度は、移住家屋の建築等に対する補助事業であることからも、「標準農家」は移住家屋を想定して建築されたことが示唆される。それを踏まえて、従前の同県による開墾地の移住家屋と比較してみる。

第2部第1章で取り上げた山形県営萩野開墾地（大正十五年事業着手、現新庄市昭和地区）の移住家屋の平面と比べると、その関連性が窺える。先の甲・乙二種の平面は、萩野開墾地の移住家屋と類似するのである。この移住家屋もまた、先の委員会にて山形県の住宅改善の取り組みとして報告されており、先述の通り、萩野開墾地は年度ごとに平面が異なり、当初（第一年度）は同地域の民家平面の広間型を採用したが、以降は農林省の指導で整形四間取に変更された〈図3-1-15、16〉。双方を比較すると、第一年度は山形県立国民高等学校の乙種（県案）、第二年度以降は甲種（農林省案）と類似し、いずれも先行した萩野開墾地の移住家屋を参考にしたと推測される。

図3-1-15　山形県営萩野開墾地 第一年度平面図（「東北地方農山漁村住宅改善調査委員会議事資料 山形」工学院大学学術情報センター工手の泉 今和次郎コレクション）

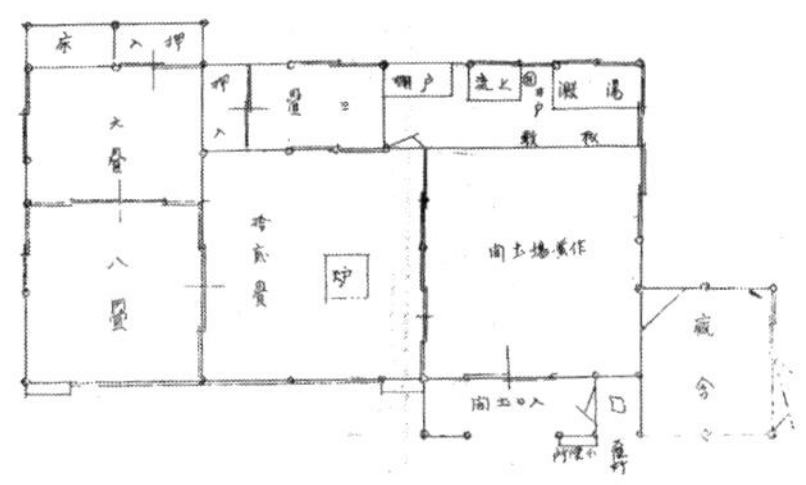

図3-1-16　山形県営萩野開墾地 第二年度平面図（同右）

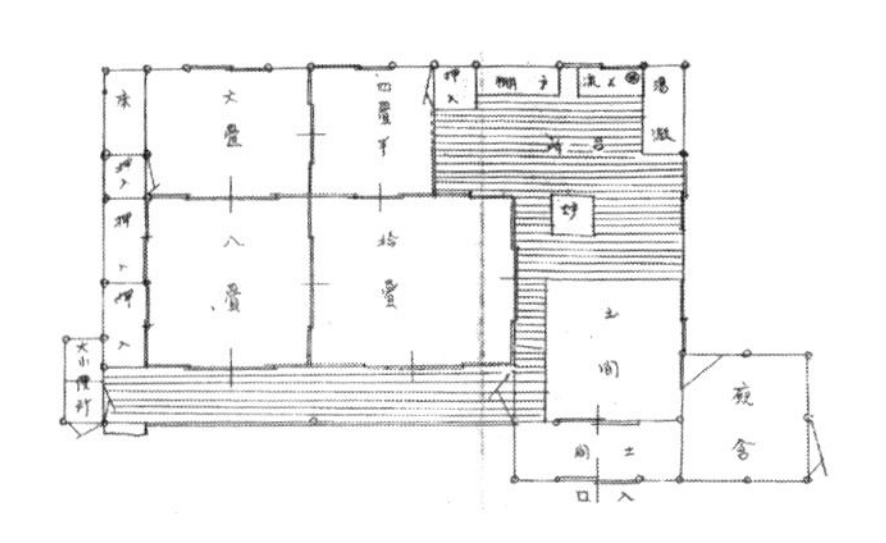

## 3 岩手県立六原青年道場の「模範農家」

### ■農業経営に応じた住宅改善のモデル

岩手県立六原青年道場[26]〈図3-1-17〉は、昭和七年（一九三二）に石黒英彦知事が農村不況救済のため青年道場の設置を議会で提案したことに始まる。敷地は、大正十四年（一九二五）に廃止された胆沢郡相去村（現金ヶ崎町六原）の陸軍軍馬補充部六原支部跡地が選定され、昭和七年八月に開校した。本場・訓練部・林業試験部・経理部・産業部・模範農村部で構成され、山林約一六〇〇町歩、農場用地二五〇町歩、開拓用地約四〇〇町歩の大規模な農場を有した。

戦前には青年学校教員の養成所などが併設され、岩手県内の指導者教育機関がこの地に集約された。戦後は県立六原農場と改称し、昭和二十六年に県立六原営農大学校となり、平成八年（一九九六）からは県立農業大学校に移管され、現在に至っている。「模範農家」の建設趣旨が記された『修錬農場・漁村修錬場[27]』から、その概要をみていく。

目的　岩手県更新上ノ農家ノ住宅改善及農業経営改善ニ資スル為、六原青年道場ニ模範トスルニ足ル農家ノ住宅ヲ建築シ、之ニ道場生ヲ居住セシメ、所謂模範トスルニ足ル農家経営ヲ行ハシメ、之ニ依ツテ道場主ノ教養ノミナラズ、一般県民ニ対シテモ範示シ、以テ本県民ノ生活更新上ノ重要案件タル住宅改善及農家経営改善ハ勿論、衛生思想ノ普及等広ク生活改善ニ資セントス。

住宅建築ノ方針　模範住宅ハ此ノ種ノ家屋ノ普及改善ヲ図ル為ニ、其ノ見本トシ

テ建築セラル丶モノナルヲ以テ、左ノ点ニ付充分考慮シテ建築セラル丶コトヲ要ス。

一、住宅ノ構造ハ左記目的ニ合致スル様ニ建築セラルベキコト。

イ、衛生保健的ニシテ住ミ易キモノナルコト。

ロ、農業経営上便利ニシテ無駄ナキコト。

二、建築費用ハ農家ノ現在ノ資力ヲ以テシテモ建築又ハ改築シ得ラル丶様最モ安価ナルコト。

すなわち、「模範農家」は「農家ノ住宅改善及農業経営改善」の見本として建設され、その設計においては「衛生保健的」「住ミ易キモノ」のほか、安価であることが重視されたとされる。

「模範農家」は、昭和十一年五月三十日の竣工で、本場南東端の農場沿いに一列に整列して四戸が建設された[28]。一戸当り七人家族を想定し、岩手県が定めた「農家経営ノ様式」に基づきそれぞれ異なる形式で設計された。「農家経営ノ様式」とは、岩手県が昭和十年に『岩手県振興計画書』[29]において県域を田・畑地の比率による耕作形態で「田畑相半スル地方」「田少ク畑多キ地方」「田多ク畑少キ地方」「田ナク畑ノミノ地方」の四種に分類したものである〈表3-1-2〉。実際に、この四種は、それぞれ甲・乙・丙・丁型と呼ばれ、平面は不明だが、史料から建物規模は「甲型」二七坪、「乙型」三二坪、「丙型」二八・五坪、「丁型」二九坪とされる[30]。さらに、当時同潤会嘱託技師として東北地方農山漁村住宅改善調査に従事した竹内芳太郎が撮影した「模範農家」の写真が残されている〈図3-1-18~21〉。古写真等から、「甲型」は切妻・柾（まさ）葺で主屋の正面に別

図3-1-17
岩手県立六原青年道場全体配置図「計画図」(『岩手県立六原青年道場写真帖』六原青年道場清明会、出版年不明(岩手県立図書館所蔵))

棟の附属屋を持ち、「乙型」は切妻と寄棟を併用した茅葺屋根で、小屋は洋小屋組（クイーンポストトラス）、広い屋根裏空間は養蚕等の利用を想定したとみられ、規模も一番大きい。「丙型」は切妻・柾葺とみられ、「丁型」は寄棟・茅葺で曲り屋のような屋根形式で、それぞれ大きく異なった。また、附属屋は主屋と切り離して設けられた。

「模範農家」における茅葺の使用について、昭和戦前期の農村住宅改善において屋根は不燃材が推奨されたが、四戸のうち二戸が主屋に茅葺を採用したのは、一般に広く普及する上で経済性を重視した結果であった[31]。

## ■「模範農家」のもうひとつの建設意図

六原青年道場では、陸軍軍馬補充部時代の建物を改築した共同寄宿舎を有したが、一定期間の交替制で「模範農家」に一戸に修錬生七名を分宿させ、附属する耕地を共同で耕作して農家経営を実践した[32]。この「模範農家」は、先の建設趣旨でも「一般県民ニ対シテモ範示」とあり、さらに当時の道場長・田村丕顕（ひろあき）も「模範農家の建築は、将来本県農家の進むべき建築様式を示唆するものとして考案建設せられた[33]」と明言している通り、県内の農家に対する住宅改善の啓発を目指したものだった。

しかし、「模範農家」建設にはもうひとつの背景があった。それは、六原青年道場に隣接し、昭和八年（一九三三）から入植を開始した県営岩崎開墾地の移住家屋の改善研究である。この六原青年道場の修錬生には、修了後の特権として岩崎開墾地への入植の優先権が与えられており[34]、昭和

表 3-1-2　岩手県における農家経営の様式（『修錬農場・漁村修錬場』農林省経済更生部、1935 年所収の表をもとに筆者作成）

| No. | 地方別 | 耕地面積 | 採草<br>放牧地 | 作物 | 家畜 | 養蚕 |
|---|---|---|---|---|---|---|
| 1 | 田畑相半<br>する地方 | 田　8 反<br>畑　8 反 | 1 町 | 水稲、紫雲英、大小麦、<br>大小豆、馬鈴薯、<br>白菜、大根、果樹等 | 牛　1 頭<br>豚　1 頭<br>兎　10 頭<br>鶏　50 羽 | 春繭　6 畝 15 瓦<br>夏秋繭　7 畝 30 瓦 |
| 2 | 田少なく<br>畑多い地方 | 田　4 反<br>畑　1 町 5 反 | 5 町 | 水稲、大小麦、大小豆、稗、<br>馬鈴薯、甘藍、<br>甘藷、大根、果樹 | 馬　1 頭<br>鶏　50 羽<br>緬羊　5 頭<br>兎　10 頭 | 春繭　1 反 2 畝 30 瓦<br>夏科繭　5 畝 20 瓦 |
| 3 | 田多く<br>畑少ない<br>地方 | 田　1 町<br>畑　5 反 | 1 町 | 水稲、紫雲英、大小麦、<br>大小豆、馬鈴薯、甘藷、<br>大根、その他 | 牛　1 頭<br>豚　3 頭<br>鶏　70 羽<br>兎　5 頭 | 夏秋繭　5 畝 20 瓦 |
| 4 | 田なく<br>畑のみの<br>地方 | 畑　2 町 | 5 町 | 大小豆、稗、馬鈴薯、<br>甘藍、甘藷、大小麦、<br>そば、白菜、大根、<br>果樹等 | 馬　2 頭<br>緬羊　5 頭<br>鶏　30 羽<br>兎　10 頭 | 春繭　1 反 5 畝 40 瓦<br>夏秋繭　1 反 40 瓦 |

図 3-1-18
岩手県立六原青年道場「甲型模範農家」（工学院大学学術情報センター工手の泉 竹内芳太郎コレクションファイル「写真東北調査 岩手1」より）

図 3-1-19
岩手県立六原青年道場「乙型模範農家」（同上）

図 3-1-20
岩手県立六原青年道場「丙型模範農家」（同上）

図 3-1-21
岩手県立六原青年道場「丁型模範農家」（同上）

十一年開催の東北地方農山漁村住宅改善調査の委員会で、岩手県経済部長・小山知一が建設意図を次のように説明している[35]。

> 現在岩崎に県営農場を置きまして、移住家屋を造つて居ります。併し之は第一期に造つたものも、第二期に造つたものも充分でないと謂ふ関係から、更に昨年六原青年道場に、農業経営の一様式と致しまして、今申し上げた四つの地方に分けた家を造つて居るのであります。

この岩崎開墾地は、第2部第2章で取り上げた通り、昭和八～十三年までに八部落に七〇戸が入植した県営による開墾地である。この説明を踏まえると、年代的に「第一期」は昭和八年入植の神楽部落を指し〈図3-1-22〉、「第二期」は昭和十年入植の真栄部落に該当する。「模範農家」の改善研究が反映されたとすれば、昭和十二年以降に入植した部落が想定される。聞き取り調査によると、平面は神楽部落・真栄部落共に奥行方向に部屋が二列並ぶ平面だったとされ、昭和十二年から入植開始した大東部落は一列型平面が採用されたという〈図3-1-23〉。この一列型の平面形式は、昭和十年に実際的な農家経営の研究と模範農村の建設を目的に場内に設置された模範農村部（開墾地）の移住家屋[36]とも類似する。いずれも県の設計であり、両者共に県西部に近接して同じ耕作形態に属したことから、「模範農家」四戸のうちの一種が採用されたとみられる。

図3-1-22　岩手県営岩崎開墾地 神楽部落移住家屋（『開拓一路』岩崎農場五十周年記念実行委員会、1982年）

図3-1-23　岩手県営岩崎開墾地 大東部落(1937)の移住家屋平面図（大東部落在住S氏が作成した平面および聞き取りをもとに筆者作成）

## 4 富山県農民道場の「農家」

### ■異なる有畜農家経営を想定した五種の「農家」

富山県農民道場[37]は、昭和八年（一九三三）四月に県立農事試験場内に設置された県立産業講習所第二部が翌年に「有畜農業経営実験模範農場」〈図3-1-24〉として独立し、昭和九年に初年度の農山漁村中堅人物養成施設補助金を受けて農民道場に改組して創設された。創設時は、東砺波郡北般若村春日（現高岡市）の庄川北側の堤外地に本場を置き（Ⅰ期）、上新川郡福沢村東福沢（現富山市）に合宿演習用に附属農場として拓進道場を設けたが、本場の敷地が狭小だったため、昭和十三年に拓進農場に本場も移された（Ⅱ期）。

富山県農民道場は、Ⅰ期の北般若村春日とⅡ期の福沢村北福沢の双方で「農家」または「仮想農家」と呼ぶ建物を宿舎として建設した。Ⅰ期の「農家」について、当時の史料[38]では次のように説明される。

本場ハ有畜農業ノ経営実験ト模範経営ヲ目的トシテ農場内ノ五農家ハ分離シテ建築シ各戸毎ニ居室間取等ヲ夫々異ニシ本県農家ノ模範的住宅タラシメ更ニ各戸ハ独立セル農家一戸ノ経済体ヲタラシム

「農家」は、「模範的住宅」として間取の異なる五戸が、それぞれ耕地と家畜を有する独立した農家として建設され、それぞれ「第一農家」から「第五農家」と呼ばれた。この「農家」の計画は、初代場長の農林技師・平澤滋の発案によるもので、設計は県営繕技手・島尻平松、施工は県土木課建築係が担当したとされ、昭和九年六月に設計に着手

し、翌年二月に五戸が竣工した[39]。

各戸は、牛・乳牛・綿羊・耕馬・養鶏の五種いずれかを主体とする有畜農家経営の計画〈表3-1-3〉に即して設計された[40]。平面は不明であるが、全体配置図および古写真〈図3-1-25~27〉から外観が把握でき、各戸が異なる設計だったことが確認できる。「農家」は、耕地に近接した分散配置を採り、屋根は入母屋造で、外壁は漆喰塗に腰は押縁下見板張りとする点は共通する。また、主屋は玄関を正面中央部に置き、附属屋を直接連続する点も共通するが、下屋や開口部の位置に差異が確認できる。

次にⅡ期〈図3-1-28〉は、「第一農家」二戸、「第二農家」三戸、「第三農家」二戸の三種七戸が建設された[41]が、Ⅰ期の「農家」とは若干異なる。規模をみてみると、「第二農家」は変化がないが、「第三農家」はⅠ期の「第四農家」と一致し、「第一農家」はⅠ期の「第一農家」の主屋はそのままに附属屋を拡張している。このことからⅡ期は、農家経営の主体を三種に絞り、Ⅰ期の規模および形式を踏襲しつつ、同一の農家を複数戸建設する方針に移行した。

Ⅰ期・Ⅱ期共に、「農家」は一戸に修錬生が数名ずつ

図3-1-24　富山県農民道場 配置図（『修錬農場・漁村修錬場』農林省経済更生部、1935年）

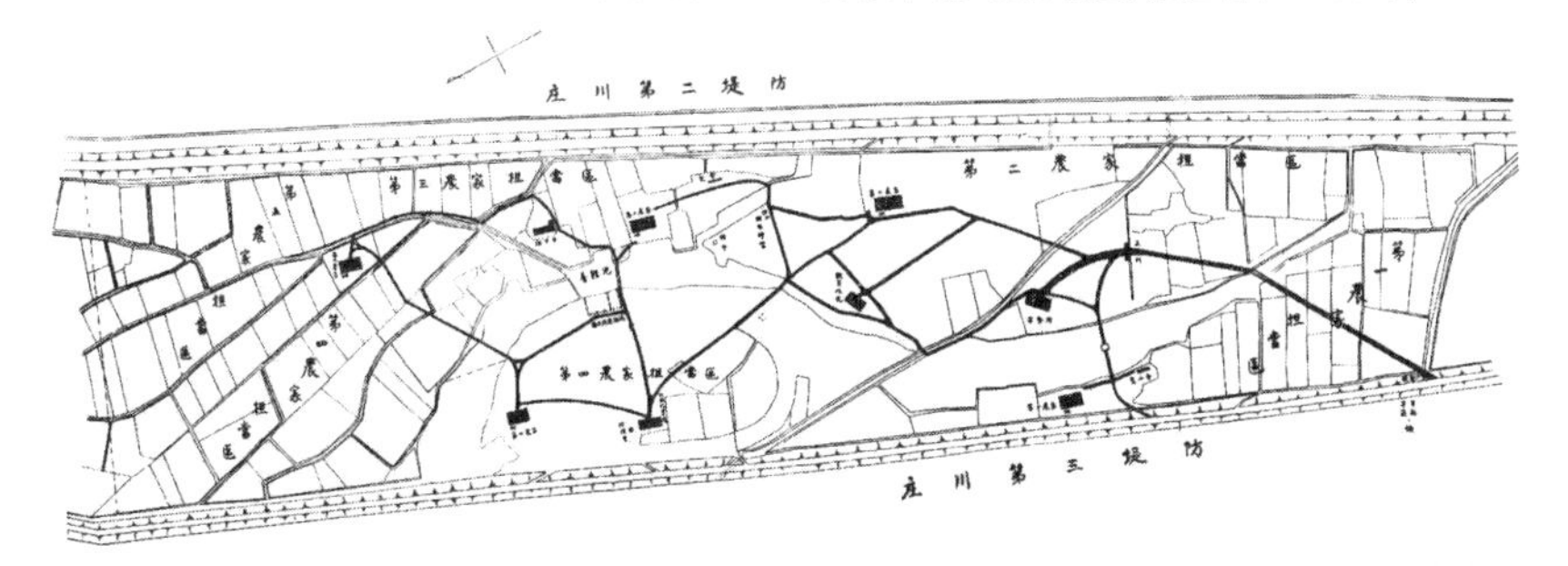


表3-1-3　5種の有畜農業経営（『創立第一年の回想』（『[小冊子合綴集] 第94冊』所収、京都府立図書館所蔵）および『農民道場事業概況』（富山県農民道場、1937年）をもとに筆者作成）

| | 農業経営の主体 | 耕地面積（反） | | | 飼養家畜頭数 | | | | | | | | | |
|---|---|---|---|---|---|---|---|---|---|---|---|---|---|---|
| | | 水田 | 畑 | 桑園 | 馬（頭） | 耕牛（頭） | 乳牛（頭） | 豚（頭） | 緬羊（頭） | 山羊（頭） | 兎（頭） | 鶏（羽） | 鵞（羽） | 鯉（匹） |
| 第一農家 | 牛 | 9.822 | 1.7 | 1 | - | 1 | - | 2 | - | - | - | 70 | 20 | - |
| 第二農家 | 乳牛 | 10.707 | 1.707 | - | - | - | 2 | 2 | - | - | - | 70 | - | - |
| 第三農家 | 緬羊 | 9.403 | 1.623 | 1 | - | - | - | 2 | 11 | - | 10 | 100 | 30 | 2000 |
| 第四農家 | 耕馬 | 10.81 | 1.506 | - | 1 | - | - | 2 | - | - | - | 70 | 19 | - |
| 第五農家 | 養鶏 | 10.027 | 1.717 | - | - | 1 | - | 2 | - | 2 | - | 100 | - | - |

分宿して、毎日家畜管理や掃除、炊事、記帳等を当番制で担当し、各戸ごとに独立の農家経営が実践された[42]。農場全体で一部落を構成し、事務所を村役場に想定して「自治的公民訓練」にも取り組んだ。

図3-1-25　富山県農民道場（Ⅰ期）の「第二農家」（『農民道場事業概況』富山県農民道場、1937年）

図3-1-26　富山県農民道場（Ⅰ期）の「第四農家」（『創立第一年の回想』（『[小冊子合綴集]第94冊』所収、京都府立図書館所蔵））

図3-1-27　富山県農民道場（Ⅰ期）の「第五農家」（同上）

図3-1-28　富山県農民道場（Ⅱ期）の全景（富山県農民道場発行『絵葉書』、東海大学小沢朝江研究室所蔵）

## 5 秋田県立青年修練農場の「模範農村住宅」

### ■今和次郎が建築雑誌に発表

秋田県立青年修練農場[43]〈図3-1-29〉は、昭和九年（一九三四）八月に設立された。本場を秋田県南秋田郡天王村鶴沼台（現潟上市天王鶴沼台）、分場を南秋田郡豊川村山田（現潟上市昭和豊川山田）に置き、入場生はまず分場で一カ月間の共同訓練を経て、本場に入場した。この修練生にもまた、岩手県立六原青年道場と同様に、県営開墾地への入植の優先権が与えられた[44]。

秋田県立青年修練農場の施設は、当時の武部六蔵知事の「従来の学校建築の様でなく、真の農民精神の表現せられた建築を[45]」という要望から、農林省を介して、農村住宅改善に精通し、従前に農林省嘱託として農村住宅の調査研究に従事した経歴を持つ今和次郎に設計が依頼された。この設計には、竹内芳太郎・大矢信雄が協働した[46]。建物は、本場に本館・職員住宅・宿舎・共同作業場及共同倉庫・共同食堂及共同浴室が〈図3-1-30〉、分場に修養会館が建設され、昭和十年五月までに全棟が竣工した。

宿舎の建設について、昭和九年五月十五日付の『秋田魁新聞』[47]によると、県と農林省の打合せの結

図3-1-29　秋田県立青年修練農場 本館（設計：今和次郎）（「秋田県立修練農場」『建築世界』建築世界社、1938年9月）

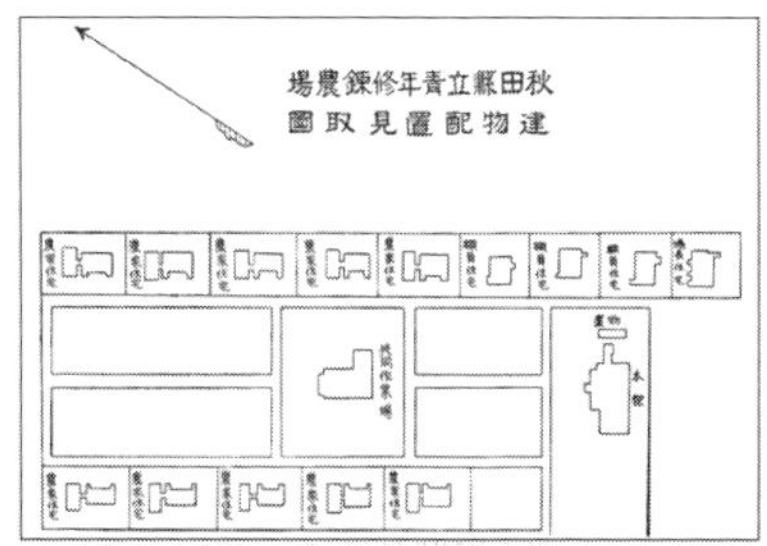


図3-1-30　秋田県立青年修練農場 配置見取図（『修錬農場・漁村修錬場』農林省経済更生部、1935年）

果として次のように報じ、宿舎は東北地方の「模範農村住宅」として建設する方針とされた。

> 将来の東北地方農村住宅として最も適切なる模範農村住宅十棟を五棟宛二カ所に分団的に建設し一棟五名宛収容

設計を担当した今和次郎は、この建物を『建築世界』（昭和十三年九月号）[48]に発表しており、これは今が唯一建築雑誌に発表した設計作品であった〈図3-1-31〉。この設計について今は次のように言及している。

> 宿舎即ち住宅は方針としては、秋田地方の従来の型の農家も基本として改良を試みたるものと云ふ主旨であつた。即ち広間と座敷とが連つた型であるが、これは出来るだけ小型にして数人一家族のやうに住み得る程度にした。これを数戸建て列ねたのである。厩舎はその他を別棟にとつた。住宅の方は炉の煙出しを試みたる事、それから欄間窓を十分にとり採光をよくした事などにつきる。附属家も今思ふと不徹底なきらひがある。

これによると、「模範農村住宅」は秋田県の旧来の農家をもとに改良を加えたもので、

図 3-1-31　秋田県立青年修練農場「宿舎」（「秋田県立修練農場」『建築世界』建築世界社、1938 年 9 月）

図 3-1-32　秋田県立青年修練農場「宿舎 第一号型式」平面図・立面図（工学院大学学術情報センター工手の泉 今和次郎・竹内芳太郎コレクション所蔵）

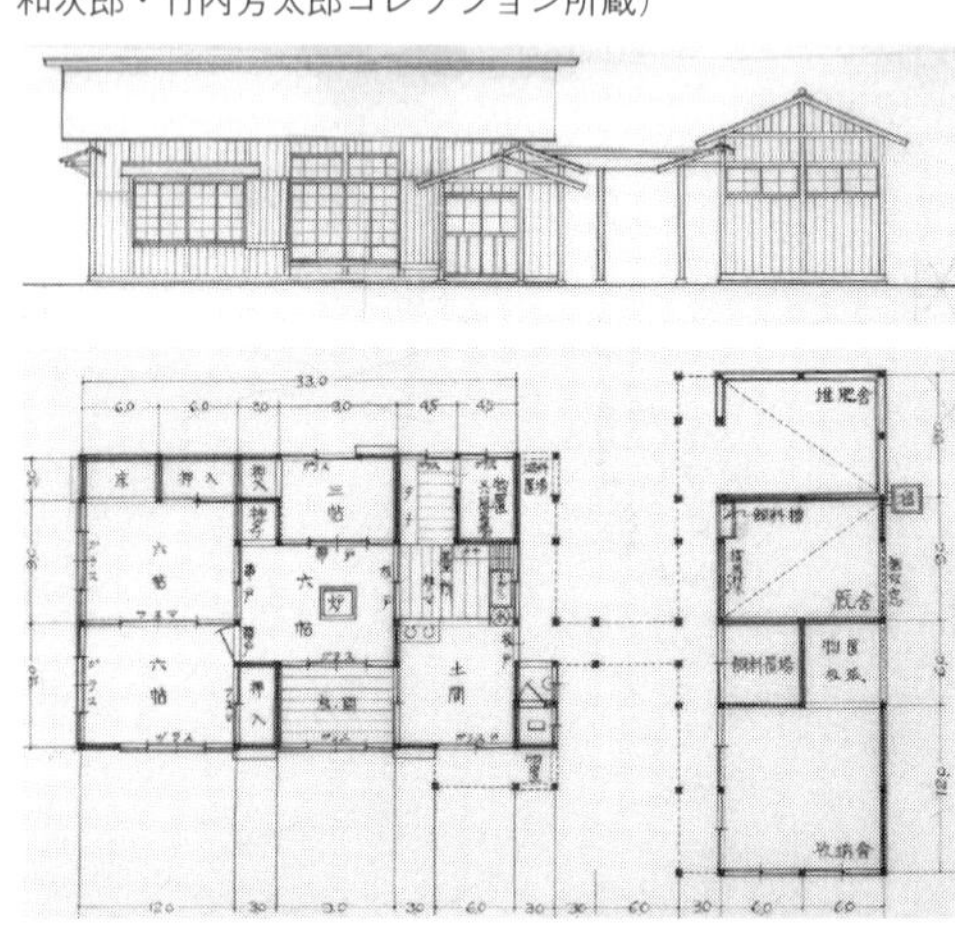

主屋は住みやいように小規模にしたという。また、掲載された平面図には「実施に当り設計図を左右転換せり」と記載され、工学院大学学術情報センター工手の泉 今和次郎コレクションに所蔵される原図を確認すると、「第一号型」「第二号型」と呼ぶ二種の平面〈図3-1-32〉が存在し、説明の通り平面を反転して建設されたとみられる。「模範農村住宅」は全一〇戸建設され、敷地中央の共同作業場を挟んで向かい合わせに五戸ずつ一列に配された。

外観は、屋根は切妻・亜鉛鉄板葺、外壁は縦板張りで、平面は食違四間取の下手全面に板間を加えた形式を採る。台所と風呂場を土間側に設け、厩舎・豚鶏舎・堆肥舎を有する附属屋を渡り廊下で連結した。衛生的見地から囲炉裏の煙出しと、採光を確保するための「欄間窓」や厩舎の分離を採用したとし、板敷の台所、ガラス窓の多用、独立した浴室、収納の充実などにも住宅改善の試みがみられる。

この「模範農村住宅」では、寄宿舎として四〜五名が一家族を想定して分宿し、五戸で一部落、一〇戸で一村を想定して農家経営・農村経営を実践した[49]。

## ■職員住宅も「農家住宅」のモデルに

秋田県立青年修練農場の建物設計に協力した竹内は、自著

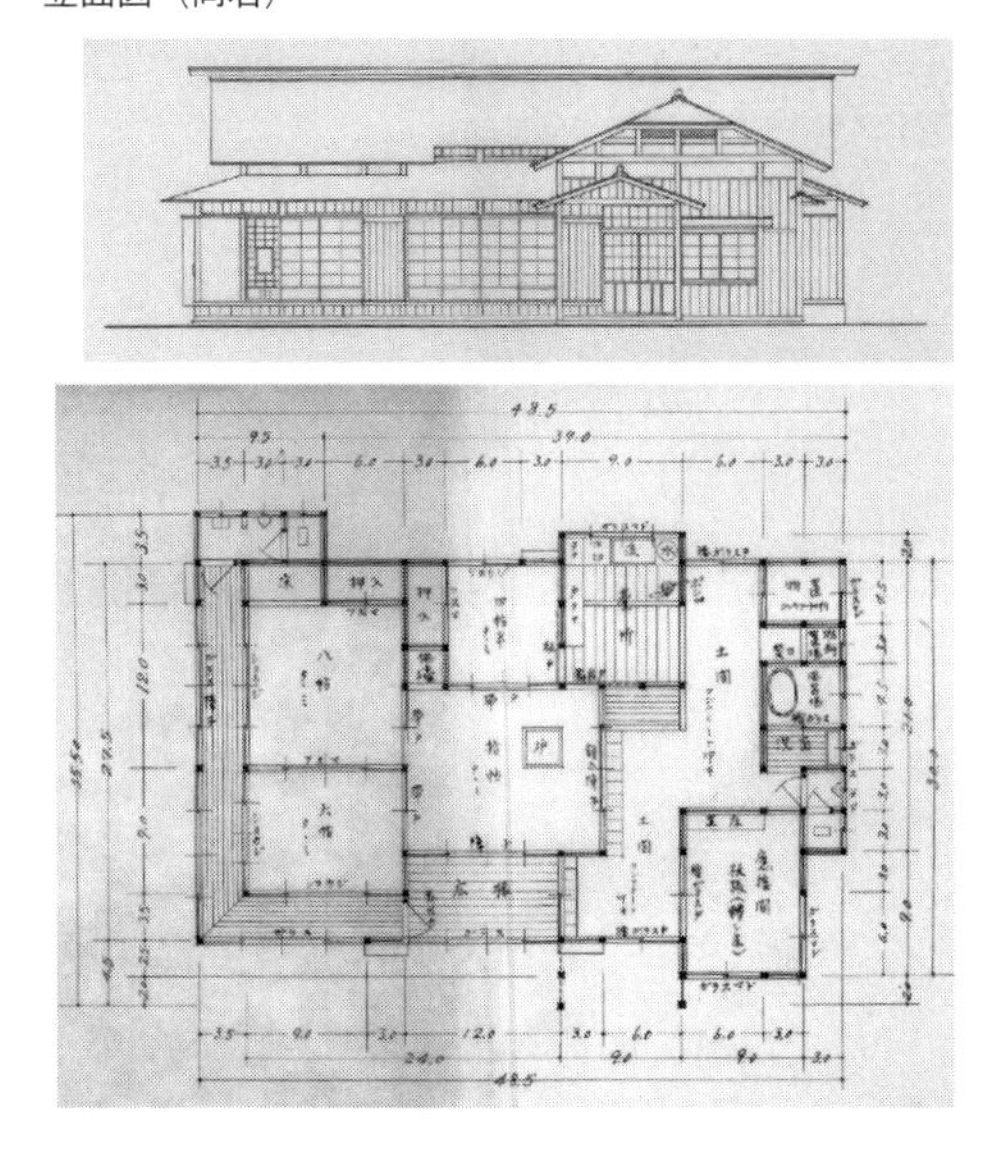

図3-1-34　秋田県立青年修練農場「場長住宅」平面図・立面図（同右）

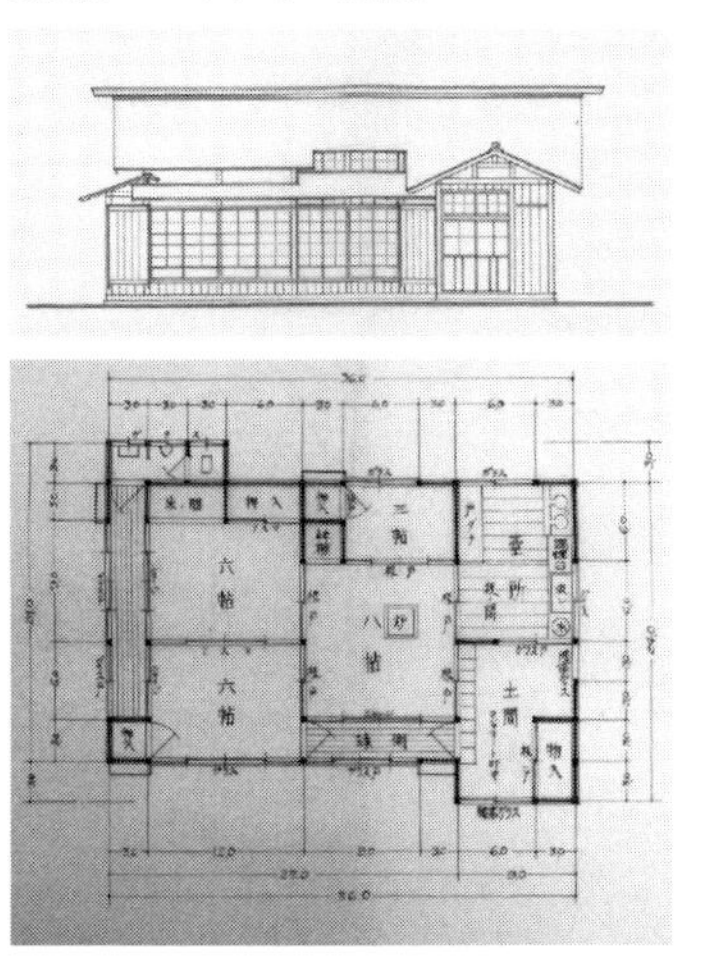

図3-1-33　秋田県立青年修練農場「場員住宅」平面図・立面図（工学院大学学術情報センター工手の泉 今和次郎・竹内芳太郎コレクション所蔵）

私はこの農民道場の設計に当ったが、中心建築は今先生のスケッチを製図にし、付属の共同作業場や共同畜舎、それらに職員住宅の方は私の設計によることにした。大矢の家の一室を借りて、毎晩そこへ通っては仕事をした。先生の塔のある本館は大変な傑作であったと思うが、この数年前、腐朽が甚だしく危険になったので解体してしまった。尚住宅の方は、職員用であるが、同時に秋田県における農家住宅のモデルにという目的で、完全に農家向きに設計をしたものであった。

『年輪の記』(50)で、この設計について次のように述べている。

この内容から、竹内芳太郎は建設された建物のうち、「共同作業場」等のほか、「場員住宅」「場長住宅」〈図3-1-33、34〉を担当したという。かつ、それらもまた「秋田県における農家住宅のモデル」とされた。

竹内が設計した「場員住宅」「場長住宅」と今設計による「宿舎」を比べると、広間型の間取や床・押入の位置が共通し、「宿舎」を原型に設計されたとみられる。しかし、便所を座敷奥に設けて、縁を正面と側面の両方に付加していることから、役職に応じた変更を加えている。また、「場員住宅」「場長住宅」は広間に直接採光が入るように高窓を設置する工夫もみられる。独立した風呂場や六畳の「応接間」を設けた「場長住宅」は、主屋規模が最も大きく、中流農家向けのモデル住宅として設計されたとみられる。つまり、これら住宅の設計は、基本形の間取りを軸に質の向上を図り、等級の異なる模範的な農家住宅を並置して示したものであった。

## 6 農村住宅の改善像の普及啓発を担う

### ■〈模範農家〉の特徴

以上のように、四施設の〈模範農家〉は各県における住宅改善のモデルであった。これら〈模範農家〉の特徴を整理してみる。

第一に、農村住宅の「模範」として実物大で建設された点である。山形県立国民高等学校では「将来住むべき農家の模範」、岩手県立六原青年道場では「模範トスルニ足ル農家ノ住宅」、富山県農民道場では「本県農家ノ模範的住宅」、秋田県立青年修練農場では「最も適切なる模範農村住宅」とそれぞれ謳われ、農村住宅の模範像として建設されたことが共通する。特に山形県立国民高等学校では常時一般公開し、多数の見学者の来訪が記録されていた。これは、大正から昭和初期にかけて都市部での住宅改善で取り組まれた住宅展示会・展覧会等と類似する啓発手法であり、農村住宅も同時期に取り組まれていたことは特筆できる。

第二に、〈模範農家〉が保健・衛生面の改善を重視した点である。四校の〈模範農家〉はいずれも不衛生な厩舎や堆肥舎を主屋と分離させ、さらに主屋はガラス窓や欄間等を用いて、旧来の薄暗く陰湿で不衛生な生活環境から脱却し、採光・通風に優れた住宅であった。山形県立国民高等学校と秋田県立青年修錬農場では、小屋裏換気口や煙出しを設けて、囲炉裏の排気策を講じ、間取りでは板敷の台所、押入・棚等の充実した収納設備などにも住宅改善の意図がみられる。

第三に、〈模範農家〉を複数案建設した点である。山形県立国民高等学校では山形県案と農林省案の二案、岩手県立六原青年道場と富山県農民道場では耕作形態や飼養家畜の差異による四〜五案、秋田県立青年修練農場では等級の異なる三案を建設した。地域ごとの気候特性や各自の生活・家族構成・資力など、各自の実情に即した住宅像の選択を可能とした。

第四に、〈模範農家〉を寄宿舎として修錬生を居住させた点である。当時、農林省は施設設置において「農家ニ似寄リタル宿舎」とする方針を示したが、昭和十七年（一九四二）までに設置された五〇校の宿舎形態をみると、模範的な農家住宅を呈した建物を寄宿舎に用いたのは、この四校のみであった。[51] 修錬生は帰村後、村長・助役など指導的立場に就くことが期待された人材であり、〈模範農家〉での居住体験は、農家の住生活改善に対して実践的な指導が見込める。〈模範農家〉を一般の参観に供して普及啓発を促すのみでなく、ここには農村指導者への体験的教育を通じた「人」を介した普及啓発が組み込まれている。農村ならではの「地縁」を利用した秀逸な手法である。

## ■開墾施策と連携した「模範農村」の実現

もうひとつ、〈模範農家〉の建設には開墾施策との密接な連携があった。

既に、第1部で述べた通り、農林省は農地開拓による食糧増産・農家の次三男の就業の場の確保などを目的に、大正期から開墾地の移住奨励に取り組んだ。〈模範農家〉を建設した四施設をみると、山形県立国民高等学校では開墾地への入植条件の修学場所とされ、岩手県立六原青年道場・秋田県立青年修練農場では県営開墾地への入植の優先権が与えられるなど、開墾事業と連携した組織的な運営が行われたことがわかる。

この連携は運営面だけでなく、〈模範農家〉建設にも関係していたのである。山形県立国民高等学校では先行した県営萩野開墾地の移住家屋を参考としていた。また、岩手県立六原青年道場では近接する県営岩崎開墾地の移住家屋の改善研究を目的としていた。つまり、〈模範農家〉は単なる「見本」として建設されたものではなく、「試験」「実験」という目的を有し、双方の事業連携が模範的な農村建設の実現に大きく貢献したといえる。

朝日新聞政治部長・関口泰は、『教育国策の諸問題[52]』で次のように述べた。

> 農民道場が開墾地と併立して行はれてゐることは、山形県の例のみでない。岩手県の六原道場から一里も離れぬ所に県営の岩崎開墾地があつて、六原道場の修練生が移住してをり、卒業後も短期講習や講演会に通つてゐるし、青森県の金木町に出来た県立修練農場には土地つゞきに、県営の移住開墾地が新設されつゝある。茨城県の新設農民道場もまた、昭和七年農村匡救策として経営を開拓した新興農場の近くに出来たといふことであつて、農民道場の教育は、開墾地新営と併行して、真の価値を現しより大なる効果を収めることを示してゐるのである。（中略）
> 山形県の萩野開墾地、岩手県の岩崎県営開墾にも示されてゐるが、農民道場と内地植民との併行、或は農民道場を中心とした内地植民は、まだ国有林野広く、未墾地の多い東北の救済更生については最実効的の方法ではないかと思ふ。

この連携した取り組みは、特に東北地方に適した有効な方法と評したのだ。〈模範農家〉を建設した四校のうち三校が東北地方に存したのは、開墾地はもとより、暮らしを支える住まいの改善の必要性が特に高かったためと考えられる。

## ■住宅改善の規格化と居住実験の先駆け

農村中堅人物養成施設の〈模範農家〉は、農村住宅改善の取り組みの嚆矢とされてきた東北地方農山漁村住宅改善調査で参考にされた。如何に〈模範農家〉建設の取り組みが先駆的であるかを象徴している。

東北地方農山漁村住宅改善調査[53]は、文部省の外郭団体である日本学術振興会の委託により、同潤会・東北更新会が昭和十年（一九三五）から五カ年の年月をかけて、既存農家調査、住宅設計懸賞募集や標準住宅設計案の作成、大工講習会の開催、農村住宅改善冊子の刊行等に取り組んだ事業である。この調査の中心的な役割を担った人物として、今和次郎・竹内芳太郎の存在が知られ、取り組み内容も含めて画期的かつ先駆的な取り組みとして高く評価されてきた。

しかし、この東北地方農山漁村住宅改善調査では、従前に取り組まれた農村中堅人物養成施設における〈模範農家〉を先進的な取り組みとして注目し、この調査委員会のメンバーらが視察に訪れていた。当時、竹内芳太郎が実際に撮影した山形県立国民高等学校と岩手県立六原青年道場の〈模範農家〉の写真が残されている[54]〈図3-1-35〉。〈模範農家〉は、いずれも住まい手が自身の農業経営や生活に応じて選択できるように複数の住宅改善像が示されたが、東北地方農山漁村住宅改善調査でも気候区に応じた一二種の標準設計案が作成され、住宅設計の規格化がなされた点は通底する。寒冷、豪雪等の特異な気候や農業経営によって異なる農村住宅に対し

図3-1-35
竹内芳太郎撮影写真「山形上ノ山国民高等学校寮（塾舎）乙種」（工学院大学学術情報センター工手の泉 竹内芳太郎コレクション（「写真 東北調査山形1」））

て、一定の規格化を図った〈模範農家〉はその先駆けでもあった。

さらに、〈模範農家〉は農村住宅の居住実験としても先駆的な存在といえる。農村住宅の居住実験としては、昭和十年の秋田県生保内村セツルメントに建設された「農業者住宅」「労働者住宅」[55]と、昭和十三年に山形県新庄市の農林省積雪地方農村経済調査所に建設された「雪国試験農家家屋」[56]があり、いずれも今和次郎の設計によるものである。前者はセツルメントの卒業生が居住して整理整頓を中心とした指導がなされ、後者は実際の農家を住まわせて居住性の研究や農家経営の調査が実施された。〈模範農家〉もまた、単なる寄宿でなく、修練生の居住を通じた調査研究という役割も有していた。山形県立国民高等学校の「標準農家」で実施された居住後の改善意見の聴取はまさにそれに該当し、既に知られる居住実験に先行する農村住宅改善の先進的な取り組みであった。

（野村渉）

（1）都市住宅の生活改善・住宅改善の取り組みについては、内田青蔵『日本の近代住宅』（鹿島出版会、一九九二年）、同「「住宅改良会」の沿革と事業内容について」（日本建築学会計画系論文報告集（三五一）、一九八五年五月、九一―一〇一頁）、磯野さとみ「理想と現実の間に：生活改善同盟会の活動」（昭和女子大学近代文化研究所、二〇一〇年三月）などに詳しい。

（2）今和次郎研究の第一人者である黒石いずみが『「建築外」の思想―今和次郎論』（ドメス出版、二〇〇〇年）で詳しく報告している。

（3）内田青蔵・大月敏雄・藤谷陽悦「第1巻 解題」『同潤会基礎資料：近現代都市生活調査3』柏書房、二〇〇四年。

（4）関口泰『教育国策の諸問題』岩波書店、一九三五年、一八六―二一〇頁。

（5）『農村に於ける青年教育：その問題と方策』（竜吟社、一九四二年）に詳しい。

（6）農林省の事業概要や教育方針等については「農村計画行政 第六章 農村教育」『農林行政史 第2巻』（農林省大臣官房総務課、一九五七年）や『農村に於ける塾風教育』（協調会、一九三四年）に詳しい。

（7）正式には「農山漁村経済更生計画樹立実行運動」と呼ばれる。農林省は昭和七年九月に経済更生部を新設、以降九年間に亘って全国的に事業が実施された。事業の全体像については、「農村計画行政」『農林行政史 第2巻』（農林省大臣官房総務課、一九五七年）、楠本雅弘『農山漁村経済更生運動と小平権一』（不二出版、一九八三年）に詳しい。
（8）『修錬農場・漁村修錬場・山村修錬場』農林省経済更生部、一九三九年。
（9）『農山漁村修錬場施設要覧』農業報国連盟、一九四二年（『農山漁村経済更生運動史資料集成 第2集 第四巻』所収）。
（10）伊藤淳史「農業者研究教育施設（農業大学校）の展開過程―農民道場の戦後」農業経済研究、第七五巻、第三号、二〇〇三年。
（11）野本京子「戦前期農民教育の潮流と農業政策―国民高等学校運動と「農民道場」」『史艸』（二七）、日本女子大学史学研究会、一九八六年一一月、一―二四頁。
（12）大蔵省財務総合政策研究所財政史室『農村中堅人物養成施設資金融通ノ件』一九三四年五月九日（国立公文書館デジタルアーカイブス）。
（13）注6「農村計画行政 第六章農村教育」。
（14）「農民道場入学案内」『家の光』産業組合中央会、一九三四年三月、九二―九五頁。
（15）注12に同じ。
（16）山形県立国民高等学校の沿革については、『山形県立上山農業高等学校五十年史』（山形県立上山農業高等学校、一九六二年）、『山形県史 第5巻（近現代編 下）』（山形県、一九八六年）、『思い出の写真でつづる創立八十周年記念誌』（上山農業高等学校、一九九二年）などに詳しい。
（17）「第一回東北地方農山漁村住宅改善調査委員会議事録」『同潤会東北地方農山漁村住宅改善調査委員会議事録集』同潤会、一九三七年、九三頁。
（18）「昭和十一年一月 東北地方農山漁村住宅改善調査委員会議事資料」（工学院大学学術情報センター工手の泉 今和次郎コレクション所蔵）。
（19）『八紘 創立五周年記念号』山形県立国民高等学校、一九三八年（山形県立上山明新館高等学校蔵）。
（20）注16『山形県立上山農業高等学校五十年史』。
（21）同前。
（22）注19に同じ。
（23）注18「昭和十一年一月 東北地方農山漁村住宅改善調査委員会議事資料」に収録される。
（24）「勘六塾舎」『八紘 第二号 追進会報 第参号』山形県立国民高等学校、一九三九年、三八―四一頁（山形県立上山明新館高等学校蔵）。
（25）『開墾地移住ニ関スル調査 第三輯』農林省農務局、一九三八年、三六頁。
（26）岩手県立六原青年道場の沿革については、田村不顯「弥栄え行く岩手県立六原青年道場」（『現代農業』二（八）、一九三六年八月、二―六頁）、『岩手県立六原農場四十年のあゆみ』（岩手県、一九七三年）、『弥栄五十年の歩み 創設五十周年記念誌』（六原模範農村部創設五十周年記念事業実行委員会、一九八五年）、『相去村誌：北上市合併までの歩み』（相去村誌編集委員会、一九九二年）、『岩手県史 第10巻 近代篇5』（岩手県、一九六五年、七一七―七一八頁）などによる。
（27）『修錬農場・漁村修錬場』農林省経済更生部、一九三五年、三三―三六頁。
（28）伊藤金次郎『六原道場』協同公社出版部、一九四三年、三一二―三一三頁。

(29) 岩手県『岩手県振興計画書』一九三五年六月。
(30) 注8『修錬農場・漁村修錬場・山村修錬場』二三頁。
(31)『同潤会東北地方農山漁村住宅改善調査委員会議事録集』財団法人同潤会、一九三七年。
(32) 注26『岩手県立六原農場四十年のあゆみ』、『修錬農場・漁村修錬場』などによる。
(33) 注26「弥栄え行く岩手県立六原青年道場」二―六頁。
(34) 注8『修錬農場・漁村修錬場・山村修錬場』二二頁。
(35) 注31『同潤会東北地方農山漁村住宅改善調査委員会議事録集』一九六頁。
(36) 岩手県立六原青年道場の模範農村部・真析部落のT宅に当時の移住家屋が納屋として現存し、平成二十七年に調査した内容をもとに作成した。
(37) 富山県農民道場の沿革については、『富山県史 通史編6 近代下』(富山県、一九八四年)、『農民道場の使命とその指導精神』(富山県農民道場、一九三五年)、「創立第一年の回想」(富山県農民道場、一九三五年、『[小冊子合綴集] 第94冊』所収、京都府立図書館所蔵)、『青年修養特殊施設』(大日本青年団本部、一九三九年)、『農民道場事業概況』(富山県農民道場、一九三七年)、『二十年のあゆみ』(富山県立中央農業高等学校、一九七八年)などによる。
(38) 注27『修錬農場・漁村修錬場』二四七頁。
(39) 注37「創立第一年の回想」三一頁。
(40) 注37「農民道場事業概況」一〇―一一頁。
(41) 注37『青年修養特殊施設』一二九―一四〇頁。
(42) I期は注37『農民道場の使命とその指導精神』(七―九頁)、II期は注37『青年修養特殊施設』(一二九―一四〇頁)による。
(43) 秋田県立青年修錬農場の沿革については、注27『修錬農場・漁村修錬場』今和次郎「秋田県立修練農場」(『建築世界』一九三八年九月)、『秋田大百科事典』(秋田魁新報社、一九八一年)、『あきた』(通巻(二四五)、一九八二年一〇月)、『農場・学園50年業務概要』(秋田県立天王高等農業学園、一九八三年)などによる。
(44)「まづ地元民を優先的に入植許可」『秋田魁新報』一九三六年七月二十四日。
(45) 注43「秋田県立修練農場」『建築世界』一九三八年九月、八一―八五頁。
(46) 竹山祐太郎「農民道場に就いて」『建築世界』一九三八年九月、七六―七八頁。
(47)「農民道場設置希望が達せらる」『秋田魁新聞』一九三四年五月十五日。
(48) 注45に同じ。
(49)「汗と土に生く農民道場を訪ねて」『新日本大観』大阪朝日新聞社、一九三八年、一九六頁。
(50) 竹内芳太郎『年輪の記』相模書房、一九七八年、五二〇頁。
(51) 注8『修錬農場・漁村修錬場・山村修錬場』および注9『農山漁村修錬場施設要覧』から各施設の建物から寄宿形態を確認すると、修練生の寄宿に分宿制を採用したのは今回取り上げた四校のほか、千葉県漁村道場でも分宿制を採用していたが、その宿舎は部屋一室に水廻りを併設した形式で、共同の寄宿舎に近い形態であったため、対象から除外している。
(52) 注4『教育国策の諸問題』一八六―二一〇頁。
(53) 黒石いずみ『「建築外」の思想―今和次郎論』(ドメス出版、二〇〇〇年)などに詳しい。

(54) 工学院大学学術情報センター工手の泉 今和次郎・竹内芳太郎コレクションに、東北地方農山漁村住宅改善調査で撮影したとみられる写真がファイルに整理されて、保管されている。

(55) 秋田県仙北郡生保内セツルメントの「農業者住宅」に関しては、『東北の震災復興と今和次郎』(黒石いずみ、平凡社、二〇一五年)で紹介され、現存を報告している。

(56)『積雪地方農村経済調査所概要 昭和一五年九月』積雪地方農村経済調査所、一九四〇年。

# 第2章 開墾地移住奨励がもたらしたもの

## 1 移住奨励制度が変えた開墾地の住環境

### ■各地区の移住家屋を比較する

国と県による開墾地移住奨励が住環境の改善にどんな効果をもたらしたのか、その成果を総括してみたい。第2部でみた一〇地区の開墾地の移住家屋を年度ごとに整理したものが図3-2-1である。

まず山形県営萩野開墾地は、昭和三年（一九二八）～七年の五カ年で七七戸が入植、年度別に五つの部落で構成され、移住家屋も年度ごとに設計された。屋根は一・二年度は切妻造、三～五年度は寄棟造で、二年度の瓦葺を除き全て亜鉛鉄板葺だった。建坪三〇～三七坪とほかの開墾地より比較的大きく、平面は一年度は近世から東北地方で広く用いられた広間型を基本とし、主室のトコ・押入を背面側に置いたが、二年度以降は整形四間取で側面側にトコ・押入を並べる形式に変更された。

岩手県営岩崎開墾地は、昭和十年～十八年の入植で、移住家屋は岩手県耕地課の設計、山形県営萩野開墾地と同様に、部落ごとに同形式で建設された。昭和七年入植の神楽部落は切妻造・木端葺で下屋庇を廻し、昭和十年入植の真栄部落は寄棟造・瓦葺で、共に

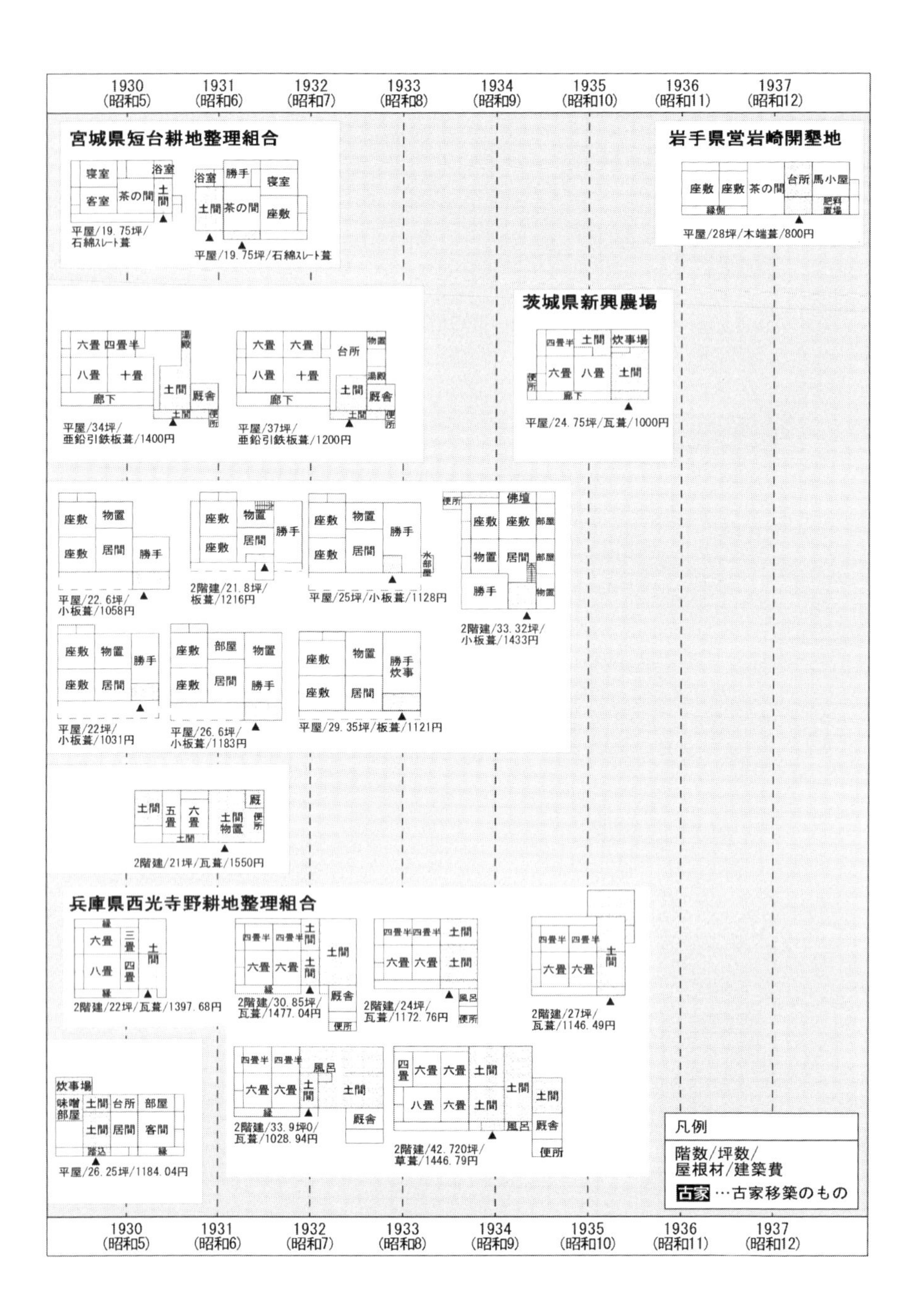
1930 (昭和5)
1931 (昭和6)
1932 (昭和7)
1933 (昭和8)
1934 (昭和9)
1935 (昭和10)
1936 (昭和11)
1937 (昭和12)
宮城県短台耕地整理組合
平屋/19.75坪/石綿スレート葺
平屋/19.75坪/石綿スレート葺
岩手県営岩崎開墾地
平屋/28坪/木端葺/800円
平屋/34坪/亜鉛引鉄板葺/1400円
平屋/37坪/亜鉛引鉄板葺/1200円
茨城県新興農場
平屋/24.75坪/瓦葺/1000円
平屋/22.6坪/小板葺/1058円
2階建/21.8坪/板葺/1216円
平屋/25坪/小板葺/1128円
2階建/33.32坪/小板葺/1433円
平屋/22坪/小板葺/1031円
平屋/26.6坪/小板葺/1183円
平屋/29.35坪/板葺/1121円
2階建/21坪/瓦葺/1550円
兵庫県西光寺野耕地整理組合
2階建/22坪/瓦葺/1397.68円
2階建/30.85坪/瓦葺/1477.04円
2階建/24坪/瓦葺/1172.76円
2階建/27坪/瓦葺/1146.49円
平屋/26.25坪/1184.04円
2階建/33.9坪0/瓦葺/1028.94円
2階建/42.720坪/草葺/1446.79円
凡例
階数/坪数/屋根材/建築費
古家…古家移築のもの

図 3-2-1　開墾地移住家屋の平面の変化

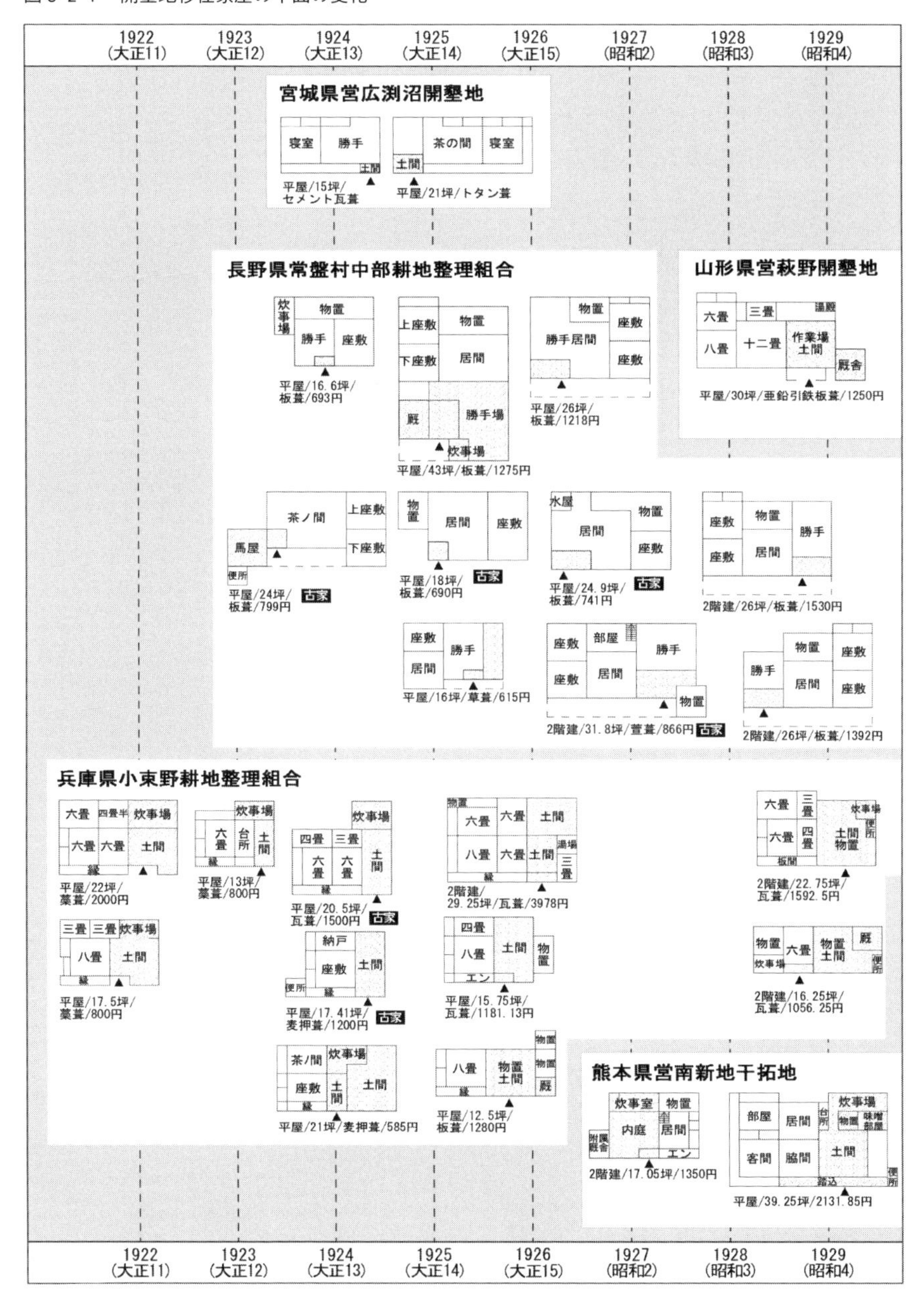

平面は四間取だったと推測できる。しかし昭和十二年入植の大東部落は切妻造・木端葺で、居室三室と土間を横一列に並べ、背面側にトコと押入を設ける平面で異なった。

宮城県営広渕沼開墾地は、九部落のうち県が整備した大正十四年（一九二五）入植の砂押部落の二種の平面が知られる。主屋は屋根がトタン葺と瓦葺、規模は一五坪と二一坪で、主屋に匹敵する規模の作業場・廐を別棟で設けた。主屋の平面はいずれも一列型で、トコ・押入を背面側に置き正面に縁を設ける点が共通し、一五坪は「勝手」と「寝室」の二室構成、二一坪は「茶の間」を加えた三室構成だった。

宮城県短台耕地整理組合は、昭和四年～十年の入植で、開墾事業者によって地域が二分される。移住家屋も、松山常次郎による日高見農場では入植者が個々に建設したが、高鳥順作による高鳥農場では甲乙二種のプロトタイプにより建設された。高鳥農場の二種は、主屋が一九・七五坪と二四・五坪で、いずれも切妻造・スレート葺、別棟で作業場・廐等を設ける。平面は食違い四間取で、下手に「茶ノ間」「勝手」、上手に「座敷」「寝室」を置く構成が共通した。

福島県矢吹原開墾地は、昭和十一年～十六年の一、二期が東北地方集団農耕地開発事業による県営、昭和十八年～二十一年の三、四期が国営で実施された。移住家屋はいずれも県が用意し、一、二期は屋根は切妻造・セメント瓦葺、二四・五坪である。座敷二間に板敷を張り出す平面は、農林省が昭和十一年から開始した東北地方集団農耕地開発事業の移住家屋の基本プランをもとにしたとみられ、畜舎を別棟とし主屋内に風呂を置く点、土間入口に応接兼記帳所を設ける点が新しい。しかし戦中の三期は仮小屋に近い一〇坪程度の住宅、戦後の四期は県から材料のみ支給されて自力で建設した笹葺や萱葺の「掘立て小屋」で、劣悪な住環境だった。

長野県常盤村中部耕地整理組合は、移住家屋は入植者ごとの建設による。大正十四年以前は古家を転用する例や、建坪二〇坪未満の狭小住宅が四割以上を占め、建築費も七割以上が一〇〇〇円未満だった。しかし、昭和二年以降古家の利用が激減、建坪は二〇坪台、建築費は一〇〇〇～一五〇〇円に均一化し、昭和五年以降この傾向がより強まった。平面は、大正十四年以前は広間型三間取や本棟造のような妻入など安曇野地方の在来民家に近似したが、昭和二年以降は四間取が六割近くを占め、昭和五年以降は庇や縁の付加が徹底されて均一化した。

熊本県営南新地干拓地も、移住家屋を入植者が個別に建設した。平面が把握できる四戸をみても建坪が一七～三九坪強まで幅があり、入植者の出身地により異なった。ただし場長の指導により、炊事場を独立して設け、厩舎を分離する点は共通した。

茨城県新興農場は、昭和八年入植の県営開墾地であり、移住家屋二八戸は今和次郎・竹内芳太郎の設計による同一形式で県が建設した。屋根は寄棟造・瓦葺、規模は二四・七五坪、平面は整形四間取である。正面側に「居間」とトコを備えた「客間」を置き、土間を区画して炊事場を設け、これに続く「居間」の背面側も土間で計画する点が特徴的だった。

兵庫県小束野耕地整理組合は、華僑の呉錦堂による開墾地であり、移住家屋は大正十三年以前は藁葺・麦押葺で、土間と八畳・四畳の二室のみの小規模平面が半数を占める。しかし、大正十四年以降は全て瓦葺で、平面も昭和四年以降は整形四間取となり、さらに土間を炊事場・作業場等で分割する形式が現れ二階建化が進んだ。

兵庫県西光寺野耕地整理組合は、小束野より早い明治四十五年（一九一二）の起工だが、移住奨励申請書類が残るのは昭和七～十一年のみである。移住家屋は、古写真では昭和五年以前は平屋・草葺だが、昭和七年以降の申請書類ではほぼ瓦葺となり、整形四間取で側面側にトコ・仏壇・押入を一列に並べる形式に画一化した。これは、二階建化も含め、小東野耕地整理組合の昭和四年以降の形式と類似した。

## ■移住家屋の質と平面の変化

以上を通観すると、農林省が「開墾地移住奨励手続」を改正し、「開墾地移住奨励ニ関スル注意事項」を通達して、移住家屋について建築費一〇〇〇円以上、建坪二〇坪以上という具体的な奨励基準を示した昭和四年（一九二九）[1]が画期となる。

建築規模は、昭和四年以前は小東野耕地整理組合などにみる二間取の小規模な例から、四〇坪超まで多様だったが、以降はほぼ二〇〜三〇坪代に集約した。建設費は、前後で比較可能な常盤村中部耕地整理組合の場合、昭和四年以前は一〇〇〇円未満が七割以上だが、以後一〇〇〇〜一五〇〇円に均一化したように、昭和二年以降で建設費が判明する例は全て一〇〇〇円を上回る。特に山形県営萩野開墾地の昭和三年度の一六〇〇円という価格は、定型としては突出しており、開墾地移住奨励制度による県の奨励金と国の補助金が実現させたと考えられる。

屋根材は、兵庫県の二地区では初期には草葺・藁葺・麦押葺が大多数だが、昭和四年以降はトタン葺・瓦葺が圧倒的に増加する。常盤村中部耕地整理組合で前期にみられる古家の転用も、昭和二年以降激減しており、農林省が昭和四年の「開墾地移住奨励ニ関スル注意事項」で「材料ハ耐久的新材ニシテ」と通達した効果だろう。

このように昭和四年以降、建築規模の均一化、古家転用の減少、瓦など堅牢な建築材料の使用が複数地区に渡って顕著であって、開墾地移住奨励制度が移住家屋の「質」の向上に一定の効果があったことが確認できる。

次に平面は、早期には地区ごとに形式が多様で、小規模な一列型や二間取のほか、常盤村中部耕地整理組合では本棟造を彷彿とさせる妻入平面、山形県営萩野開墾地では広間型など、在来民家を踏襲した例も多い。しかし、昭和四年以降は四間取平面の増加が複数地区で確認できる。これは農林省が昭和五年に「開墾地移住家屋及全附属家設計図例」[2]として整形四間取の平面例を提示した時期とほぼ一致し、農林省の指導による効果とみられる。その一方で、岩手県営岩崎開墾地のように独自に移住家屋の改善を研究し、その成果を踏まえて建設する例もあり、県の独自性も尊重された。

住宅改善としては、厩舎・作業場の分離、台所の立式流しの採用、高窓や煙出し、硝子戸の使用、背面側への開口部の設置による採光・通風への配慮が共通し、特に衛生的な住環境の整備が重視された。厩舎や作業場が別棟になったことで、主屋の土間の割合は全体として縮小されたが、福島県矢吹原開墾地では土間に「応接兼記帳所」を設け、茨城県新興農場では土間に食卓と腰掛を置いて土足のまま使える「応接所兼食堂」とするなど、次項でみる戦後の住宅改善の先駆けともいえる提案も散見される。

何より、「標準農村住宅」[3]（山形県営萩野開墾地）、「農村住宅トシテハ理想ニ近キモノ」[4]（宮城県営広渕沼開墾地）、「理想的農家住宅」[5]（茨城県新興農場）という言葉に象徴されるように、各開墾地では移住家屋を農村住宅の「標準」「理想」にするという強い意気込みを持っていた。特に山形県・岩手県・宮城県の県営開墾地の移住家屋は、いずれも昭和十年から始まった東北地方農山漁村住宅改善調査において、県の担当者が農村住宅の改善例として紹介し、委員や技師らの視察を受けていて、当時の先進例と認識されていたといえるだろう。

## ■県における農林省職員の活動

開墾地移住奨励に対して、農林省や県の担当者たちが実際にどのように活動したのか、その一端は第2部第8章の茨城県新興農場で知ることができる。既にみたように、新興農場の移住家屋の設計では、主担当だった茨城県農林技師の深作雄太郎が農林省に相談に赴いていたことが日記から確認でき[6]、さらに当時農林省耕地課で開墾奨励を担当していた農林技師・板井申生が移住家屋の平面について深作に意見を述べた書簡も残されている[7]。その具体的かつ詳細な内容に、農林技師として移住家屋の改善に取り組む真摯な姿勢をみることができる。

また、第2部では取り上げなかったが、福島県新沼浦干拓地（現相馬市新沼）では事業者の議事録が残されており[8]、開墾地における農林省職員の活動が記録されている。新沼浦は[9]、太平洋に面して位置した東西約八町・南北約三〇町の潟湖である。明治中期までは漁場や塩田として利用されていたが、塩の専売制により塩田が廃止され、干拓事業が計画された。既に八沢浦（相馬市）の干拓で実績があった山田貞策らが大正九年（一九二〇）に相馬干拓組合を発足、昭和四年（一九二九）に株式会社に改組した。運営には干拓耕地整理組合を組織、大正末に六〇～七〇町歩の干拓を終えて四四戸が入植し、昭和九年には七四戸となった[10]。移住家屋は〈図3-2-2〉、入植者招致のため耕地整理組合が建設し、成績に応じて一〇年目以降に敷地と共に無償譲渡する計画で[11]、昭和九年度までの全七四戸が国の開墾地移住奨励の交付を受けた。さらに共同建造物として昭和八年度に作業所〈図3-2-3〉、同九年度に公会堂が補助を受けている[12]。

福島県立図書館には、この干拓耕地整理組合の大正九年および昭和四年～十二年の議

図3-2-2
福島県新沼浦干拓地　移住家屋（農林省農務局編『開墾地移住ニ関スル調査 第一輯』（農林省農務局、1930年より）

図3-2-3
福島県新沼浦干拓地　共同作業場・共同倉庫（同右）

事録綴が残されており[13]、県や農林省の技師らが訪れた記録がある。例えば、昭和五年十一月には「石原農林省嘱託」が「移住家屋調査」のため干拓事務所を来訪したとあり[14]、この人物は『農林省職員録』[15]によると農務局で農業共同施設奨励の担当だった石原金三郎とみられる。昭和八年七月には茨城県新興農場でも関与した板井申生が「移住家屋調査」のため県の技師と来訪した[16]。農林省では、各々の前年に当たる昭和四年と七年に開墾地移住奨励の交付地区に対して「開墾地移住及経営ニ関スル調査」と題する追跡調査を実施しており[17]、農林省は県に調査や書類提出を依頼するだけではなく、自ら実地調査も行っていた可能性がある。新沼浦干拓地では、農林省技師による「移住家屋調査」が昭和十一年十二月にも記録されている[18]。

一方、これとは別に、昭和六年二月には県の職員が移住家屋の「出来形検査」に訪れている[19]。第1部第2章でみたように、各県では移住家屋の竣工検査後に奨励金を交付する規程を定めており、実際に検査が行われた様子が確認できる。同様の検査は、移住家屋では昭和七年十一月と昭和八年九月[20]、共同建造物ではまさに補助を受けた昭和八年十月と昭和十年二月に記録され[21]、うち二回は県の職員だけではなく農林省の技手も同行した。農林省が開墾地移住奨励制度の実効を高めるために活動していたことが窺える。

新沼浦干拓地に建設された移住家屋については、昭和四年度と昭和九、十年度の史料がある。昭和四年度は議事録に図面と仕様書があり[22]〈図3-2-4〉、木造瓦葺、梁間三間・桁行七間半の二二・五坪で、八畳・一〇畳の二室と板間の台所、土間、納屋を一列に並べた平面である。戦前から東北地方の農漁村の調査で知られる地理学・民俗学の山口弥一郎によると、新沼浦干拓に先行して実施された八沢浦の干拓では、明治四十一年（一九〇八）の入植初期の移住家屋は一戸が六畳・四畳と勝手からなる「六、七戸続きの長

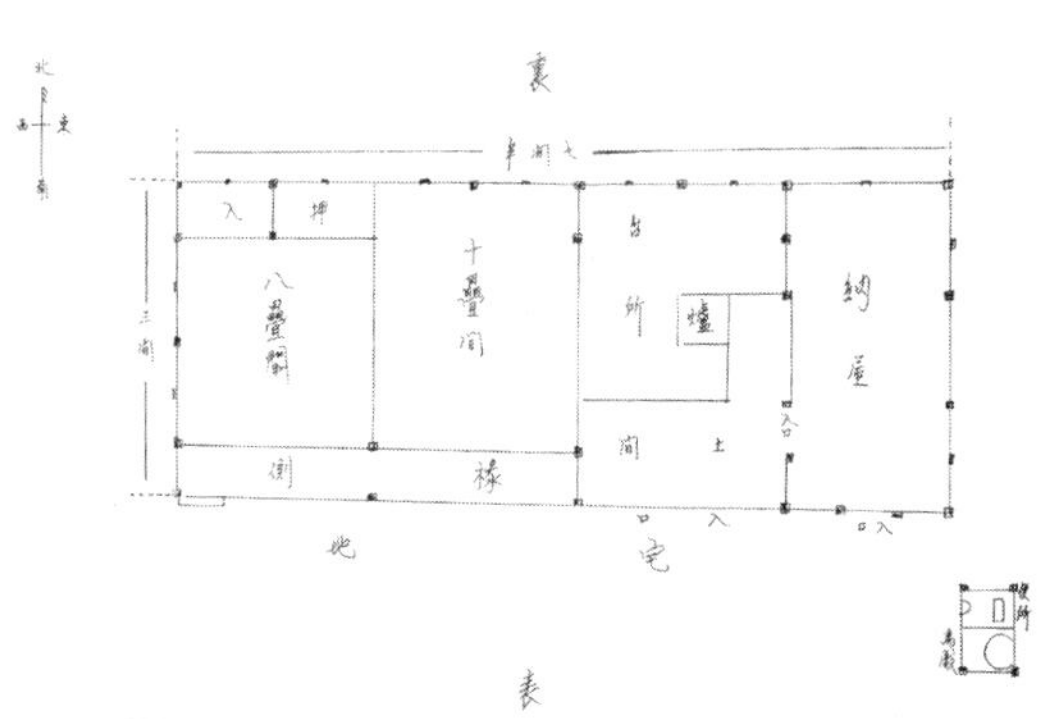


図3-2-4
福島県新沼浦干拓地　昭和4年度移住家屋平面図（新沼浦干拓耕地整理組合『議事録綴 昭和四年度』福島県立図書館所蔵）

屋」だったが、「移住住民補助金」（開墾地移住奨励か）の交付を受けてからは「八畳、六畳、或は八畳二間程度の家屋」になり、納屋・厩も付属されたという。[23] 新沼浦干拓地では、後者に近い形が採用されていたといえる。

しかし新沼浦では、昭和十年度には建築工事請負報告[24]〈図3-2-5〉によると木造平屋・瓦葺は同じだが、桁行六間・梁間四間、二四坪の主屋に、桁行二間半・梁間二間の納屋を付属する形に変化している。主屋は、奥行からみて部屋列が二列あったと推測でき、農林省が昭和五年に提示した「開墾地移住家屋及全附属家設計図例」が整形四間取で桁行七間・梁間四間だったから、この規模に近づいたことになる。前掲の茨城県新興農場では、昭和九年に農林省の板井申生が県の技師らに「設計事例」を参考として送ったことがわかっており、[25] 農林省の職員が移住家屋の具体像を示す拠り所として昭和五年の「設計図例」を用いていたと推測できる。

## 2　開墾地移住奨励制度がもたらしたもの

### ■開墾地の住まいの質を高める

以上を踏まえて、農林省による開墾地移住奨励制度の意義をまとめてみたい。

第一に、開墾地移住奨励制度が住宅建設の経済的支援と共に、当初から住環境の改善を目的に掲げていたこと、かつ実際に成果を挙げたことである。

農林省は家屋建設の費用を補助するにあたり、昭和四年（一九二九）以降は建坪や建設費の基準を設けて標準化を図った。実際に建設された移住家屋でも、前項でみたよう

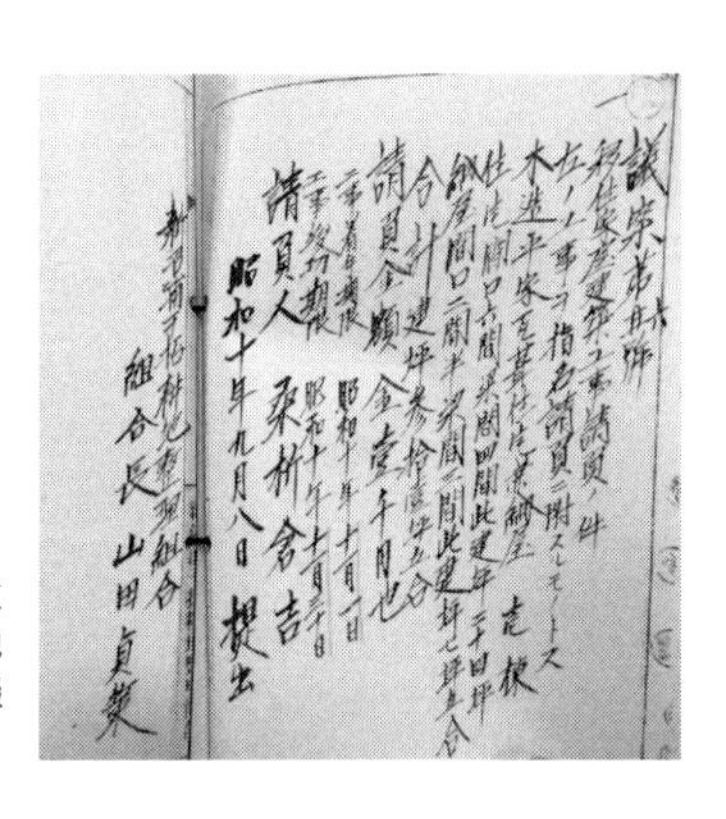
請負人　栗林倉吉
昭和十年九月八日　提出

図3-2-5
福島県新沼浦干拓地 昭和10年度移住家屋工事請負報告（新沼浦干拓耕地整理組合『組合会評議員会議事録綴 昭和10年度』福島県立図書館所蔵）

に通風・採光の確保や作業空間と台所の分離などの衛生環境の向上、立式の台所や縁の設置による利便性の改善が顕著に確認できる。特に県営開墾地では、移住家屋を理想的な農村住宅にしようという強い意識を持っていたことも既にみた通りである。

当時建設された移住家屋は、既に九〇年以上経過しているが、実地調査では山形県・宮城県・茨城県・長野県などで現存し、改造を加えながら使い続けられていることを確認した。この事実を踏まえれば、開墾地の移住家屋は「粗末な小屋」という従来のイメージを払拭する、堅牢な仕様と改善された間取りを持つ近代的な農村住宅だったと評価できる。

開墾地移住奨励制度のように、戸建住宅に対して建設資金を支援する制度としては、大正十年（一九二一）に内務省社会局が公布した住宅組合法が早期の事業として知られる[26]。これは、中産階級の住宅建設促進のため西欧の建築組合を参考に制定されたもので、住宅建設を希望する勤め人などが住宅組合を組織、政府が組合に対して敷地取得と住宅建設の資金を低利で融資し、組合員が毎月の払い込みによって償還する仕組みである。手持ちの資金が豊かでなくても一定レベルの住宅を建設できる。住宅組合の設立は、東京・神奈川・兵庫・京都・大阪など大都市を含む県が多かったとされるが[27]、山形県営萩野開墾地のように、開墾地でもこの制度を利用して住宅組合を結成し、移住家屋の建設資金を年賦返済したところもある[28]。

開墾地移住奨励制度は、融資ではなく返済義務のない補助金の交付という点が特徴で、入植時の生活環境整備のための直接的な支援といえる。

## ■農村共同体の「核」をつくる

第二に、開墾地移住奨励制度の効果が、個々の移住家屋の質の向上だけではなく、農村共同体の形成に及んだことである。

大正・昭和期の開墾地では、農用機械の導入等による効率化、農業経営の共同化が重視された。例えば山形県営萩野開墾地では昭和二年（一九二七）の入植当初から県の貸与でトラクターを使用、さらに北海道に倣って砕土・耕土用のカルチベーター、爪ハロー等を順次導入した。[29] また岩手県営岩崎開墾地では、外国製の牽曳（けんえい）機・耕運機等を借用していた記録があるなど、[30] 山林や荒地を拓く開墾地では特に機械化が推奨された。このため、部落単位で共同体を組織し、農用機械や農具の共同所有、種苗・肥料の共同購入などを行って、農作業や経営の能率化・合理化を目指した。さらに生活面でも、農繁期の炊事や食事、育児、入浴など生活全般で相互扶助が図られた。ここで営まれた共同生活は、岩手県営岩崎開墾地が婦人雑誌で紹介され「大多数の農家の主婦にとつて、またその家族にとつて、慥（たしか）に大切なよい組織[31]」と評されたように、当時としては先進的な姿と捉えられていた。

その重要な「核」となったのが共同建造物である。共同作業場や共同倉庫のほか、公会堂や共同食堂・浴場、神社等が建設され、入植当時の困難な環境で新たな地縁的コミュニティを育て、生活を支える相互扶助の基点として寄与した。農林省が昭和五年に移住家屋と合わせて公会堂の設計案を作成したのは、[32] その重要性を強く意識していたためで、集会場だけではなく、食堂や厨房、共同経営のための事務室も備えた設計だった。実際の開墾地でも、第1部第3章でみたように、公会堂が慰安や農業知識の向上のための勉強会、結婚式などに使われたことがわかっている。共同建造物は、異なる地域から新住民が集まる開墾地だからこそ特に必要とされ、かつ新たな機能や運営の仕組みが浸透しやすかったといえるだろう。

これらの共同建造物のうち、茨城県新興農場では当時の合宿所・共同作業場、宮崎県川南村鵜戸ノ木耕地整理組合では公会堂が現存し、いずれも地区公民館として使い続けられている。また、宮城県営広渕沼開墾地では建物自体は近年取り壊されたものの、開墾事務所の場所が現在も集落の中心であり、寺院境内に設けられた隣保館（託児所）も保育所として継承されている。約九〇年前に作られた集落の「核」は、現在までその役割を伝えているのである。

## ■農村に適した事業運営と普及啓発の試み

第三に、都市住宅の改善とは異なる、農村住宅ならではの改善方針と普及啓発手法が採用されたことである。

農村の住宅が都市住宅と異なる点は、純粋な居住機能だけではなく、農作業や家畜の飼育、農具・収穫物の収納など生産機能を兼ねることである。このため農林省は、住宅の改善だけを単独で扱うのではなく、農業政策の一環として住環境の改善を行う方針を採ったとみられる。住宅改善では、中心となる主屋に目が向きがちだが、畜舎や納屋、作業場などの附属屋は営農形態や気候と深く関係し、地域ごとの特性が顕著である。農林省の開墾地移住奨励が主屋だけではなく付属屋も対象としたことも、生活と経営の両方の視点を合わせた住宅改善の現れだろう。

第3部第1章でみたように、開墾地に対する支援が農村指導者養成事業と合わせて行われたことも特筆できる。農村の中堅指導者を養成する修練農場や農民道場は、開墾地への入植者の育成や準備教育も担っており、岩手県では県営岩崎開墾地と県立六原青年道場、福島県では矢吹原開墾地と県立修練農場など、対として創設・運営されている。さらに踏み込んで、岩手県立六原青年道場では県営岩崎開墾地の移住家屋の改善のため、場内に複数種の「模範農家」を建設し、以降の入植部落の移住家屋に反映させていた。

岩手県を含む四県の農村中堅指導者養成施設で「模範農家」つまり農村住宅の改善モデルを建設し、修練生たちの寄宿舎として用いたのは、住宅改善の必要性を体験的に理解させること、修了後に故郷でその経験を伝え、啓発を主導することを期待したとみられる。都市部の住宅改善では、住宅雑誌や婦人雑誌、書籍により知識層を中心に普及啓発が行われたが[33]、農村部では難しい。雑誌など情報媒体に頼らない、指導者という「人」を介した普及啓発は、農村ならではの「地縁」を利用した手法として評価できる。

また、「模範農家」は寄宿舎として用いるだけではなく、一般への公開も行われた。住宅の実物を「展示」する手法は、都市部の住宅改善で重用された「住宅展覧会」と類似する。「住宅展覧会」は、大正十一年（一九二二）の「平和記念東京博覧会文化村」（東京・上野公園）〈図3-2-6〉、同年の日本建築協会主催「桜ヶ丘住宅改造博覧会」（大阪・箕面）が嚆矢とされ、昭和戦前期に都市部の公園や博覧会場、郊外の分譲住宅地で盛んに開催された[34]。農村中堅指導者養成施設の「模範農家」の公開は、都市部での住宅展覧会の盛期とほぼ同時期に当たる。さらに農村中堅指導者養成施設の場合、岩手県や富山県では農業経営の形態に応じた複数のモデルを提示していて、単なる都市部の手法の模倣ではない、農村らしい工夫と独自性を有していた。

以上の事実は日本近代住宅史における「住宅改善像」を見直す意味を持つ。

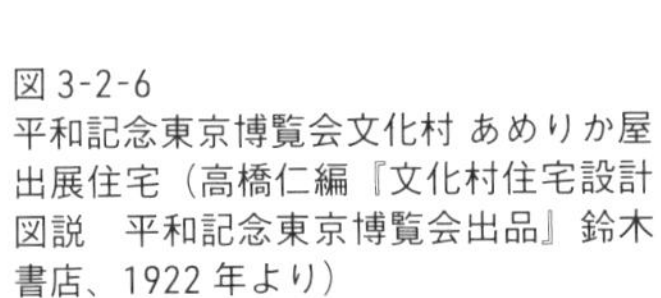

図3-2-6
平和記念東京博覧会文化村 あめりか屋出展住宅（高橋仁編『文化村住宅設計図説　平和記念東京博覧会出品』鈴木書店、1922年より）

日本における住宅改善の取り組みは、第1部第1章でみた通り、大正五年設立の住宅改良会や大正八年設立の生活改善同盟会の活動がよく知られ[35]、椅子式の導入、家事労働の軽減、接客本位から家族本位の平面への転換などが提唱された。「住宅展覧会」の開催や住宅雑誌・婦人雑誌などによる啓発も都市部のみが対象で、当然その効果も偏ったと考えられてきた[36]。

しかし、都市部が先行し、農村部は遅れたという見方は先入観に過ぎず、実質的には農村部でも、大正九年創設の開墾地移住奨励制度を軸に、農商務省（農林省）による組織的な活動がほぼ同時期から展開されていたことは既にみた通りである。その内容もまた、開墾事業を住宅改善の好機と捉えた指導、農村住宅の特性や地域性を考慮した改善像の提案、地縁を活かした啓発手法など、都市部とは異なる独自の手法が工夫された。大正・昭和戦前期の開墾地は、農村住宅改善の先進的な実験地として、再評価できるだろう。

## 3　戦後に受け継がれた農村住宅改善の手法

もうひとつ見直す必要があるのは、戦後の農村住宅改善事業との関係である。

従来、農村生活の近代化は戦後の連合軍総司令部（ＧＨＱ）の指導による生活改善普及事業が促進したと指摘されてきた[37]。もちろん、この戦後の事業が一般農家の農村住宅改善を大きく加速させ、現在の農村の生活を作ったことは間違いないが、これまでみてきたように、戦前には「住宅改善」とは明示しない開墾奨励などの事業の中で組織的な活動が行われており、戦後につながる役割が予想できる。そこで、戦後の開墾地移住家屋と農村住宅改善に関する公的事業を通観し、戦前の活動の影響をみてみたい。

## ■戦後開拓を支援した「開拓事業入植施設補助金」

まず、戦後の移住家屋に対する農林省の施策として「開拓事業入植施設補助金」がある。

戦後の開拓は、食糧増産と共に、復員軍人や海外からの引揚者、罹災者の就業確保のため、国策として行われた。昭和二十年（一九四五）に「緊急開拓事業実施要領」を告示、一地区五〇ヘクタール以上の開墾は全て国費負担で実施するとした。昭和二十二年には営農支援の必要性が薄れたことから、「緊急」の語を取って「開拓事業実施要領」に変更し、一地区三〇〇ヘクタール以上は国の直営、五〇ヘクタール以上・三〇〇ヘクタール未満は県や農地開発営団による代行とされた。昭和三十三年には「開拓事業実施要綱」に改訂されて純粋な農地開発に制度が整理された。[38]

この「緊急開拓事業実施要領」「開拓事業実施要領」に基づく開拓事業では、県や市町村が建設する住宅・小学校分教場の建設費を補助する目的で「開拓事業入植施設補助要項」が定められ、昭和二十二年〜三十一年に実施された。[39] 共同建造物の支援を小学校・分教場に限定する点が戦前の開墾地移住奨励制度と異なるが、県が実質的な運営を担い、県ごとに補助規程を制定する点は戦前と同様である。茨城県を例にみると、「茨城県開拓事業入植施設補助金交付規程」[40]によれば、申請には事業者（耕地整理組合など）ごとに交付申請書・事業計画書・収支予算書・位置図を用意するほか、各戸の工事費明細書・略平面図の添付が必要で、戦前の開墾地移住奨励制度の運用方法や書類の書式をそのまま踏襲している。

　事業全体の統計資料はないが、茨城県立歴史館に残る「開拓事業入植施設補助金」の関連書類綴[41]によれば、茨城県では昭和二十八年度は一般住宅五五八戸・指導住宅三四戸・ブロック住宅一〇戸・小学校二棟、昭和二十九年度は一般住宅三九二戸・ブロック住宅一一戸、分教場二棟が補助を受けている。「ブロック住宅」はコンクリートブロック造、「一般住宅」は木造で、昭和二十八年度には前者は七万五〇〇〇円、後者は一〇万円が補助されている。「指導住宅」の定義は不明だが、一般住宅よりやや高い九万円の補助金が交付されていることから、農林省の補助要項にある「農林大臣は特に必要があると認める場合には、前項の標準を超えて補助金を交付することがある」に該当すると考えられる。

　書類には建物の竣工検査の結果一覧もあり、竣工検査を経た上で補助金を交付する点は戦前の開墾地移住奨励制度と共通するが、新築・増築だけではなく、移築・改造にも対象を拡大している。また交付を受けた住宅は、戦後の窮乏状況を反映して建坪はほぼ一五坪未満で、二間取の例も散見される。戦後の大規模干拓のひとつ、霞ヶ浦南部の本新島干拓地（現茨城県稲敷市）[42]も、申請された九〇戸全てが建坪一〇坪だった。仕様としても藁葺・杉皮葺の例が瓦葺・鉄板葺を上回るなど耐久性にも難がある。「開拓事業入植施設補助金」は、良好な住宅を作るという意識が乏しく、あくまでも農村への就労・定住支援に留まったといえる。

## ■ＧＨＱが主導した生活改善普及事業

　戦後の農村住宅改善の最も著名な事業は、農林省が管轄して昭和二十三年（一九四八）に開始された生活改善普及事業[43]だろう。

　これは、連合軍総司令部（ＧＨＱ）が昭和二十年の「農民解放の指令」で示した農村民主化三大事業のひとつであり、農地改革、農業協同組合事業と並んで協同農業普及事業が掲げられた。この推進のため、ＧＨＱは「農民に対する技術的その他の知識を普及するための計画」の策定を日本政府に要求、昭和二十三年八月にＧＨＱの法律案を反映した「農業改良助長法」が施行され、担当部局として農林省に農業改良局が設置された。内容は「農業技術普及事業」と「生活改善普及事業」に分かれ、後者を担ったのが普及部生活改善課である。初代課長には、アメリカ留学の経験があり、文部省で家庭科の教科書編纂にあたるなど家政学の知識も有していた山本（旧姓大森）松代が就任した。

　この事業の理念は、昭和二十六年九月に普及部長から事業を管轄する各県の主務部長に通達された「農家生活改善推進方策」[44]から知られる。「農家の家庭生活を改善向上することとあわせて農業生産の確保、農業経営の改善、農家婦人の地位向上、農村民主化に寄与すること」とあり、「家庭生活の中にある生活技術と生活経営の問題」を改善することが営農改善と合わせて農業改良普及事業の一翼を担うとした。すなわち、家庭生活の改善が民主化や婦人の地位向上と共に、農業経営の改善に繋がるという考えである。

　事業手法の特徴として、行政側が一方的に指導を行うのではなく、女性の生活改良普及員を養成して全国に派遣し、実地で教育・支援活動を行った点が挙げられる〈図３-2-7〉。山本松代らは、アメリカ視察で知った「クラブ活動」を取り入れて、婦人らのグループ育成による生活改善活動に応用したという[45]。

　この生活改善普及事業の方針を検討する生活改善研究問題小委員会には今和次郎が委員として参加、農業改良局が生活改良普及員の研修のために出版した『改良普及員叢書１　台所設計図案集　生活改善編　第１』[46]（昭和二十五年）等にも戦前の住宅改善の調査研

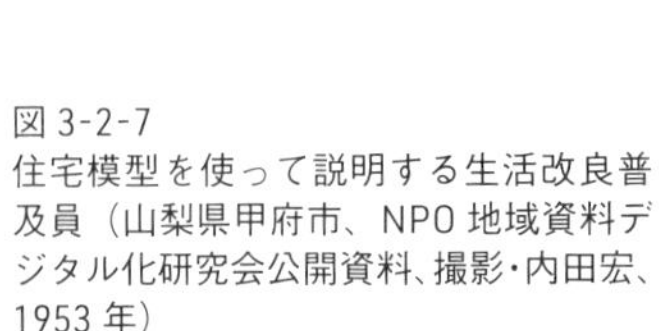

図 3-2-7
住宅模型を使って説明する生活改良普及員（山梨県甲府市、NPO 地域資料デジタル化研究会公開資料、撮影・内田宏、1953 年）

究成果を踏まえて執筆している。ここでは、今和次郎や共に茨城県新興農場の移住家屋を設計した竹内芳太郎などが、土間と床上の境に飯卓と腰掛を置く台所の改善案を提案している〈図3-2-8〉。竹内はこれを「腰掛式食事場」と呼び、「農繁期には最も便利で、田から上がった泥足のまゝ食事が出来る。（中略）食卓の一方だけは板の間に座つて使うことも出来る。又食事以外も一寸した応接所に兼ねても便利である」と説明した。まさに今や竹内が茨城県新興農場で提案した形そのものであり、戦前の開墾地移住家屋の改善の成果と経験を踏まえて、戦後の生活改善普及事業に参画したといえる。

## ■住宅公社による農村モデル住宅事業

この農林省による生活改善普及事業から一足遅れて着手された取り組みとして、「農村モデル住宅事業」[47]がある。これは、都道府県の住宅公社が主体となって進めたもので、昭和二十六年（一九五一）に住宅金融公庫の融資を受けて広島県で建設されたのが先駆けである。これを契機に、昭和三十年に住宅金融公庫が「モデル住宅の特別貸付」を設けたことで実施が広がった。その後、昭和三十五年に住宅金融公庫が「農山漁村住宅建設資金の特別貸付」を導入し、都道府県の住宅公社を介さず個人住宅に特別貸付を行うようになったことで、事業主体による住宅改善の指導力が弱まり収束した。

仕組みとして、農家は住宅公社が提示した住宅を建て、完成後は「モデル住宅」として見学希望者に公開することで、住宅金融公庫から建設費を低利で借りることができる。住宅公社は、保守的な農民に対して「モデル住宅」という具体像を示すことで住宅改善の促進を期待した。設計を住宅公社ではなく、県の建築課・住宅課・営繕課が担当した県もある。昭和三十四年の農村建築研究会主催の「農村モデル住宅討論会」の記録によ

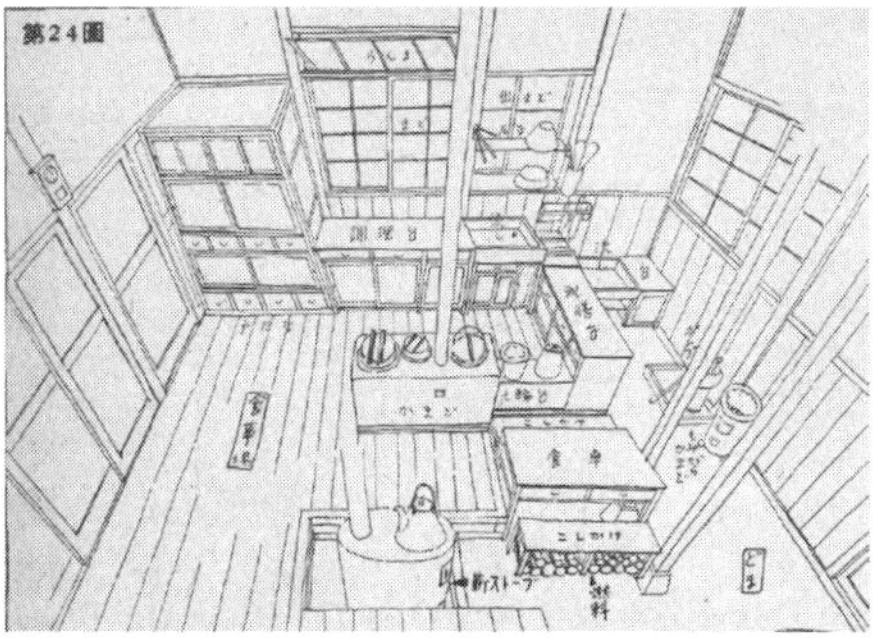

図3-2-8
竹内芳太郎「寒冷積雪地水田地帯大規模住宅改造例」にみる食卓（農林省農業改良局普及部『改良普及員叢書 生活改善篇第1 台所設計図案集』農林省農業改良局、1950年より）

ると[48]、昭和三十三年時点では二三県で一五七二戸が建設され、さらに青森県が導入を検討していた。ただし、うち一五県が西日本に偏り、また北海道二五六戸、福岡が七三九戸と多い一方、岩手県・埼玉県などは五戸未満で、地域差が大きかった。

この事業は都道府県の住宅公社が事業主体だったため、各々が農村モデル住宅の指針を作成していた。その内容は、「たのしく食事をし、話し合いの出来る社交室の部分をとる」（山口県）[49]など家族本位の間取り、台所改善等による主婦労働の軽減、農作業空間の分離などが挙げられ、戦前に生活改善同盟会が提示した『農村生活改善指針』[50]（昭和五年）や東北地方農山漁村住宅改善調査において同潤会・東北更新会が発表した『東北農山漁村住宅改善読本』[51]（昭和十五年）と共通する。

また、熊本県等では農村モデル住宅の懸賞競技設計を実施[52]、福岡県では農村モデル住宅の婦人会による見学会を開催して感想文を公募するなど[53]、制度の普及啓発を行っている。

平成二十一年（二〇〇九）に、当時現存した石川県の農村モデル住宅ＭＴ家（昭和三十二年建築）を調査したことがある。ＭＴ家は、ヒアリングによると元は能登型の茅葺民家で、土間の南面に入口を置いていた。建て替えた農村モデル住宅[54]〈図3-2-9、10〉は、居室の位置を踏襲しつつ入口を北側に変更することで、居間と台所が南側に面する家族本位の平面に転換された。この住宅は、石川県の土木部が設計図を作成、これを地元の親戚の大工に渡して建設したといい、工事途中も県の職員が確認に訪れ、台所の椅子と卓の購入など建築後の生活にまで指導が及んだという。この椅子式の食事室は、農作業から帰ってすぐ食事ができると好評で、周辺の農家でも徐々に採用された。また北側に入口を設けた住宅は村では初めてだったが、周囲が模倣した結果、元の裏道が表

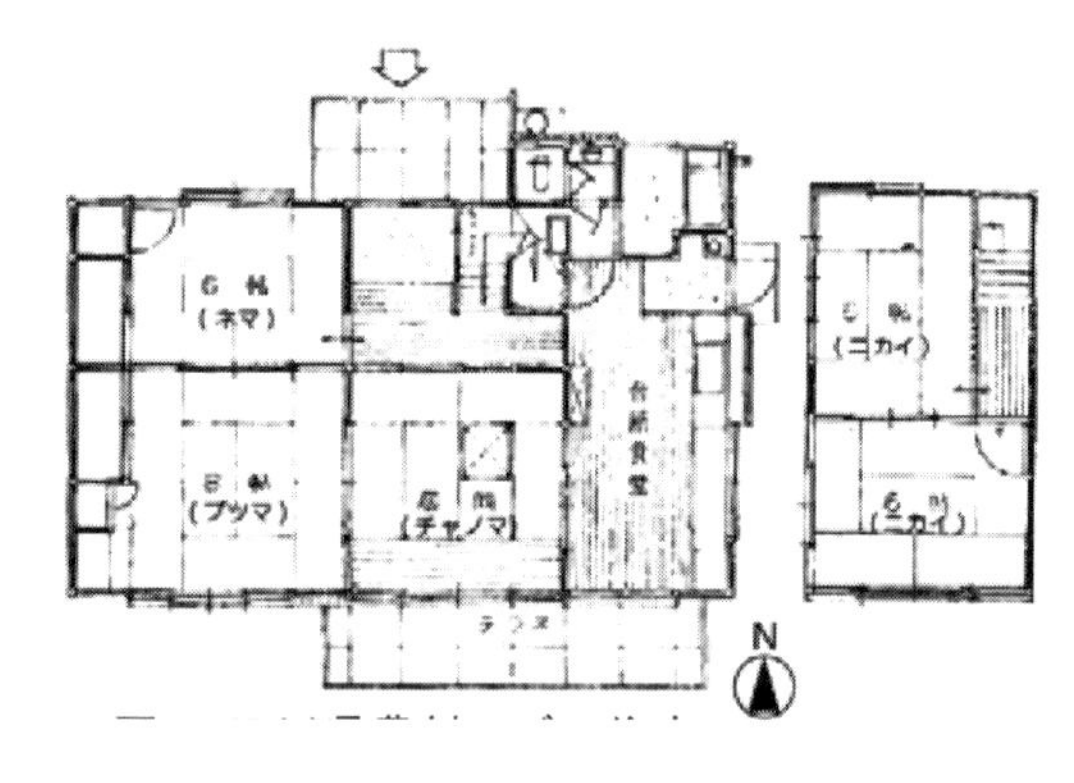


図3-2-9
石川県の農村モデル住宅ＭＴ家平面図（石川県建築部『石川県の農村モデル住宅』石川県住宅公社、1960年より）

通りとなったといい、農村モデル住宅という実物展示の影響の大きさがわかる。

## ■戦前から戦後へ「人」と「手法」の継承

戦後の事業を通観すると、「人」と「手法」について戦前からの連続性を確認できる。

まず、「人」では、戦前に茨城県新興農場の移住家屋や秋田県立青年修練農場で寄宿舎の「農家住宅」を設計した今和次郎と竹内芳太郎の存在がある。今和次郎は、生活改善同盟会の農村生活改善調査委員会に参加（大正十三年・一九二四～）、農林省が直轄で設置した積雪地方農村経済調査所での調査や「雪国試験農家家屋」の設計（昭和八年・一九三三～）、東北地方農山漁村住宅改善調査（昭和十年～）など、農村住宅改善の第一人者として知られている[55]。その活動のスタートは、大正八年に当時農商務省の農政課長だった石黒忠篤に依頼された全国の農村住宅の実踏調査で、さらに開墾地移住奨励制度が発足した大正九年の翌年には開墾課長の有働良夫の依頼で開墾移住の調査に協力している。つまり、今和次郎の農村住宅研究の萌芽が開墾地にあったことになる。

さらに深く開墾地の住環境に関わったのが弟子の竹内芳太郎[56]で、新興農場の設計の後、今和次郎と共に「東北地方農山漁村住宅改善調査」に嘱託技師として関与、昭和十六年から農地開発営団の興農部建築課長として国営開拓で設計業務に当たった。戦後も農林省の農村工業講習所や開拓研究所農村生活科住居研究室等で、開拓地をはじめとする農村の住宅改善に力を尽くした。

この今和次郎と竹内芳太郎が戦後設立に携わったのが農村建築研究会である。新建築家集団の農村計画部会を母体として昭和二十五年（一九五〇）に発足し、今和次郎が初代代表を務め、竹内芳太郎のほか佐々木嘉彦・青木志郎・浦良一らが参加した[57]。戦後の

図3-2-10
石川県の農村モデル住宅MT家（石川県建築課『石川県の農村モデル住宅』石川県住宅公社、1960年より）

生活改善普及事業での指導や啓発活動もこの農村建築研究会のメンバーが中心で、前掲の『改良普及員叢書1 台所設計図案集』にみるように、今と竹内が戦前に提案した土間に食卓と腰掛を置く台所の改造も積極的に取り入れられた(58)。戦前に開墾地の移住家屋の改善等に関わった人物が戦後の生活改善普及事業を牽引したといえる。

「手法」では、戦後の「開拓事業入植施設補助金」が戦前の開墾地移住奨励制度の仕組みや書類を援用したことは既にみた通りである。また、第3部第1章で扱った戦前の農村中堅指導者養成施設は開墾地の入植者を育てる役割があり、さらにそこに建設された「模範農家」に修練生が寄宿舎として居住することで住宅改善を体験し、修了後故郷に戻り指導者として啓発することを意図した。これは、農林省の事業における「人」を介した普及啓発手法の先駆けといえる。戦後の生活改良普及員は、アメリカの「クラブ活動」が手本とされるが、農林省が「人」を介した普及啓発手法に有効性を認めて採用した可能性も指摘できる。

同様に、「模範農家」の一般公開は、まさに「モデル住宅」に当たるもので、既に戦前から実物展示の手法が農村住宅改善に取り入れていたことになる。「保守的な農民に具体像を示す」ことは戦前も戦後も課題のひとつで、その工夫が受け継がれたとみられる。

戦前期の開墾地における農村住宅改善の「実践」は、「人」を介してその「手法」が戦後に活かされ、広く深く浸透して現代に繫がったといえるだろう。

（小沢朝江）

（1）農商務省食糧局『開墾及耕地整理主任官会議要録 大正9年』農商務省食糧局、一九二〇年、二八―二九頁。
（2）農林省農務局編『開墾地移住ニ関スル調査 第二輯』農林省農務局、一九三八年、二四〇頁挿図。
（3）「第一回東北地方農山漁村住宅改善調査委員会議事録」『同潤会東北地方農山漁村住宅改善調査委員会議事録集』同潤会、一九三七年、九三頁。
（4）農林省農務局編『開墾地移住ニ関スル調査 第一輯』農林省農務局、一九三〇年、八八頁。
（5）『新興農場（昭和一〇年版）』茨城県農業史編さん会、一九六三年三月、茨城県立歴史館所蔵。
（6）森田美比『ある茨城県農政史：農林技師・深作雄太郎日記』昌平社、一九八〇年、一九三四年一〇月二三日条。
（7）板井申生より深作雄太郎宛、一九三四年十二月十九日付書簡、『新興農場関係綴』茨城県立歴史館所蔵。
（8）『議事録綴』『組合会議事録綴』新沼浦干拓耕地整理組合、全三六点。福島県立図書館所蔵。
（9）新沼浦干拓の沿革については、注4『開墾地移住ニ関スル調査 第一輯』一一一―一一七頁、相馬市史編纂会編『相馬市史2（各論編1 論考）下巻』福島県相馬市、一九七八年、五六七―五八六頁。
（10）注9『相馬市史2（各論編1 論考）下巻』五七七頁。
（11）注4『開墾地移住ニ関スル調査 第一輯』一一二頁。
（12）農林省農務局編『開墾地移住ニ関スル調査 第三輯』農林省農務局、一九三八年、一四六―一四七頁。
（13）注8に同じ。
（14）『組合会評議員会 議事録 昭和六年度』（福島県立図書館所蔵）に「（昭和五年）十一月二十日、石原農林省嘱託移住家屋調査ノタメ来所」とある（括弧内は著者が付記、以下引用については同じ）。
（15）農林大臣官房秘書課編『農林省職員録 昭和7年10月10日現在』農林大臣官房秘書課、一九三二年、二六―二七頁。
（16）『組合会評議員会 議事録 昭和八年度』（福島県立図書館所蔵）に「（昭和八年七月）二十七日、移住家屋調査トシテ農林省板井技師並大澤県技師来所」とある。
（17）「開墾地移住及経営ニ関スル調査」の調査要旨は注4『開墾地移住ニ関スル調査 第一輯』一九五―一九六頁。
（18）『組合会評議員会 議事録 昭和拾弐年度』（福島県立図書館所蔵）に「（昭和十一年）十二月十日、移住家屋調査トシテ農林省渡邊技手並須藤県農林主事補来所」とある。
（19）注14『組合会評議員会 議事録 昭和六年度』に「（昭和六年）二月七日、石綿県属移住家屋出来形検査ノ為来所」とある。
（20）注16『組合会評議員会 議事録 昭和八年度』昭和七年十一月七日条、および『組合会評議員会 議事録 昭和九年度』（福島県立図書館所蔵）昭和八年九月十日条。
（21）注20『組合会評議員会 議事録 昭和九年度』昭和八年十月二日条、および『組合会評議員会 議事録 昭和拾年度』福島県立図書館所蔵）昭和十年二月二十五日条。
（22）『組合会評議員会 議事録 昭和四年度』（福島県立図書館所蔵）所収。
（23）山口弥一郎『東北の村々』恒春閣書房、一九四三年、六―八頁。
（24）注21『組合会評議員会 議事録 昭和拾年度』所収。

(25) 注7に同じ。
(26) 住宅組合法については、水野僚子・藤谷陽悦・内田青蔵「「住宅組合法」の成立から廃案に至るまでの実施経緯について─住宅組合法の基礎的研究（1）」日本建築学会計画系論文集第五三二号、二〇〇〇年、二三九─二四六頁、同「全国における住宅組合の展開と六大都市・主要地方都市に見られる特色について─住宅組合法の基礎的研究（2）」日本建築学会計画系論文集 五五五号、二〇〇二年、三一七─三二四頁、藤谷陽悦「大正・昭和初期における住宅組合の理想と挫折─住宅組合法が抱える問題について」『すまいろん』七六号、四〇─四三頁、二〇〇五年等に詳しい。
(27) 注26「全国における住宅組合の展開と六大都市・主要地方都市に見られる特色について」。
(28) 『耕地主任官会議要録 大正14年4月開催』（農林省農務局、一九二五年）によると、農林省は移住家屋について「家屋建築ニハ可成利用組合又ハ住宅組合ヲ設ケシメ低利資金ノ供給斡旋ヲ為スコト」を推奨している。
(29) 『昭和開墾史』昭和有畜農業実行組合、一九六二年、一〇三─一〇五頁。
(30) 『耕地』一一巻二号、一九三六年十二月、三二─三三頁。
(31) 「時局見聞七題7 農村における共同生活の一例」『婦人之友』一九三八年十二月。
(32) 「開墾地移住共同建造物設計図例」注2『開墾地移住ニ関スル調査 第二輯』農林省農務局、一九三八年、二四〇頁挿図。
(33) 内田青蔵『日本の近代住宅』鹿島出版会、一九九二年。
(34) 注33『日本の近代住宅』および内田青蔵・大川三雄・藤谷陽悦『図説・近代日本住宅史─幕末から現代まで』鹿島出版会、二〇〇一年、藤谷陽悦「平和博・文化村出品住宅の世評について」日本建築学会大会学術講演梗概集、一九八二年、二三六三─二三六四頁、など。
(35) 注33『日本の近代住宅』、注34『図説・近代日本住宅史』および磯野さとみ『ブックレット近代文化研究叢書 理想と現実の間に─生活改善同盟会の活動』昭和大学近代文化研究所、二〇一〇年など。
(36) 注35に同じ。
(37) 生活改善普及事業については、『農林行政史 第6巻』農林省大臣官房総務課、一九七二年、一〇七四─一〇八七頁、市田（岩田）知子「生活改善普及事業の理念と展開」『農業総合研究』第四九巻第二号、一九九五年四月、一─六三頁、中間由紀子・内田和義『戦後日本の生活改善普及事業─考える農民」の育成と農村の民主化』農林統計出版、二〇一二年など。
(38) 戦後開拓史編纂委員会編『戦後開拓史』全国開拓農業協同組合連合会、一九六七年、一八三─一八七頁。
(39) 「入植施設補助要項」の原文は、農林省大臣官房文書課『農林法規集 第4巻』連合出版社、一九四八年、三六五─三六七頁。
(40) 「茨城県開拓事業入植施設補助金交付規程」茨城県報、昭和二十六年六月十一日、茨城県立歴史館所蔵。以後五回の改正の記録がある。
(41) 「入植施設補助金関係綴」昭和二二─二九年、全八点、茨城県立歴史館所蔵。
(42) 茨城県開拓十年史編集委員会編『茨城県開拓十年史』茨城県開拓十年史編集委員会、一九五五年、八六─九一頁。
(43) 注37に同じ。
(44) 注37『農林行政史 第6巻』一〇七六─一〇七七頁所収。
(45) 注37「生活改善普及事業の理念と展開」。
(46) 農林省農業改良局普及部『改良普及員叢書 生活改善篇第1 台所設計図案集』農林省農業改良局、一九五〇年。

(47) 農村モデル住宅事業については、西山卯三『日本のすまいⅢ』勁草書房、一九八〇年、九〇―九一頁、池永衣里・小沢朝江「戦後の農村住宅改善におけるモデル住宅の特徴とその背景」日本建築学会大会学術講演梗概集 F-2、二〇〇九年、一八三―一八四頁、山野将明・小山雄資・木方十根「鹿児島県における農村モデル住宅事業の地域特性―石川県のモデル事業と比較して」日本建築学会九州支部研究報告五六号、二〇一七年、一八一―一八四頁など。

(48) 浦良一・石田頼房「討論会「農村モデル住宅」の報告」『農村建築』四四号、一九五九年。

(49) 『山口県の農村モデル住宅集』山口県土木建築部建築課、一九六一年。

(50) 生活改善同盟会編『農村生活改善指針』生活改善同盟会、一九三一年。

(51) 同潤会・東北更新会編『東北農山漁村住宅改善読本』同潤会、一九四〇年。

(52) 「農村モデル住宅懸賞競技設計入賞案」『熊本建築士』四巻二五号、熊本建築士会、一九五八年一月、六―一二頁。

(53) 福岡県建築部建築課「新しい農村モデル住宅見学記」『農業春秋』九巻一一号、福岡県農政部、一九五七年十一月、二三―二五頁。

(54) 石川県羽咋郡宝達志水町。創建当初の平面は石川県建築部『石川県の農村モデル住宅』石川県住宅公社、一九六〇年に掲載。

(55) 今和次郎の経歴については、黒石いずみ「農村生活・住宅改善運動における今和次郎の活動とその影響」『青森県の暮らしと建築の近代化に寄与した人々』青森県、二〇〇七年、月舘敏栄「戦前の今和次郎の研究活動 民家研究と東北地方における生活改善活動」『農村建築』一〇九号、二〇〇〇年、七〇―七六頁、瀝青会『今和次郎「日本の民家」再訪』平凡社、二〇一二年など。

(56) 竹内芳太郎の経歴については、竹内芳太郎『年輪の記：ある建築家の自画像』相模書房、一九七八年、堀勇良『日本近代建築人名総覧』中央公論新社、二〇二一年、七八一―七八三頁など。

(57) 山崎寿一「農村計画学会40周年記念特集論考 近代農村計画100年のパースペクティブ」『農村計画学会誌』四〇巻四号、二〇二二年三月、一八二―一八五頁。

(58) 注46『改良普及員叢書 生活改善篇第1 台所設計図案集』掲載の三〇案（今和次郎による台所設計案一四案を含む）では、一案を除き全て土間の食卓・椅子（腰掛）が取り入れられている。

# あとがき

本書は、「はじめに」でも触れたように、平成二十八年（二〇一六）―三十一年の「戦前の開墾事業における住宅改善の実像―農村指導者教育と連動した改善手法と理念」、同年―令和四年（二〇二二）の「戦前の開墾地移住奨励事業における国・県の住宅像と戦後の農村住宅改善の連続性」の二度の日本学術振興会科学研究費基盤研究(C)の成果をまとめたものである。従来の近代住宅史において手薄であった農村住宅の近代化について、農林行政という新たな視点から読み解くことを目標に、調査成果を学会発表や論文として逐次発表してきた。それを通観できる一冊の単行本にまとめ、建築史分野以外の方の目にも触れるかたちにしたいと強く願い、出版を計画した。

共著者の長田城治さん、野村渉さんはいずれも私の研究室の出身で、博士課程まで指導を担当した関係である。二人とも戦前の農村経済更生事業の主対象地だった東北地方の出身で、長田さんは卒業後、東北芸術工科大学ＰＤを経て郡山女子大学に勤務し、東北地方をフィールドに住宅史研究を続けている。また野村さんは、まさに修士論文・博士論文が開墾地を中心とする農村住宅改善がテーマであり、その成果の多くが本書に生かされている。卒業生と一緒に共同研究ができるのは教員としてはこの上ない喜びで、各地の資料館や開墾地の調査に飛び回ったことも楽しい記憶である。また、郡山女子大学長田研究室の辻絢子さんも調査メンバーの一人であり、卒業論文「福島県矢吹原における開墾地住宅の実態とその先駆性」、修士論文「開墾地移住奨励制度における共同建造物の特徴と住宅地計画との関係に関する研究」として成果をまとめている。さらに、本書の挿図は、私の研究室の卒業生である谷澤千夏さんのお世話になった。ここに記して感謝したい。

創元社の山﨑孝泰さんは、山﨑さんの前職時代に一般財団法人住総研の『住まい読本』の刊行でお世話になった。出版についてご相談したところ快くお引き受けくださり、社内の企画会議も通していただいた。還暦を過ぎて回転が鈍っている私と、子育て真っ最中の若手二人は、編集過程の全ての締切りがぎりぎりで、山﨑さんには度々ご心配とご迷惑をおかけした。最後まで見捨てずお付き合いくださった山﨑さんには心からお詫びと御礼を申しあげたい。

資料収集や調査に当たり、多くの人のお世話になった。工学院大学学術情報センター工手の泉の田中豊様には今和次郎・竹内芳太郎コレクションの閲覧・複写について種々ご便宜をおはかりいただいた。各地の文書館・図書館の史料閲覧のほか、現存住宅の調査やヒアリングでは入植者のご子孫の方々にご協力いただいた。個人住宅の調査は近年の社会状況などから特に難しくなっており、ご協力くださった方々のご厚意があってはじめてこの本は完成することができた。改めて心からの感謝を申し上げたい。

多くの人のご協力でできたこの本を糧にして、今後も調査・研究に取り組みたいと考えている。

二〇二四年一〇月

小沢朝江

## 参考文献一覧（各章のみに関連する文献は章末に記載）

池永衣里・小沢朝江「戦後の農村住宅改善におけるモデル住宅の特徴とその背景」日本建築学会大会学術講演梗概集Ｆ－２、二〇〇九年、一八三―一八四頁。

磯野さとみ『ブックレット近代文化研究叢書 理想と現実の間に―生活改善同盟会の活動』昭和大学近代文化研究所、二〇一〇年。

市田（岩田）知子「生活改善普及事業の理念と展開」『農業総合研究』第四九巻第二号、一九九五年四月、一―六三頁。

出田和久「九州地方における明治期―昭和前期の農業開拓に関する地理学的研究」科学研究費基盤研究（Ｃ）成果報告書、二〇〇一―〇三年度、奈良女子大学学術情報リポジトリ。

内田青蔵「住宅設計競技入選案から見た「住宅改良会」の住宅像について」日本建築学会計画系論文報告集第三五八号、一九八五年、一一四―一二四頁。

内田青蔵『日本の近代住宅』鹿島出版会、一九九二年。

内田青蔵・大川三雄・藤谷陽悦『図説・近代日本住宅史―幕末から現代まで』鹿島出版会、二〇〇一年。

浦良一・石田頼房「討論会「農村モデル住宅」の報告」『農村建築』四四号、一九五九年。

遠藤明久「屯田兵屋と建築」『北海道の開拓と建築』第一法規出版、一九八七年。

黒石いずみ『「建築外」の思考―今和次郎論』ドメス出版、二〇〇〇年。

黒石いずみ「農村生活・住宅改善運動における今和次郎の活動とその影響」『青森県の暮らしと建築の近代化に寄与した人々』青森県、二〇〇七年。

黒石いずみ『東北の震災復興と今和次郎―ものづくり・くらしづくりの知恵』平凡社、二〇一五年。

戦後開拓史編纂委員会編『戦後開拓史』全国開拓農業協同組合連合会、一九六七年。

竹内芳太郎『年輪の記：ある建築家の自画像』相模書房、一九七八年。

田中一ほか建築縦走１９１０―１９６０うねりの時代を共有した建築人の歩み 田中一対談集」『建築知識』一九八五年、一〇一―一四八頁。

月舘敏栄「戦前の今和次郎の研究活動 民家研究と東北地方における生活改善活動」『農村建築』一〇九号、二〇〇〇年、七〇―七六頁。

椿真智子「近代日本における開拓地の地域的展開―農林省農務局編『開墾地移住経営事例』の分析」『地理学評論』Ｓｅｒ．Ａ六九巻一一号、八七九―八九一頁、一九九六年。

野本京子「東北農村生活合理化運動の展開―農村セツルメントの軌跡」『東京外国語大学論集』七五号、二〇〇七年、一七一―一九一頁。

西山卯三『日本のすまいⅢ』勁草書房、一九八〇年。

中間由紀子・内田和義『戦後日本の生活改善普及事業―考える農民の育成と農村の民主化』農林統計出版、二〇一二年。

農林省大臣官房総務課編『農林行政史 第６巻』農林協会、一九七二年。

廣田邦彦「今和次郎が東北地方の生活改善に果たした役割 その１ 年代別にみた研究活動」日本建築学会学術講演梗概集、一九九九年、三四九―三五〇頁。

廣田邦彦「今和次郎が東北地方の生活改善に果たした役割 その２ 東北地方における戦前の生活改善運動」日本建築学会東北支部研究報告集（63）、二〇〇〇年、四九―五二頁。

廣田邦彦「今和次郎が東北地方の生活改善に果たした役割 その３ 試験農家家屋から見る今和次郎の生活改善への姿勢」日本建築学会学術講演梗概集、二〇〇〇年、九五―九六頁。

廣田邦彦「今和次郎が東北地方の生活改善に果たした役割 その４ 雪対策を施した試験農家家屋が生まれた経緯」日本雪工学会大会論文報告集（17）、二〇〇〇年、三三―三四頁。

藤谷陽悦「平和博・文化村出品住宅の世評について」日本建築学会大会学術講演梗概集、一九八二年、二三六三―二三六四頁。

藤谷陽悦「大正・昭和初期における住宅組合の理想と挫折―住宅組合法が抱える問題について」『すまいろん』七六号、二〇〇五年、四〇―四三頁。

堀勇良『日本近代建築人名総覧』中央公論新社、二〇二一年、七八一―七八三頁。

松本郁代「秋田県における東北更新会」弘前学院大学社会福祉学部研究紀要（11）、二〇一一年、三八―四五頁。

松本郁代「農村社会事業からみた東北地方農山漁村住宅改善調査―「生保内セツルメント」を中心として」弘前大学社会福祉学部研究紀要四号、二〇〇四年、六五―七一頁。

水野僚子・藤谷陽悦・内田青蔵「「住宅組合法」の成立から廃案に至るまでの実施経緯について―住宅組合法の基礎的研究（１）」日本建築学会計画系論文集第五三二号、二〇〇〇年、二三九―二四六頁。

水野僚子・藤谷陽悦・内田青蔵「全国における住宅組合の展開と六大都市・主要地方都市に見られる特色について―住宅組合法の基礎的研究（２）」日本建築学会計画系論文集五五五号、二〇〇二年、三一七―三二四頁。

山崎寿一「農村計画学会40周年記念特集論考 近代農村計画１００年のパースペクティブ」『農村計画学会誌』四〇巻四号、二〇二二年三月、一八二―一八五頁。

山野将明・小山雄資・木方十根「鹿児島県における農村モデル住宅事業の地域特性―石川県のモデル事業と比較して」日本建築学会九州支部研究報告五六号、二〇一七年、一八一―一八四頁。

瀝青会『今和次郎「日本の民家」再訪』平凡社、二〇一二年。

## 既発表論文一覧

〈論文〉

小沢朝江・猪狩（野村）渉「長野県常盤村中部耕地整理組合における開墾地移住奨励制度の運用状況と移住家屋の実態」日本建築学会技術報告集五九号、二〇一九年二月、四五七―四六二頁。

猪狩（野村）渉・小沢朝江「戦前の農村中堅人物養成施設における〈模範農家〉建設と農村住宅改善の取組み」日本建築学会計画系論文集七七五号、二〇二〇年九月、二〇〇一―二〇一二頁。

猪狩（野村）渉・長田城治・小沢朝江「開墾地移住奨励制度による移住家屋・共同建造物の実態と農村生活改善像」日本建築学会住宅系研究報告会研究論文集一五号、二〇二〇年十二月、一三一―一四〇頁。

野村渉・小沢朝江「茨城県新興農場の移住家屋の設計・建設経緯と農村住宅改善の思想―今和次郎・竹内芳太郎による設計案とその位置づけ」日本建築学会計画系論文集七八二号、二〇二一年四月、一二八四―一二九四頁。

小沢朝江・野村渉「神奈川県農会「農村住宅參考圖按」（一九二五）の作成経緯と設計案の特徴」日本建築学会技術報告集二九巻七二号、二〇二三年六月、一〇八六―一〇九一頁。

野村渉「戦前期の農林行政における農村住宅改善の理念と実践に関する研究」（博士論文）東海大学、二〇二三年九月。

〈口頭発表〉

猪狩（野村）渉・小沢朝江「戦前期の開墾地移住家屋の改善施策と岩手県における実態―大正・昭和戦前期の開墾地移住家屋に関する研究 その一」日本建築学会大会学術講演梗概集、二〇一六年、福岡大学。

小沢朝江・猪狩（野村）渉「山形県営萩野開墾地の移住家屋と改善思想―大正・昭和戦前期の開墾地移住家屋に関する研究 その二」日本建築学会大会学術講演梗概集、二〇一六年、福岡大学。

小沢朝江・猪狩（野村）渉・長田城治「長野県常盤村中部耕地整理組合文書にみる開墾地移住奨励制度の運用実態―大正・昭和戦前期の開墾地移住家屋に関する研究 その三」日本建築学会大会学術講演梗概集、二〇一七年、広島工業大学。

猪狩（野村）渉・小沢朝江・長田城治「長野県・常盤村中部耕地整理組合文書にみる開墾地移住家屋の平面とその変容―大正・昭和戦前期の開墾地移住家屋に関する研究 その四」日本建築学会大会学術講演梗概集、二〇一七年、広島工業大学。

辻絢子・長田城治・小沢朝江・猪狩（野村）渉「福島県矢吹原開墾地の移住家屋と福島県立修練農場の教育―大正・昭和戦前期の開墾地移住家屋に関する研究 その五」日本建築学会大会学術講演梗概集、二〇一七年、広島工業大学。

小沢朝江・猪狩（野村）渉・長田城治「茨城県新興農場における移住家屋の設計・建設経緯―大正・昭和戦前期の開墾地移住家屋に関する研究その六」日本建築学会大会学術講演梗概集、二〇一八年、東北大学。

猪狩渉（野村）・小沢朝江・長田城治「茨城県新興農場の今和次郎設計「従業員住宅」の平面とその特徴―大正・昭和戦前期の開墾地移住家屋に関する研究その七」日本建築学会大会学術講演梗概集、二〇一八年、東北大学。

辻絢子・長田城治・小沢朝江・猪狩渉（野村）「開墾地移住奨励制度における共同建造物の実態と地域性―大正・昭和戦前期の開墾地移住家屋に関する研究その八」日本建築学会大会学術講演梗概集、二〇一八年、東北大学。

長田城治・辻絢子・小沢朝江・猪狩渉（野村）「大正・昭和戦前期の開墾地移住家屋に関する研究 その九 開墾地移住奨励制度における共同建造物の奨励制度と地域傾向」日本建築学会大会学術講演梗概集、二〇一九年、金沢工業大学。

辻絢子・長田城治・小沢朝江・猪狩渉（野村）「大正・昭和戦前期の開墾地移住家屋に関する研究 その一〇 開墾地移住奨励制度における共同建造物の特徴と集落計画」日本建築学会大会学術講演梗概集、二〇一九年、金沢工業大学。

猪狩渉（野村）・小沢朝江・長田城治「大正・昭和戦前期の開墾地移住家屋に関する研究 その一一 東北地方における開墾地移住奨励制度の運用実態」日本建築学会大会学術講演梗概集、二〇一九年、金沢工業大学。

小沢朝江・猪狩渉（野村）・長田城治「大正・昭和戦前期の開墾地移住家屋に関する研究 その一二 兵庫県における開墾地移住奨励制度の運用実態と農林省施策の関係」日本建築学会大会学術講演梗概集、二〇一九年、金沢工業大学。

猪狩渉（野村）・小沢朝江・長田城治「戦前の農村中堅人物養成施設における〈模範農家〉建設と農村住宅改善の取組み」日本建築学会大会学術講演梗概集、二〇二〇年、千葉大学。

小沢朝江・野村渉「大正・昭和戦前期の開墾地移住家屋に関する研究 その一三 開墾地移住奨励制度における府県の規定と運用状況」日本建築学会大会学術講演梗概集、二〇二一年、オンライン。

野村渉・小沢朝江「大正・昭和戦前期の開墾地移住家屋に関する研究 その一四 今和次郎・竹内芳太郎設計による茨城県新興農場の移住家屋の設計案とその位置づけ」日本建築学会大会学術講演梗概集、二〇二一年、オンライン。

小沢朝江・野村渉「神奈川県農会「農村住宅參考圖按」の作成経緯 その一「農村住宅參考圖按」の作成経緯と設計案の特徴」日本建築学会大会学術講演梗概集、二〇二二年、北海道大学（オンライン）。

野村渉・小沢朝江「神奈川県農会「農村住宅參考圖按」の作成経緯 その二「實際建てられる人々」のための設計案の作成背景と提案内容」日本建築学会大会学術講演梗概集、二〇二二年、北海道大学（オンライン）。

## 小沢朝江　OZAWA Asae

1963年神奈川県生まれ。東海大学建築都市学部建築学科教授。神奈川大学大学院工学研究科建築学専攻修了。博士（工学）。1998年度日本建築学会奨励賞受賞。専門は日本建築史・日本近代建築史。著書に『明治の皇室建築—国家が求めた〈和風〉像』（吉川弘文館、2008年）、『日本住居史』（共著、吉川弘文館、2006年）、『住まいの生命力—清水組住宅の100年』（共著、柏書房、2020年）、『和室学—世界で日本にしかない空間』（共著、平凡社、2020年）など。

## 長田城治　OSADA Joji

1983年山形県生まれ。郡山女子大学家政学部生活科学科建築デザイン専攻准教授。東海大学大学院総合理工学研究科総合理工学専攻修了。博士（工学）。専門は日本建築史。著書に『占領下日本の地方都市—接収された住宅・建築と都市空間』（共著、思文閣出版、2021年）、『図説付属屋と小屋の建築誌』（共著、鹿島出版会、2024年）など。

## 野村渉　NOMURA Ayumi

1991年福島県生まれ。（株）山手総合計画研究所・所員。東海大学大学院総合理工学研究科総合理工学専攻修了。博士（工学）。専門は日本近代住宅史。2016年日本建築学会優秀修士論文賞受賞、2023年度日本建築学会奨励賞受賞。

大地と生きる住まい
——開墾地にみる農村住宅の近代化

2024年12月10日　第1版第1刷発行

著　者　小沢朝江・長田城治・野村渉

発行者　矢部敬一

発行所　株式会社創元社
https://www.sogensha.co.jp/
本　　社　〒541-0047　大阪市中央区淡路町4-3-6
Tel. 06-6231-9010　Fax. 06-6233-3111
東京支店　〒101-0051　東京都千代田区神田神保町1-2 田辺ビル
Tel. 03-6811-0662

装　丁　清水良洋（Malpu Design）
組　版　有限会社クリエイト・ジェイ
印刷所　モリモト印刷株式会社


ISBN978-4-422-50134-5　C0052